한국고대사를
다시본다

한국 고대사를 다시 본다

지은이 | 신형식

펴낸이 | 최병식

펴낸날 | 2018년 8월 30일

펴낸곳 | 주류성출판사

서울특별시 서초구 강남대로 435 15층

TEL | 02-3481-1024 (대표전화) • FAX | 02-3482-0656

www.juluesung.co.kr | juluesung@daum.net

값 20,000원

잘못된 책은 교환해 드립니다.

ISBN 978-89-6246-358-3 93910

한국고대사를
다시본다

신형식 지음

주류성

이 책을 간행하면서

저자는 평생을 한국 고대사(주로 삼국시대와 통일신라시대)를 연구하면서 계량사학(Quantitative history)의 이론과 방법으로 「삼국사기 연구」(1981)를 처음으로 저술한 뒤에 이를 바탕으로 「신라사」(1985)·「통일신라사」(1990)·「백제사」(1992)·「고구려사」(2003)를 출간하였다. 이러한 과정에서 「한국 고대사의 신연구」(1984: 논문집)를 시작으로 「한국의 고대사」(1992)와 「한국 고대사의 새로운 이해」(2009)를 통해 한국 고대사를 정리하였으나 일부 사실에 대한 엇갈린 견해가 많아서 「새로 밝힌 삼국시대의 역사적 진실」(2013)로 다시 정리해보았다. 동시에 고대사 서술과 그 정착과정을 확인하기 위해 「한국 사학사」(1999)와 「한국 고대사 서술의 정착과정」(2016)에서 보완해보았다. 그러나 이러한 내용이 일반인에게는 관심 밖의 내용으로 큰 의미가 없어 보였다.

본서는 이러한 시각에서 80세를 맞아 지금까지 공부하고 정리해 온 고대사를 일반인에게 쉽게 이해하기 위해 역사를 보는 시각으로부터 우리나라 고대사가 지닌 성격과 의미를 여러 방향에서 접근하려고 한다. 제1장에서는 역사의 의미(성격)를 '새 도끼자루는 헌 도끼자루를 보고 본을 삼으며 뒷 수레는 앞 수레를 거울삼아 경계하는 것이기 때문에 과거의 흥망(선악)은 실제로 장래의 교훈이 된다(고려사 머리말)'는 사실을 강조하기 위해 역사의 의미와 동시에 역사를 옳게 보는 방법으로서 당시의 시대정신과 모든 사건이 완성될 때까지의 과정, 그리고 사실과 인물평가의 양면시각을 강조하였다.

이어서 남북한 역사관의 차이와 주체 사학의 문제점을 아주 길게 서술
하였으며 동북공정이 갖고있는 오류와 비판점, 그리고 고대시대와 중국
왕조 전개과정을 비교해보면서 고대사가 우리에게 무엇을 주었는가를
여러 가지 방향에서 살펴보았다.

제2장은 고대사 이해를 위해 봐야 할 기본문헌을 소개하고 삼국시대의
사회모습(3국의 비교)을 정리한 후에 고대사에 있어서 수도 이전(천도 문제)
은 국가멸망의 원인이 된다는 사실을 지적한 후 「삼국사기」 기록의 오류
점(잘못된 사실)을 밝혀보았다. 제3장은 3국이 지닌 성격을 바탕으로 한 고
대사회의 가치와 신라사가 지닌 북진의 의미 그리고 신라통일의 어려운
과정과 민족사적 의미, 그리고 발해사의 성격을 정리해 보았다.

제4장은 삼국시대 정치·사회상의 이면상으로 그때의 왕의 실체, 3국 정
치제도의 차이점, 그리고 통일신라 전제왕권의 성격을 파악한 뒤에 통일
신라의 국제외교(특히 조공제도의 의미와 숙위학생의 역할)를 분석하였다. 끝으
로 신라 멸망원인과 과정을 포석정연회가 아니라 Spengler의 「서구몰락」
(Der Untergang des Abendlanders)에서 제시한 문화전환과정(소년〈봄〉-청년〈여
름〉-장년〈가을〉-노년〈겨울〉)과 Toynbee의 「역사의 연구」(A Study of History)에
서 지적한 순환과정(Genesis-Growth-Breakdown-Disintegration)은 단순히 개
인(생명체)의 변화과정이 아니라 국가의 변화과정으로도 설명한 것은 역
사이해의 기본 틀이라는 사실을 강조하였다. 이들보다 앞서 제시한 장도
빈의 사회전환과정(탄생-성장-번창-쇠퇴-멸망)으로 설명해 보았다. 무엇
보다도 역사전개과정에서 개국 이후에는 발전과정이 보이게 되지만 전

성기(장년) 다음에는 쇠퇴기(노년기)가 온다는 사실은 잊어서는 안 될 것이다. 여기에 역사가 주는 교훈이 있다.

마지막으로 제5장은 삼국시대사의 의미를 확인하기 위해 불교가 준 영향과 김유신 기록(『삼국사기』)을 비판해 보았으며 저자가 직접 촬영했던 고구려 고분벽화가 준 의미를 재확인하고 과거의 모습을 오늘날에도 볼 수 있는 국내성과 상경성의 현장·모습을 실제 답사한 뒤에 소개한 것이다. 여기서 우리는 옛 고구려와 발해사가 보여 준 오늘의 모습을 이해할 수가 있을 것이다.

본서 내용에는 앞선 저자의 논저와 중복된 것이 있지만, 우리 고대사를 쉽게 이해하기 위해서는 우리가 꼭 알아야 할 내용이므로 불가피하게 언급된 부분이 여러 곳에서 발견된다. 그러나 무엇보다도 역사를 올바르게 보는 방법과 고대사가 우리에게 준 내용에서 강렬한 국가의식과 발전된 문화내용, 그리고 국가의 멸망과정에서 보여준 사상적 변화와 신흥세력(Creative minority)의 등장 등은 다음 시대의 역사전개과정도 같다는 점을 부각시켜보았다. 따라서 고대사의 붕괴과정(신라의 멸망)은 그 후 고려와 조선의 교체과정과 흡사한 사실은 역사전개과정에서 보여진 순환(전환)의 한 단계라는 사실은 잊어서는 안 될 것임을 강조하였다.

여기서 필자는 우리가 현대사에만 치중할 것이 아니라 그 원천인 고대사에도 관심을 갖는 것이 필요하다는 사실을 강조하고자 한다. 동시에 역사는 언제나 인간의 변화과정과 같이 일정한 전개과정(성장과 발전, 그리고 쇠퇴)으로 이룩된다는 사실을 잊어서는 안 될 것이다. 동시에 우리나라의 대표적인 문헌(『삼국사기』·『삼국유사』·『동국통감』·『동사강목』〈주로 전문〉과

Spengler·Toynbee의 견해(저서)를 주목하는 것이 역사를 보는 올바른 자세라고 생각한다.

끝으로 항상 본인의 저서를 꼼꼼히 정리하여 출판해주신 崔秉植 사장님과 출판부 여러분께 고마움을 전합니다. 그리고 저자를 항상 곁에서 격려해주시고 도움을 주신 李潤基 원장님과 裵慶雲 회장님께 감사의 말씀을 드립니다.

2018년 3월 저자 씀

이 책을 간행하면서 ……………………………………… 4

제1장 역사에 접근하는 길 ……………………………… 11
　[1] 역사는 우리에게 무엇을 주고 있는가 …………… 12
　[2] 역사를 올바르게 보는 방법은 …………………… 19
　[3] 고대사를 통해서 우리는 무엇을 배울 것인가 ……… 27
　[4] 남북한 역사인식은 어떻게 다른가 ……………… 35
　[5] 중국은 고구려사를 어떻게 보고있는가 ………… 63
　[6] 삼국·통일신라시기의 중국왕조는 어떻게 변화했는가 … 71

제2장 한국 고대사의 올바른 이해를 위한 길 …………… 81
　[1] 삼국시대사 해석을 위한 기본문헌은 …………… 82
　[2] 삼국시대(통일신라 포함) 사회의 성격은 ………… 106
　[3] 중국 문헌에 나타난 삼국시대의 사회상은 ……… 122
　[4] 삼국시대 천도가 보여 준 결과는 ………………… 132
　[5] 골품제도가 지닌 문제점은 ……………………… 140
　[6] 「삼국사기」에서 잘못된 기록은 ………………… 146

제3장 한국 고대 각 왕조의 비교 ……………………… 155
　[1] 고구려사의 민족사적 위상은 …………………… 156
　[2] 백제사가 보여 준 모습은 ………………………… 171
　[3] 신라사가 지닌 가치는 …………………………… 180
　[4] 신라의 통일과정과 그 역사적 의미는 …………… 188
　[5] 통일신라의 발전과 변화과정은 ………………… 198
　[6] 발해사의 실상은 ………………………………… 204

제4장 삼국시대 정치·사회상의 이면상 ······················· 211

[1] 삼국시대 왕의 참 모습은 ····························· 212

[2] 삼국시대 정치제도의 차이와 문제점은 ············ 222

[3] 통일신라 전제왕권의 실상은 ······················· 229

[4] 신라 여왕이 정치에서 얻은 교훈은 ················ 235

[5] 통일신라 대당외교의 실상과 의미는 ·············· 240

[6] 통일신라 대당유학생(宿衛學生)의 역할은 ········· 248

[7] 신라 멸망의 진실은 ································· 253

제5장 삼국시대를 다시보자 ······························· 261

[1] 삼국시대 불교가 준 의미는 ························· 262

[2] 김유신 기록에서 생각할 문제는 ··················· 273

[3] 고구려 고분벽화가 준 의미는 ····················· 282

[4] 국내성의 어제와 오늘은 ··························· 292

[5] 발해 상경성의 오늘의 모습은 ····················· 297

맺음말 ·· 302
색인 ·· 305

제1장
역사에 접근하는 길

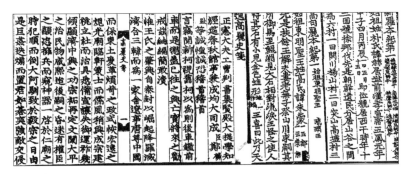

삼국사기

현존 최고의 문헌인 「삼국사기」(50권: 국보 525호)는 1145년(고려 인종 23년)에 김부식이 편찬한 삼국시대의 역사책(기전체)으로 왕의 활동(중국 황제기록에 쓰는 본기: 28권)과 사회제도(志: 9권), 개인전(列傳: 10권)으로 되어있다. 삼국시대의 정치·사회·문화·인물연구에는 기본 문헌이며 일연이 쓴 「삼국유사」(9권—왕의 숨은 이야기〈紀異〉와 불교 내용)가 보완적인 자료가 된다.

[1] 역사는 우리에게 무엇을 주고 있는가

[2] 역사를 올바르게 보는 방법은

[3] 고대사를 통해서 우리는 무엇을 배울 것인가

[4] 남북한 역사인식은 어떻게 다른가

[5] 중국은 고구려사를 어떻게 보고 있는가

[6] 삼국·통일신라시기의 중국왕조는 어떻게 변화했는가

[1] 역사는 우리에게 무엇을 주고 있는가

인간은 현재에만 살 수 있기 때문에 과거와 미래를 볼 수가 없다. 따라서 과거는 남겨진 기록에서 잘·잘못을 찾아볼 수가 있으며, 그 기록의 평가를 통해서 현재를 살펴본 후에 미래의 올바른 방향을 제시하게 된다. 결국 우리는 수많은 사실 속에서 역사가가 남긴 기록을 통하여 과거를 만나기 때문에 E·H Carr가 말한 '역사란 현재와 과거의 대화'이지만, 그 기록에서 현재와 후세의 교훈(訓戒)이 된다는 의미 속에서 '지난 일을 잊지 말고 미래의 스승이 된다(前事不忘 後事之師)'는 사실에서 우리는 역사의 의미를 알게 되는 것이다.

역사(歷史: History·Geschichte)는 라틴어 Historia(진리의 탐구)에서 나온 말로 歷은 과거 사실(객관적 역사: Past-fact)을 말하는 것이며 史는 그것을 기록한 내용(주관적 역사: Written records)으로써 우리는 과거 사실의 선·악을 통해서 현재의 삶(방향)을 생각하고 그것을 통해 미래의 교

훈(訓戒)을 제시하는 것이 역사가 주는 기능이다. 그러므로 「고려사」 머리말에서 보여준

◆ ◆ ◆
새 도끼자루는 헌 도끼자루를 보고 본을 삼으며, 뒷 수레는 앞 수레를 거울삼아 경계하는 것이다. 따라서 과거의 잘·잘못은 실로 후세의 가르침과 경계함을 준다. (新柯視舊柯以爲則 後車鑑前車而是懲 己往之興亡 實將來之勸戒)   (진고려사전)

이와 같은 내용에서 볼 수 있듯이 과거(헌 도끼자루·앞수레)와 현재(새 도끼자루·뒷수레)의 관계(과거는 현재의 바탕)에서 역사의 의미를 보여주고 있다. 그러므로 역사는 인간의 생명체와 같은 유기체이므로 과거(조상), 현재(자신), 미래(후손)를 연결시키는 통로가 되어 가르침을 주기 때문에 그 의미가 큰 것이다. 이와 같이 역사는 과거의 잘잘못을 통해 다가오는 인간 활동의 거울이 된다는 가치가 있으므로 미래의 교훈을 위해서는 '착한 것도 스승이요 나쁜 것도 스승이 된다'는 「삼국사절요」(머리말)의 내용이 참고가 된다.

이러한 역사는 인간의 활동을 기록한 것(과거 사실)임으로 사마천(司馬遷)이 쓴 「사기」의 말미(自序)에

◆ ◆ ◆
대체로 사람이 생겨나는 까닭은 정신 때문이고 그것이 의지하게 되는 것은 육체이지만, 정신은 삶의 근본이고 육체는 삶의 도구이다. 그러나 육체와 정신이 분리되면 인간은 죽는다. 그러므로 정신이 바르게 될 때 인간의 기본이 선다.   (「사기」 권70, 태사공자서)

와 같이 역사는 인간이 과거에 행한 정신 활동을 기록한 것임으로 우리
는 역사를 통해 인간의 도리(禮義)를 배운다는 것이다. 그러므로 사마천
은 '신하가 왕을 죽이고 자식이 아비를 죽이는 것은 모두가 원인이 하루
아침에 생긴 것이 아니라 오랫동안 쌓이고 쌓인 결과'라는 것이다. 때문
에 옳음의 근본 뜻을 알지 못하면 왕도 임금이 아니고 신하도 신하가 아
니며 아비도 아비가 아님은 물론 자식도 자식이 아니기 때문에 모든 행
위가 일방적인 사실이 아니라 각자의 도리(예의: 양면성)를 모르는 데서
나온 결과라고 설명하여 그 바탕을 역사에서 찾는다는 것이다.[1]

그러나 인간은 누구나 그가 소속된 나라가 있으므로 국가의 존재가
중요하기 때문에 朴殷植(백암: 1859-1925)은 「한국통사」에서 '국가는 멸
망 할 수 있으나 역사는 멸할 수 없다고 하면서 국가는 형체(물질: 외형)
이고 역사는 혼(정신: 내면)이라 하였으며 역사(국사)는 國魂으로 민족정
신의 표징이므로 역사를 잃지 않으면 나라는 망하지 않는다'라고 하여
역사의 의미를 부각시켰다.[2] 결국 역사는 자신이 속한 나라의 역사를 바
탕으로 나라 사랑의 정신적 교과로서 인간 도리의 바탕이 된다고 하겠
다. 그러므로 우리나라 최고의 문헌인 「삼국사기」에 이사부(異斯夫)가 왕
에게 올린 글에서

◆ ◆ ◆

나라의 역사는 임금과 신하의 선악을 기록하여 잘 · 잘못(褒貶)을 만
대에 보이는 것이니 역사를 편찬하지 않으면 후대에 무엇을 보이겠습
니까   (「삼국사기」 권4, 진흥왕 6년조)

---

1 김도훈, 사마천의 자서(「한권으로 읽는 사기」 아이템북스, 2006)

라고 하였다는 기록에서 볼 때 역사편찬의 목적이 군신(상하)의 업적
(잘·잘못)과 전체 백성의 활동을 기록하여 후세의 교훈이 되게 한다는
것이다. 그러므로 「동사강목」(서문)에서 과거 문헌이 많은 오류가 있었
으므로 '역사가는 국가의 법통을 밝히고 찬역을 엄히 하여 시비를 바로
잡아 충절을 포상하는 등 기록을 자세히 해야 한다'고 하였다.

　여기서 우리는 과거 문헌에 보이는 훌륭한 내용과 잘못된 사실(상·하
계급을 막론하고)을 통해 역사의 의미를 찾아질 수 있다. 이러한 사실은
「채근담」에서 보여주는 '도덕을 지키고 산 사람은 한때 적막하기 마련이
지만 권세에 아부한 사람은 만고에 처량한 법이다. 달인은 물건 밖에 있
는 물건을 볼 수 있으며, 자신(자기) 뒤의 자신을 생각하는 것이다'라고
하면서 차라리 한 때 적막했을지라도 만고의 처량함을 취하지 말 것이
라고 자신의 올바른 판단력을 길러야 한다고 강조하고 있었다.[3]

　여기서 우리는 다음의 글을 주목할 필요가 있다.

◆ ◆ ◆

　㉮ 우리나라의 옛 기록(古記)은 표현이 거칠고 졸렬하여 사건의 기록
　　 이 빠진 것이 있으므로 왕·왕비의 선악, 신하의 잘·잘못(忠邪),
　　 나라일의 안전과 위험(安危), 백성들의 행위(治亂)를 모두 들어내
　　 어 권하거나 징계할 수가 없었다. 그러므로 마땅히 세 가지 재주
　　 (才·學·識)를 가진 인물을 얻어 일관된 역사를 이루어 만세(후

2　신일철, 박은식의 국혼으로서의 국사개념(「한국사상」 11, 1974)
　　이만열, 박은식의 역사사상(「숙대사론」 9, 1976)
　　신용하, 박은식의 역사관〈상·하〉(「역사학보」 90, 91, 1981)
　　정구복, 「한국고대사학사」(경인문화사, 2008)
3　김기봉, 「역사란 무엇인가를 넘어서」(푸른역사, 2000) p.40

15

대)에 빛내기를 해와 별처럼 하고자 한다. (진삼국사기표)

㉯ 지난 일의 시비를 밝혀 사람도 거울이 되고 사실도 거울이 된다. 장래에 훈계(勸戒)를 뚜렷이 하는 것은 착한 것(善)도 스승이 되고 나쁜 것(惡)도 스승이 될 수 있다는 것이다. (진삼국사절요전)

㉰ 잘 다스리면 흥하고 잘못 다스리면 망한다. 흥망은 과거로 거울을 삼을 수 있으니 잘한 것도 미화시키지 말고 못한 것도 숨기지 말라. 선악은 후세(장래)에 보여줘야 한다. (진동국동감전)

위의 글 ㉮에서 보여준 사실은 역사기록은 국민 전체인 왕족·신하(관리)와 백성들의 행위(선악)를 들어내어 후대에 교훈(勸戒)이 되게 하는 것임을 강조한 것으로 우리나라 현존 최고의 문헌에서 역사의 가치를 보여주고 있다. ㉯역시 과거 사실(선·악) 자체가 후손의 스승이 된다는 것으로 같은 의미를 갖고 있으며 ㉰또한 과거의 흥망이 후대의 거울이 되기 때문에 남겨진 기록(역사)을 통해서 그 가치를 잃지 말라는 역사의 성격(교훈)과 의미를 말해주고 있다.

그러므로 「삼국사기」의 기록의 내용에서 가장 기본인 本紀의 주요 내용은 왕의 활동이지만,[4] 백성을 위한 다양한 배려로 구휼·세재개혁·수리시설·농촌방문(백성 위로)에 많은 비중을 둔 기록이 큰 몫을 차지했다는 사실은 의미가 있다. 동시에 列傳에 등장한 인물에 諫臣·忠臣(순국열사)·효자·열녀의 역할을 강조하고 있어 인간의 도리를 부각시킨 점은 집권자의 활동만이 역사의 주요 내용이 아니라는 사실을 보여주고 있다.

---

4 신형식, 「삼국사기연구」(일조각, 1981): 「삼국사기의 종합적 연구」(경인문화사, 2011) p.653

역사의 성격에서 무엇보다도 빠질 수 없는 것은 자아의식에 입각한 국가의식을 간과해서는 안 될 것이다. 이러한 사실은 「삼국사기」 편찬의 목적이 우리나라의 식자(사대부)들이 4서(「논어」·「맹자」·「대학」·「중용」)와 5경(「역경」·「서경」·「시경」·「예기」·「춘추」) 등 중국의 고전은 잘 알면서도 우리나라 내용은 모르기 때문에 이 책을 만들었다는 사실을 밝히고 있다. 따라서 그 후의 많은 역사 서적의 편찬은 우리나라 사실을 바로 알기 위해서라고 하였으므로 「동국통감」은 왕을 죽인 연개소문을 혹평하였으며, 그리고 김유신을 興武大王이라 한 것은 그 업적은 위대했으나 군신의 명분을 문란케 한 것으로 비판하면서 이는 예를 잃어버린 행위로 보았다. 「동사강목」에서는 문무왕 9년(669)의 통일신라를 민족사의 정통으로 부각시킨 내용도 역사 인식의 표현으로 볼 수가 있을 것이다.[5]

그러므로 민족정신의 표상으로 내세운 국혼 사상을 강조한 박은식(1859-1925)을 이은 신채호(1980-1936)는 역사를 통해 국민의 사상으로서 낭가사상으로 민족 흥망성쇠 바탕을 강조하여 '我와 非我의 투쟁'을 확인할 수 있다고 하였다.[6] 장도빈은 이를 이어받아 역사를 민족생존의 기반으로써 고구려 정신을 주체성의 상징으로 높이 평가한 것도 역사가 지닌 국가의식의 표본으로 인정하고 있다.[7]

5 한영우, 한말의 신채호의 역사인식(「단재탄생 100주년 기념논문집」 1980)
   정구복, 안정복의 사학사상(「한국근세사회의 정치와 문화」, 1987)
   강세구, 「동사강목연구」(민족문화사, 1994)
6 신용하, 「신채호의 사회사상연구」(한길사, 1984)
   이만열, 「신채호의 역사학연구」(문학과 지성사, 1990)
7 장도빈, 대고구려사 (「대한역사」 국시원, 1959) p.1
   신형식, 고구려사의 성격(「고구려사」 이대출판부, 2003) p.54

여기서 우리는 역사가 단지 과거 사실의 평가와 그를 통해서 미래의 방향을 제시하는 단순한 교훈만이 아니라 역사를 통해 민족사의 올바른 인식을 이해하고 뚜렷한 국가의식을 깨닫는 자세를 갖추게 하는 국민의 의무를 알려주는 교과인 것이다. 다시 말하면 역사는 개인의 삶의 방향만 제시하는 것이 아니라 국가생존의 길을 알려주는 가르침이 된다는 것이다.

그러므로 Spengler(『서구의 몰락』)가 내세운 문화전환과정(소년〈봄〉-청년〈여름〉-장년〈가을〉-노년〈겨울〉)과 Toynbee(A Study of History)가 제시한 역사의 순환과정(Genesis-Growth-Breakdown-Disintegration)은 단순히 개인(생명체)의 변화과정(탄생-성장-활동-노쇠-사망)이 아니라 국가의 성장 과정을 설명한 것으로 보인다.[8] 장도빈은 신라사(『대한역사』)의 전개과정을 건국(탄생: 혁거세-B.C 1세기)-발전(지증왕·법흥왕·진흥왕-6세기)-극성(통일완성-문무왕·성덕왕·경덕왕-7·8세기)-쇠퇴(진성여왕-9세기)-멸망(경순왕-10세기)으로 Toynbee보다 앞서 지적한 것은 큰 의미가 있다. 결국 역사는 개인의 삶이 변화하는 과정만 아니라 국가생존의 과정까지를 정해주는 기준이 된다는 사실을 말하고 있음을 알 수가 있다.

이와 같이 역사는 과거의 기록(사실)을 통해서 개인뿐 아니라 그가 속한 사회의 삶과 전개과정에 교훈이 되는 올바른 판단력을 일깨워주는 동시에 국가의식을 길러주는 지표(정신세계)가 된다는 교과이다. 그러므로 우리는 정신세계로서의 역사가 존재하는 한 국가(물질세계)는 멸망할 수 없다는 박은식의 견해를 잊어서는 안 될 것이다.

---

8 박성수, 쉬펭글러와 토인비의 순환사관 「새로운 역사학」(삼영사, 2005) pp.416~437

[2] 역사를 올바르게 보는 방법은

역사는 끊임없이 변하기 때문에 그 성격 파악이나 사실(기록)의 해명을 단적으로 설명하기는 쉽지 않다. 무엇보다도 역사 사실의 이해를 위해서는 당시에 나타난 결과보다 그것이 나타나기까지의 숨어있던 과정을 파악하는 것이 중요하기 때문이다. 따라서 현재 보여준 결과는 오랜 과정을 거치면서 정리된 결과이지만 우리는 대체로 당대의 분위기 속에서 나타난 모습으로 이해하기가 쉽다.

그러므로 우리는 5세기하면 광개토왕, 7세기하면 문무왕, 10세기하면 왕건, 15세기하면 세종, 19세기하면 대원군이 생각남으로, 그 시대가 갖고 있는 분위기의 이해가 필요하다. 이것이 역사를 바로 보는 첫 번째 방법인 時代精神이라 하겠다. 그러나 그 시대의 사건이나 인물의 활동과 성격도 오랜 과정의 결과이기 때문에 이룩된 당대의 분위기와 떨어질 수 없는 것이다. 이러한 공통된 분위기의 공감대는 대체로 1세기로 간주하고 있어 서양의 세기가 지닌 의미는 큰 가치가 있다.

이를 알기 쉽게 이해하기 위해 삼국의 발전과정에서 각 세대 간에 공통된 시대정신을 들 수 있었다. 5세기는 고구려가 전성기(광개토왕: 391-413, 장수왕: 413-491)로 만주의 주인공이 된 시기였고, 6세기는 신라 역시 전성기(법흥왕: 514-540, 진흥왕: 540-576)로 북진을 시작하면서 북한산 순수비를 세우면서 통일의 첫 번 준비기였고, 7세기는 제·려의 혼란과 신라통일을 위한 제2단계로서 전쟁기(무열왕: 654-661, 문무왕: 661-681)였으며 8세기는 왕권 전제화가 이룩된 통일신라의 전성기(성덕왕: 708-737, 경덕왕: 742-765)였으나 9세기는 지방세력의 등장(호족)과 왕위쟁탈전으로 통일신라의 쇠퇴기(진성여왕: 887-897)였다.

따라서 앞에서 제시한 각 시대의 분위기를 통해 그 시기의 공통된 성격과 인물의 활동은 그 시대 분위기를 파악할 수 있어 역사이해의 기본이 된다.[9] 따라서 그 시대에 등장된 인물이나 역사적 사건은 당시의 상황과 밀접한 관련을 갖게 된다. 7세기의 인물은 을지문덕·김유신(장군), 8세기는 전제왕권의[10] 상징으로 불국사 완성,[11] 그리고 9세기는 신라쇠

---

9 이러한 시대정신(분위기)은 고려·조선시대에서도 예외가 아니었다. 10세기는 고려성장기(광종: 949-975, 성종: 1469-1494), 13세기는 최씨정권(1196-1258)과 몽고 간섭기(1231-1258), 15세기는 조선왕조의 확립기 (세종: 1418-1450, 성종: 1469-1494), 16세기는 임진왜란(1592-97)과 주자학의 번성(이황: 1501-1570, 이이: 1536-1584), 그리고 18세기는 실학의 발전기 (정약용: 1762-1836, 박지원: 1737-1805)에 해당한다.

10 신라의 전제왕권설은 필자가 「신라사」(1985)에서 제시한 이래 이기백 등 신라사 전공자들의 지원을 받은 바있다. 다만 필자는 전제왕권이 Wittfogel, Frazer, Eberhard 등이 제시한 서구의 Oriental despotism과 비교한 것이 아니었으며 특히 화백이나 귀족 및 관료제의 견제가 있지만 마땅한 명칭이 없어 사용한 것이다. 근자 하일식 「신라집권관료제연구」 이영호(「신라중대의 정치와 권력구조」 교수 등의 강한 비판을 받고 있지만, 적절한 대체용어가 없어 일부에서는 그대로 사용하고 있으며, 무조건 왕의 1인 독재정치라고는 할 수 없도록 각종의 견제기관(각부장관 복수제 등)을 두고있다. (신형식, 통일신라 전제

퇴기인 진성여왕이 등장한다.

다음으로 역사이해의 기본방향은 특정 사건과 인물이 활동한 시기보다 그러한 사건이 당시에 돌발된 것이 아니라 앞에서 언급한 것처럼 오랜 필요과정의 결과라는 사실을 동시에 알아야 한다는 점이다. 사마천은 자신의 자서(권70)에서 '신하가 왕을 죽이고 자식이 아비를 죽이는 일도 하루아침에 생긴 게 아니라 오랫동안 쌓인 결과'라고 한 사실에서도 알수 있다. 또한 예를 들면 신라의 삼국통일이 고구려 멸망(668)으로 이룩된 것이 아니라 그 이전의 복잡하고 힘든 오랜 준비과정의 결과로 이룩된 것임을 생각할 때 장년기 다음에는 노년기가 오기 때문에 번성기 다음에는 쇠퇴기가 온다는 말이 그냥 생긴 것이 아니라는 것이다.

다시 말하면 신라의 통일은 진흥왕이 한강 유역 확보한 553년(진흥왕 14)을 시작(첫 과정)으로 다음에는 친당정책 추진(김춘추 외교 시작: 648년: 진덕여왕 2)에서 군사동맹이 시작되었으며, 제3단계는 제·려 정벌(660-668)로 나타났다. 이어 당나라의 영토야욕을 극복하기 위해 고구려·백제 유민의 협조로 제4단계(마지막)로 당군의 축출(매소성 싸움〈675〉과 기벌포 승리〈676〉)까지 123년(553-676)의 피나는 과정 끝에 이룩된 것이다. 이와 같은 필요과정을 무시하고 사건의 매듭을 위한 단순히 고구려 정벌(668)로 신라통일을 완성한 것으로 보면 역사적 진실의 내면을 외면한 사실이다.[12]

왕권의 형태와 그 특징「한국고대사의 새로운 이해」참조)
11 이만, 불국사 건립의 사상적 배경(「불국사의 종합적 고찰」동국대 신라문화연구소, 1997)
김남윤, 불국사의 창건과 그 위상(상동)
박남수, 김대성의 불국사 조영과 그 경제적 배경(상동)
신형식, 통일신라의 현대사적 의의(「신라사학보」32, 2014)

따라서 역사이해의 올바른 방법으로 사건의 과정을 정리해야만 사건의 완전한 결말을 확인할 수 있다. 따라서 북진의 출발(북한산 순수비)로 시작된 통일과정의 제1단계는 황룡사(553)와 9층 탑(643)의 조성이었고, 이어 고구려인의 귀화(안승)와 연합(670)으로 674년(문무왕 14)의 안압지를 조성하였다. 이 안압지에는 3개의 산(봉래·방장·영주)이 있는데 원래는 도교에서 말하는 3산이지만 여기는 신라·고구려·백제인의 융합을 의미함으로써 통일의 제3계가 이룩되었다고 하겠다. 이어서 제·려 정벌과 당군의 축출(660-676)이라는 123년간의 과정의 결과로 통일이 이룩될 수 있었으며, 민족의 단합을 위한 부석사(676)와 사천왕사(679)를 세울 수 있었다.[13] 끝으로 민족의 융합을 바탕으로 통일신라의 번영과 전제왕권을 뒷받침하는 불국사 창건(751)으로 사바세계(법화경-대웅전)에서 극락세계(아미타경-극락전)를 거쳐 연화장세계(화엄경-비로전)로 이어지는 불국토 사상을 보여주고 있지만, 그 내면은 삼국민의 화합의 정치적 의미를 나타내고 있다.[14]

다음으로 세 번째 역사이해의 방법은 역사해석에 있어서의 획일적인

---

12 여기서 주목할 것은 정치·군사적 사건을 뒷받침하는 데는 문화적 사업이나 또 다른 사건이 반드시 이어진다는 사실을 외면 할 수 없다. 진흥왕은 북진을 시작하면서 단양적성비(551)를 세웠고 한강 유역을 확보(신주설치: 553)한 후에 곧 이어 북한산비와 황룡사를 지어 북진(삼국통일)을 위한 기원(문화사업)의 표징을 보여주기 시작하였다. 다음으로 신라는 대야성 함락(642년-도독 품석부부〈김춘추 딸·사위〉 피살)이후 백제와의 싸움이 격화되면서 나당간 군사적 협조가 본격화되면서 통일을 위한 제2단계로 황룡사 9층 탑을 645년에 세웠다. 탑의 제1층은 일본, 제2층은 중화, 제3층은 오월, 제4층은 탁라(백제를 지칭), 제9층의 예맥(고구려를 의미)으로 되어 있어 이 탑의 조성 목적을 보게 된다.

13 신형식, 신라통일의 현대사적 의의(「신라사학보」 32, 2014)
   김정배, 통일신라 문화의 역사적 의의와 우수성(「신라문화의 역사적 가치 재조명 심포지엄」 경주시, 2014)

14 김상현, 석불사 및 불국사의 연구(「불교연구」 2, 1986)

고정관념의 극복이다. 특히 사건이나 인물평가에도 있어서 일방적인 해석에서 벗어나 충신·반역자·불효자들의 평가에도 획일적 해석을 때로는 바꿀 필요가 있다. 묘청과 김부식, 정몽주와 정도전, 신숙주와 성삼문, 그리고 김구와 이승만의 평가를 어느 쪽에서 보느냐 하는 데서 그 성격이 달라질 수 있기 때문이다. 따라서 사건이나 인물에 대한 평가는 종래의 일방적인 해석보다는 양면적인 접근이 때로는 필요하기 때문이다. 그러므로 和白과 花郎徒를 바라보는 시각도 당시 상황에 따라서 다를 수 있다는 것이다. 즉 화백은 무조건 만장일치의 회의방식이 아니라, 당시 실력자의 입장에서 그 의결방법이 다를 수 있기 때문이다.[15]

이러한 문제에 대하여 사마천은 「사기」 열전의 마지막(太史公自序)에서 인간(왕과 신하 그리고 부모와 자식) 행위는 하루아침에 생기는 것이 아니라 오랫동안 쌓이고 쌓인 결과라고 한 후에

◆ ◆ ◆

모름지기 옳음의 근본 뜻(예의)을 알지 못한다면 임금이라도 임금이 아니고 신하라도 신하가 아니다. 아비라도 아비가 아니면 자식도 자식답지 못하고 만다. (「사기」 권70, 태사공자서)

라고 하여 왕이 왕다운 참됨이 없으면 신하에게 주살되고 신하가 신하답지 못하면 임금에게 피살되며 아비가 아비답지 못하면 무도한 아비가 된다는 것이다. 따라서 자식이 자식답지 못하면 효자가 될 수 없으므로 모든 인간사는 일방적인 것이 아니라 상하좌우의 도리(예의)가 되는 大

---

15 신형식, 화백은 만장일치를 위한 민주적인 제도인가(「새로 밝힌 삼국시대의 역사적 진실」 우리역사연구재단, 2013)

義를 모르는 데서 양자 간의 문제가 발생된다는 것이라고 하였다.

이러한 사실은 「삼국사기」에도 구체적으로 나타나 있다. 즉 그 책의 머리말(進三國史記表)에 위로 왕·왕비의 선악, 중간으로 신하의 잘·잘못(忠邪), 맨 아래로 백성의 다스려지는 것과 어지러워지는 것(治亂)을 드러내어 교훈(勸戒)을 삼는 것이 편찬의 목적이라고 하여 인간은 신분이나 계급을 떠나 기본적인 예의(5常: 인·의·예·지·신)를 바탕으로 해야 한다는 것을 강조하였다. 그러므로 好童이 자살한 사건에 대한 평가도

◆ ◆ ◆

왕이 왕비의 참소하는 말을 믿고 사랑하는 아들을 죄 없이 죽었으니 어질지 못한 것은 사실이다. 그러나 호동도 죄가 없다고 할 수는 없다. 왜냐하면 아들이 아버지로부터 꾸지람을 들을 때 회초리는 맞지만, 몽둥이면 달아나서 아버지가 불의에 빠지지 않도록 해야 한다. 호동이 이렇게 할 줄 모르고 마땅하지 않은 데서 죽었으니 작은 일을 삼가는 데 집착하여 대의에 어두웠다고 할 수 있다. (「삼국사기」 권14 대무신왕 15년 사론)

와 같이 호동의 자살에 대해서 인간의 일체 행위는 일방적인 것이 아니었으므로 부자간의 관계도 부자 양자 간의 잘못이라고 하여 맹자의 舍生而取義의 정신이나 공자의 인간 도리로서 仁은 멀리 있는 것이 아니라는 것과 왕은 왕다워야 하고 신하는 신하다워야 하며 부모는 부모다워야 하며 자식은 자식다워야 한다는 正名論[16]을 통해서 우리는 역사의 의

---

16 김진근, 인간의 존엄성에 대한 고찰(「공자학」 17, 2014 p.29)

미를 동시에 배울 수 있다고 하겠다.

이러한 양면성의 필요성과 의미에 대해서 元曉의 「법만경」(보살계)에 보이는 내용을 한번 생각할 필요가 있다.

◆ ◆ ◆

해는 뜨거운 열성(熱)을 갖고 있으며 달은 차가운 기운(寒)을 보인다. 만일, 해만있고 달이 없다면 모든 종자의 싹은 마르고 열매가 생길 수 없다. 만일 달만 있고 해가 없다면 모든 종자의 싹은 썩어 싹이 트지 않는다.

(日者以熱爲性 月者寒爲性 若有日易無月者 萬苗燒樵 故不能生果 亦若有月 而無日者 萬苗物卽腐 故不能生芽)

여기서 볼 때 이것은 불자(승려)로서의 원효의 견해이지만 이 세상 만물은 열(上)과 냉(下)이 함께 있어 각자의 역할을 할 때 생명이 보존된다는 것이다. 결국 만물은 이러한 상반된 존재가 있어야 생을 유지한다는 것으로 나라에는 충신만 있는 것이 아니라 반역도 있기 마련임으로 역사의 해석도 양면성이 필요한 것임으로 이와 같은 해석의 양면성에 대한 논의는 이미 앞에서 好童왕자의 죽음에 문제에서 지적한 바 있다.

이상에서 역사를 올바르게 보는 방법으로 필자는 시대정신, 필요과정, 그리고 고정관념의 극복을 지적한 바 있다. 그렇다고 복잡한 역사의 해석이 3가지로만 해결될 수는 없다는 사실이다. 우리 역사를 이해하기 위해서는 여기에 첨가할 것은 우리나라의 역사전개 과정에서 빼놓을 수 없는 외교적 교섭인 대중국 관계(특히 당·원·명·청)에 대한 이해이다. 특히 불교와 유교를 전해 준 중국, 고려의 전개과정에서 보여 진 거란

25

(요)·여진(금)·송과의 관계도 있지만, 무엇보다도 신라통일과 당, 고려의 시련과 몽고(원) 문제와 함께 조선의 전개과정에서의 명·청 관계들은 우리 역사 전개과정에서 큰 영향을 주었기 때문이다.

무엇보다도 중국의 정치적 변화(새로운 왕조 수립과 멸망) 과정에 외면할 수 없는 양국 간의 관계는 우리 역사의 이해(전개)와 해석에 무시할 수가 없다고 하겠다. 동시에 우리나라 문화의 바탕이 된 불교와 유교에 대한 접근도 반드시 필요하다고 생각된다. 불교와 유교는 단순한 종교가 아니라 그 속에 내포된 사상과 유학(학문)의 의미로서 호국 사상과 인간의 도리(3강·5륜)를 일깨워준다는 사실을 외면하지 말고 그 속에서 숨겨져 있는 성격도 함께 생각해야 할 것이다.

[3] 고대사를 통해서
우리는 무엇을 배울 것인가

역사는 인간의 생명체와 같이 오래된 과거(조상)와 먼 훗날의 미래(후손)를 볼 수가 없다. 따라서 현재의 우리는 남겨진 기록(역사)을 통해서 과거를 평가(비판)할 수 있으며 그것을 통해 미래의 교훈을 기대할 뿐이다. 따라서 어느 나라도 어느 개인도 과거(조상)의 기록(모습)을 통해서 그때의 모습을 파악할 수 있을 뿐이다. 여기서 우리는 역사가 과거와 미래의 연결 고리가 된다는 사실을 알 수가 있다. 한국의 고대사는 고려시대(중세사회) 이전의 역사이지만 삼국시대 이전은 구체적인 기록이 거의 없으며, 신화·전설 그리고 유물·유적 등으로 설명할 수밖에 없기 때문에 우리의 고대사는 그 기록을 갖고 있는 삼국시대가 중심이 된다.

우리나라 고대사는 삼국시대와 통일신라시대로 구성되지만 결국은 신라시대(B.C.57~935)로서 약 1천 년간 계속된 시기였다. 고금을 통해서 한 왕조가 천 년간 계속된 예는 거의 없다.[17] 이러한 장기지속은 국민적 화합(상하 간의 융합)에 따른 국가적 안정에 근본 원인이 있었다고 본다. 그러나 전시기가 정치적 안정을 유지했다는 뜻은 아니었고, Spengler(「서구의 몰락」-봄〈소년〉-여름〈청년〉-가을〈장년〉-겨울〈노년〉)의 순환과정이나 Toynbee(A Study of History)의 견해와 같은 변화과정(Genesis-Growth-Breakdown-Disintegration)은 사회(왕조)뿐만 아니라 인간도 비슷한 모습으로 이어졌다는 사실은 부인할 수 없었다. 그러므로 신라도 이와 비슷한 복잡한 과정을 거치면서 계승된 것은 사실이다.

한국 고대사에서 우리가 배울 것은 첫째로 철저한 국가의식(滅私爲國)이다. 이러한 사실은 「삼국사기」(列傳)에 등장한 대표적인 인물인 金庾信을 비롯한 나라를 위해 혼신한 장군과 官昌, 朴堤上과 같은 국가를 위해 순국한 충신들의 자세에서 볼 수가 있으며 고대사가 후세에 준 가장 큰 교훈이다. 이러한 국가의식은

◆ ◆ ◆

㉮ 신하된 자로서는 충성만 한 것이 없고 자식으로서는 효도만 한 것은 없다. 나라의 위급함을 보고 목숨을 바치면 충성과 효도 두 가지를 모두 갖추는 것이다.   (「삼국사기」 권5, 태종무열왕 7년조)

㉯ 전쟁의 승패는 대소(군대)에 달린 것이 아니고 정신(인심)에 달려 있는 것이다. 이제 우리 백성은 뜻을 같이하여 생사를 함께 할 수

---

17 우리나라의 경우 평균왕조의 수명이 5·600년 정도였다. 고구려는 705년(B.C.37-668), 백제는 678년(B.C.18-660) 고려는 474년(918-1392), 그리고 조선은 518년(1392-1910)이었다. 한편 중국의 경우 漢은 426년(전한 B.C.206-8, 후한 25-220), 北魏는 148년(386-534), 唐은 289년(618-907), 宋은 319년(북송 960-1127, 남송 1127-1279), 元은 110년(1260-1370), 明은 276년(1368-1644), 그리고 淸은 296년(1616-1912)으로 우리나라와 비교될 수 없는 단기 왕조였다. 이것은 漢族과 북방민족과의 싸움이 계속되었기 때문이다.

있으니 백제를 두려워할 것이 아니다.   (윗책, 권41, 김유신〈상〉)

㉱ 차라리 계림(신라)의 개·돼지가 될지언정 왜국의 신하가 되지 않
겠다 차라리 계림의 형벌은 받을지언정 왜국의 벼슬은 받지 않겠
다하니 (중략) 왜왕은 목도(木島)라는 섬 속에서 불태워 죽였다.
(「삼국유사」 권1 기이 제1 내물왕과 김제상)

와 같이 본 기록을 통해서 알 수가 있다. ㉮는 660년(무열왕 7)의 백제정
벌전쟁(김유신과 계백의 대결) 중에 김흠순(김유신 동생)이 그 아들(반굴)
에게 준 말로서 官昌(품일의 아들)과 함께 그 전쟁에서 죽었다. ㉯도 같은
전쟁을 이끌면서 김유신이 한 말이다. ㉱는 눌지왕 때 일본에 볼모(인질)
로 가 있던 미해(미사흔)를 귀국시킨 죄로 김제상(「삼국사기」에는 박제상)
이 체벌 받을 때 한 말이다. 결국 고대사에서 우리가 배워야 할 첫 번째
교훈은 滅私奉公인 국가를 위한 희생정신이다.

다음으로 생각할 것은 종교의 정치적 역할이다. 당시의 대표적인 종
교는 불교로서, 그 전래과정이나 역할이 국가의 입장에서 수용되었으
며, 유학(유교)의 경전은 관리(귀족)의 필수교과로서 국민들의 의식을 높
여준 교과였다. 특히 불교의 경우 대표적인 승려의 유학(求法)을 국가에
서 공식적으로 도와준 후 그들의 귀국 직후 사찰을 축조케 하여 국가행
사를 통해 호국 활동을 장려하게 하였으며 원광은 세속5계와 같은 국민
의 도리를 가르쳐 승려는 국민교사로서 존경을 받게 되었다.[18] 여기서

---

18 圓光은 진평왕 11년(589)에 중국에서 불교를 공부하고 귀국한 뒤에 진평왕 30년(608)에
수나라에 군대요청서(乞師表)를 제출하였다. 그 후 원광은 제자(貴山·箒項)에게 화랑(국
민)에게 주는 世俗五戒(事君以忠·事親以孝·交友以信·臨戰無退·殺生有擇)를 남겼다.

우리는 불교가 단순한 종교가 아니라 유교(유학)와 함께 국민이 해야 할 정신과 도리를 알려주는 교과로써 화합과 호국의 가르침을 준다는 사실이다.

◆ ◆ ◆

옷을 기울 때는 짧은 바늘이 필요하고 (縫衣之時 短針为要)

긴 창이 있어도 그것은 소용이 없다 (雖有長戟 而無所用)

비를 피할 때는 작은 덮개가 필요하고 (避雨之日 小蓋是用)

온 하늘을 덮는 것이 있어도 소용이 없다 (普天雖覆 而無所救)

그러므로 작다고 볼 것이 아니라 (是故不可 而小爲輕)

그 근성을 따라서는 크고 작은 것이 다 보배다 (隨其根性 大小皆珍者也)

(미륵상생경종요)

이와 같은 원효의 가르침은 고대사가 우리에게 주는 가장 큰 교훈으로 생각된다.

셋째로 중국 문헌에는 예외 없이 우리 민족(동이족)은 춤추고 노래를 즐기는 민족이라고 하였다. 이 내용 속에는 우리 민족이 남이 보기에는 (겉으로는) 술을 즐기고 노래와 춤을 좋아하는 것 같지만 그 속에는 무조건 좋아한다는 것이 아니라 계급을 떠나 국민들의 화합을 꾀하였다는 사실로 표현된 것이다. 이러한 국민적 화합이 결국 장기간의 왕조 유지가 가능하였으며, 신라가 통일을 완수 할 수 있었다고 하겠다. 무엇보다도 3국이 각기 700여 년을 별개의 나라로 지나왔지만 동일한 민족의식

그 후 선덕여왕 14년(645)에 귀국한 慈藏은 황룡사 9층 탑을 세워 통일을 기원하였다.

(언어·풍속)을 잃지 않았으며 통일 후 민족융합으로 이어져 통일신라 발전에 바탕이 되어 남북분열에 시달리는 현재 미래통일의 바탕이 될 것이다.

넷째로 삼국시대로부터 시작된 고대사회는 우리 역사상 처음으로 정치·사회제도가 이룩된 시대였다. 다시 말하면 현대정치·사회제도(고려·조선왕조 때부터 이룩된)의 원형이 마련된 시기는 신라라는 사실이다. 이러한 신라의 정치제도는 통일 후에 정비되었으므로 位和府(신라)는 吏部(고려)를 거쳐 吏曹(조선)를 지나 내무부가 되었으며 倉部(신라) 戶部(고려)를 거쳐 戶曹(조선)로 이어졌으며, 司賓府(신라)는 禮部(고려)를 거쳐 禮曹(조선)로 계승된 것이다. 그러므로 현재의 모든 제도가 그 이름은 바뀌었으나 제도의 기원은 삼국시대 때(특히 신라) 시작된 것이다.

다섯째로 백제가 주도한 해외 진출과 신라의 영토확장을 위한 北進政策은 그 후 우리나라 외교정책과 국가의 영토확장 방향에 바탕이 되고 있다. 백제는 한반도 서남부에 있어 북방의 위협 때문에 서해진출이 국가생존의 방법이었고, 신라는 한반도 동남부에 있었으므로 북진이 국토확장의 기본이었다. 따라서 이러한 해양진출과 북방개척은 곧 반도에 위치한 우리나라(고려 이후 현재까지)의 기본 외교 및 정책의 바탕이 되었음으로 북진은 국토확장의 필수 수단이었다. 특히 남북분단의 현실에서 북방정책(北上의 歷史創造)은 통일을 위한 불가피한 우리의 정책이 될 수밖에 없다.

끝으로 고구려 고분벽화에 나타난 예술적 의미는 단순한 그림이 아니라 고구려인의 정신적 이상을 반영해 주는 문화적 가치가 있는 것이다. 현재 남아있는 고구려 고분벽화는 90여 개(집안 일대 23, 평양 일대 57, 안악 일대 12)가 남아 있으며 국내에 2개(영주시 풍기)가 보존되고 있다. 벽화 내용은 초기(4~5세기 중엽)에는 생활풍속화(사냥, 씨름, 연회), 중기(5~6세기 중엽)에는 장식도안화, 그리고 후기(6세기 중엽 이후)에는 사신도가 중심이다. 그 예술적 가치는 단순한 그림이 아니라 종교적 의미(불교·도교사상과 계세사상 표현), 그리고 과학기술의 가치가 포함되어 있어 그 후 우리나라 예술발달에 절대적 영향을 나타내고 있다.[19]

이상에서 한국 고대사가 우리에게 남겨준 교훈을 정리해 보았다. 고대사의 공식적인 첫 관문이 된 삼국시대 700년간은 3국 간의 갈등으로 이어진 분쟁기였으나 고구려는 강력한 국력으로 만주의 주인공이 되었고 수·당의 침입을 저지한 우리 민족의 자주성을 지켜주었고 화려한 벽화를 남겨 예술과 사상을 결합시킨 발전된 문화를 남겼으며, 백제는 활발한 해양진출로 해외경영의 필요성을 보여 주었으며 일본의 고대문화를 일으켜 준 주인공이었다.

그러나 신라는 처음에는 가장 후진국가로서 주변의 3나라(고구려·백제·일본)의 위협으로 어려움은 겪었으나 북진을 통해 통일의 바탕을 마련하였으며 비록 외세(당)의 이용으로 제·려를 무너뜨렸으나 영토야욕의 당나라 세력을 한반도에서 축출하여 민족통일의 기초를 처음으로 마련하였다. 이어서 민족의 통합과 문화의 융합으로 단일민족의 독자성을

---

19 전호태, 「고구려 고분벽화연구」(사계절, 2000)
안휘준, 「한국고분벽화연구」(사회평론, 2013)
고구려연구회〈편〉, 「고구려 벽화의 세계」(학연문화사, 2003)
서울대 출판부(편), 「북한의 문화재와 문화유적」(2000)
신형식, 「한국고대사의 새로운 이해」(주류성, 2009)
_____, 다시 찾은 한국고대사 해외유적(주류성, 2012)

이룩하여 현대 우리에게 통일의 필요성을 보여주었으며 수도를 끝까지 옮기지 않았음으로 반도 국가로서 '북상의 역사'를 통해 민족사의 방향을 제시한 것은 큰 의미가 있다. 동시에 통일신라의 정치·문화의 번창은 그 후 고려·조선을 거쳐 한국전통사회의 모습을 이룩할 수 있는 바탕을 남긴 사실은 큰 의미가 있다.

무엇보다도 고대사가 우리에게 준 교훈은 국가의식이다. 인간도리로서 특히 신라의 세속5계(원광)와 화랑정신이 주는 민족의식은 영토야욕을 보여준 당나라군을 한반도 밖으로 축출할 수 있었다. 이러한 국가의식은 「삼국사기」(열전)에 김유신을 비롯하여 관창·사다함·귀산·박제상 등의 활동에 보여주고 있다. 또한 반도 국가로서 신라가 끝까지 수도를 옮기지 않은 것도 우리 역사가 지닌 북상의 정신은 그 후의 고려·조선시대에 그 의미를 잇게 하였고 삼국시대는 중국의 문화를 수용하였지만, 우리나라의 독자적인 모습을 유지한 사실도 큰 교훈이 되고 있다. 동시에 고대사회(삼국시대)가 천 년 가까운 장기간 유지된 사실은 앞서서 본 강렬한 민족의식에 바탕이 된 것으로 왕조가 바뀌더라도 동일한 민족의식이 있었기 때문인 것은 사실이다.

동시에 천 년을 유지한 신라는 결국 수도를 바꾸지 않은데 바탕이 되었으며 북방진출의 자세는 누구도 언급이 없었지만, 반도 국가로서 우리 민족을 확장시키는 정신에 있었음을 잊어서는 안 될 것이다. 고대사는 우리 역사상 처음으로 국가체제(제도)를 마련하여 그 전통을 고려·조선시대로 이어지게 하였고 고구려가 수·당의 침입을 저지한 것은 우리 민족사상 가장 자랑스런 사건이며 벽화 속에 숨겨져 있는 예술의 가치는 고구려인의 선진문화 능력을 보여주고 있는 동시에 우리 민족이 지닌

■ 이 사진은 1993년 8월 해외 한민족연구소(이윤기소장)와 조선일보사의 주관으로 집안 고구려벽화를 촬영할 때 본인이 현장에서 이를 주도하면서 각저총 안에서 직접 찍은 사진이다. 각저총은 묘도(널길)를 지나 전실을 건너 주실(현실)에 이르면 씨름도(동벽)와 주인공 부부도(북벽)가 있다.

각저총 안에서

독창적인 문화개발의 능력을 알려준 것이다. 그리고 통일신라의 활발한 대중국(당) 외교는 중국문화를 수용하여 이를 우리 민족에 맞는 문화의 개발에 바탕이 되었으며 유교와 불교가 남긴 가르침은 우리 민족의 올바른 정신에 결정적인 역할을 한 사실은 잊어서는 안 될 것이다.

이상에서 설명한 바와 같이 고대사(삼국~통일신라)는 초기에는 3국 간의 대립이 심했으나 7세기 이후 통일신라가 3국의 갈등을 극복하고 최초로 민족을 통일하여 한국전통 사회의 모습을 보여주었다. 무엇보다도 고구려는 수·당의 침입을 저지하고 만주를 지배하였으며 찬란한 고분벽화 속에서 우리 민족의 예술적 위상을 나타냈으며, 백제는 한강 유역의 가치를 보여주었을 뿐 아니라 일본의 고대 문화를 개발시킨 나라였다. 그리고 신라는 끝까지 북진의 역사를 통해 민족통일을 이룩한 가르침을 후세에 남긴 민족사의 전개과정을 보여 준 나라였다.

[4] 남북한 역사인식은 어떻게 다른가

① 남북한 역사관 비교의 필요성

우리나라의 남북한 분단은 정치적인 장벽을 넘어 사회·문화·사상 등에 이르기까지 심각한 차이를 가져왔다. 따라서 남·북간에는 역사해석은 물론 역사인식의 간격이 커졌기 때문에 남북 간의 역사서술에는 상상할 수 없는 차이점이 나타나고 있다. 그러므로 제3국의 입장에서 볼 때 이해할 수 없는 문제가 보일 수밖에 없으며, 또는 장래 통일이 되었을 때의 상황에서 생각할 때 그 심각성을 말하지 않을 수 없다. 그러므로 우선 우리는 현재 남북한 역사서술에 나타난 '현격한 차이'를 확인하고 그것이 나타나게 북한의 주체사관이 갖고 있는 문제점(정치적 입장)을 찾아 역사의 진실을 통해 바람직한 해결방법을 모색할 당위성과 필요성을 느껴야 할 것이다.[20]

역사는 과거를 통해서 현재를 비추는 거울이며, 미래를 바라보는 창이 되기 때문에 객관적이며 진실한 사실구명이 요구된다. 이러한 시도는 무엇보다도 '역사를 정치로부터 독립'시켜야 한다는 사실로부터 시작되어야 할 것이다. 북한의 역사서술목표가 어디까지나 '사회주의 국가건설의 방향이나 김일성으로부터 시작된 주체사상의 확산을 위한 수단'으로 일관하는 데는 정치적 변조와 왜곡이 있게 되며,[21] 동시에 역사발전과정을 지나치게 '인민들의 투쟁'에 초점을 두고 있다는 사실에 문제의 심각성이 있다.[22] 역사가 정치현실에 좌우될 때 거기에는 객관적인 역사서술과 올바른 사실파악이 불가능하다는 점이다. 때문에 우리는 과거사실을 오늘의 현실 속에서 해석하고 있는 북한의 역사관을 심층 분석함으로써 다가올 통일한국사관의 방향과 그 필요성을 제시하고자 한다.

무엇보다도 한국의 역사해석은 올바른 사실에 입각하여 일제하의 민족주의 사관을 계승한 후 현재의 정치현실에 좌우되지 않았다는 사실과 북한이 주체사학이라는 합법칙성에 기초한 연역적(deductive)인 해석에 매달려 있지만, 남한은 객관적인 사실위주의 귀납적(inductive)인

---

20 김정배(편), 「북한이 보는 우리 역사」 (을유문화사, 1989)
　　안병우, 도진순(편), 「북한의 한국사 인식」 I, II (한길사, 1990)
　　신형식, 「남북한 역사관의 비교」 (솔 출판사, 1994)
　　＿＿＿, 통일신라에 대한 조선전사(북한)의 서술과 비판 (「북한이 본 우리 역사」 1989)
　　한국정신문화연구원(편), 「韓國史 時代區分에 관한 연구」 (1995)
　　북한연구학회(편) 「분단반세기 북한연구사」 (한울, 1999)
21 신형식, 북한의 역사서술방향과 인식체계 (「남북한 역사관의 비교」) p.38
　　이현희, 북한에서의 시대구분과 그 특징 (「한국사시대구분에 관한 연구」) 참조
22 이러한 사실은 「조선전사」(1979~1983)의 전체항목 170개 중에서 투쟁의 항목이 102개이며, '중학교 교과서(「조선력사」 34)의 전체 항목 46개에서 20개가 투쟁이라는 제목이다. (필자의 앞 책, p.38)

접근에 치중한다는 현실에 충실하다는 점은 분명하다. 여기서 우리는 북한의 역사서술은 국가적 편찬이나 개인저술을 막론하고 누가 쓰던 간 획일적인 현상을 바라보면서 각기 다른 견해와 주장을 나타내고 있는 남한의 그것과는 다르다는 것을 쉽게 느낄 수 있다.

이러한 시각에서 필자는 시대구분으로부터 역사개념(명칭), 그리고 역사 사실의 호칭상의 간극을 살펴보고, 남북한 역사관의 차이를 밝혀 그 문제점과 해결방안을 모색하고자 한다. 따라서 이와 같은 시도는 북한 역사관의 적절한 비판을 목적으로 한 것이며 나아가서 통일된 한국사관의 올바른 방향을 제시하는데 주안점을 두려는 것이다. 다만 시대구분이 진보적이며, 성숙한 역사적 사고라 해도[23] 역사는 복수적 요소에 의해서 좌우되기 때문에 특정한 획일적인 기준으로 서술될 때는 문제가 된다는 사실도 아울러 지적하고자 한다.[24]

그러나 근자에 서양의 삼분법(Trilogy: Three-fold Periodization)에 나타나 시대구분의 기준으로 이해하게 되면서 역사변화의 과정과 발전을 꾀하게 되었다.[25] 다만 이러한 3분법의 문제점에 대해서 다각적으로 비판되기도 하지만 현대가 추가되면서 다양한 시대구분이 제시됨으로써 아직도 우리가 그러한 구분을 활용할 수밖에 없다. 다만, 북한은 이러한 시대구분을 응용하고 있지만, 그 용어뿐 아니라 그 시기구분의 문제가 심각하지만, 고대사회 대신에 노예소유자사회, 중세사회 대신에 봉건사회 등을 사용하고 있어 내면적 차이를 보여주고 있다.[26] 또한 통일

---

23 R.G.Collingwood, The Idea of History (이상현〈역〉, 1967) p.53

24 차하순, 시대구분의 이론적 기초 『역사학보』 45, 1970) p.147

25 차하순, 시대구분의 이론과 실체 『한국사 시대구분론』 소화, 1994) pp.40~44

신라를 부인하고 발해를 앞세운 후 후기신라로 규정한 것도 한번 생각할 문제이다.

② 남·북한의 시대구분의 비교

역사는 끊임없이 변화하는 연속성을 갖고 있다. 그러므로 이러한 연속성을 인위적으로 단절하여 역사를 구분한다는 것은 기만적이고 피상적인 행위라는 비판도 있지만, 역사이해를 위해서는 불가피하다. 다만 일회적이며 주관적 판단으로만 역사를 외형적인 기준으로 절단하는 것은 역사를 모독하는 현상일 수가 있기 때문이다. 그러나 장기간의 역사지속을 이해하기 위해서는 정치적 변화(왕조 교체)나 사회변동에 따라 그 해석이나 시대구분에 따른 설명을 필요로 한다. 여기에 시대구분의 당위성 내지는 타당성이 있다.

이러한 시각에서 과거에 유행하였던 시기 구분이 왕조별 구분이었다. 중국의 唐(618-907)·宋(960-1279)·明(1368-1644)·淸(1616-1912), 서양의 Norman 왕조(영: 1066-1154)·Hapsburg 왕조(독: 1438-1870)·Bour-bon 왕조(프: 1814-1830), 그리고 우리나라의 신라(B.C.57-935)·고려(918-1392)·조선왕조(1392-1910) 등이 그것이다. 실제 과거에는 이러한

---

26 정찬영·김세익, 조선 노예소유자사회의 존재시기 문제에 대한 논쟁 개요 「력사과학」 1961-3
도유호, 삼국시대는 봉건시대가 아니다 (「삼국시기 사회경제 구성에 관한 토론집」, 1957)
리나영, 조선근대사의 시기구분에 대하여 (「력사과학」 1957-4)
장문선, 조선근대사의 시기구분에 대하여 (「력사과학」 1960-3)
허종호, 주체의 력사관 연구의 몇 가지 문제 (「력사과학」 1981-4)

구분이 역사이해의 기준이었다.

그러나 서양의 3분법이 수입되면서 우리나라도 중학교 과정에서는 왕조별 시대구분을 설명해주고 있으나, 고등학교 이상에서는 3분법을 사용하고 있다. 다만 근대 이전에 근세와 현대가 첨가되어 있어 대체적인 시대구분의 틀이 이루어졌지만, 중세의 하한에 대한 다양한 견해는 한국사뿐만은 아니다.[27]

다음 〈표〉에서 보듯이 남북한의 시대구분에는 커다란 차이가 있다. 양측이 서양의 3분법(또는 4분법)을 활용하지만, 그 표현과 시기에는 큰 간격이 있음을 알 수 있다. 우선 원시시대는 차이가 없지만, 고대 사회(노예제 사회)는 그 시작 (단군조선)은 거의 같으나 종말에서는 큰 차이(남한은 통일신라, 북한은 삼한)가 있다. 더구나 중세(봉건사회)의 경우 남한은 고려시대,[28] 북한은 고구려(B.C.277) 이후 조선후기(1860년대)까지 2100여 년을 그 범위로 삼고 있다. 여기서 우리는 중세의 존속기간을 남한은 500년, 북한은 2100년, 그리고 서양은 1000년으로 하고 있기 때문에 해석의 난점이 있다.[29]

---

27 이태진, 「사회사적 측면에서 본 중세의 시작」, (『한국사의 고대와 중세의 분기점』 1993) 참조
28 남한의 경우도 고려=중세란 공식이 일반화된 것은 아니지만, 대표적인 개설서(이기백·변태섭·한영우 등)나 「국정교과서」에 이렇게 나타나 있어 대부분의 학계가 인정하고 있다. 다만 민중사학을 강조하는 역사연구회의 『한국사』(1994)에는 신라(통일)시대부터 중세(19세기 후엽)로 보고 있다. 그러나 강진철은 조선초기(『한국토지제도사』 상, 1965), 이태진은 고려 말(사회적 측면에서 본 중세의 사학, 1993), 그리고 김기학은 8세기 전반기(『삼국 및 통일신라 세제의 연구』, 1991)로 중세의 출발을 보고 있다.
29 북한의 중세(봉건사회)가 2000년을 넘고 있어 역사의 발전상을 외면하였다는 지적이 가능하다. 그러므로 북한은 삼국시대를 봉건제도 성립기, 통일신라시대를 봉건제도발전기, 고려시대를 봉건적 예속강화기, 그리고 조선시대를 봉건체제의 재편성(권기). 자본주의적 관계의 발생(후기). 봉건제도의 위기(19세기)로 설명하고 있다.

무엇보다도 북한의 역사서술에는 통일신라가 없고 「발해와 후기신라」로 되어있다. 영토가 축소되었더라도 국사상 최초의 신라통일은 의미가 있는 것이다. 그리고 불교가 지배세력의 위상을 보호하고 진보적인 사회사상발전에 막대한 해독을 끼치었다고 하였다. 삼국시대의 봉건지배계급은 종교 미신을 이용하여 그들의 권력 유지를 위한 수단으로 활용하였다고 되어있다. 그러나 불교가 국민들의 호국 사상과 민족문화개발에 기여한 것은 큰 의미가 있다는 사실을 외면하고 있다.

다만 18세기 후반을 근대의 준비시기로 보는 것은 남북한이 공통된 사실이지만 그 사회명칭에서는 큰 차이가 있다. 그러나 이 시기가 근대사회로 넘어가는 자생적 또는 내적 발아기라는 점은 양측의 견해가 같다. 특히 고대사에서 북한은 통일신라시기(신라의 남반부 지배: 후기신라)가 없으며, 근대에서는 일제시대(반봉건 부르주아 민족운동기-항일무장투쟁시대)라는 공식 명칭은 없다.

또한 현대기점 시기에 있어서 남한은 1945년(해방·광복), 북한은 1926년(타도 제국주의 동맹결성)을 잡고 있어 그 시점은 큰 차이가 없지만, 내용상은 전혀 다른 접근이라 생각된다. 그 내면에는 타율적 계기(해방·광복)와 항일을 위한 자율적 계기라는 차별과 명분을 갖고 있다. 무엇보다도 북한은 현대사에 치중하여 「조선전사」 33권(1979-1983) 중에 현대사 (57년간: 1926-1983)에 18권(54%)인 반면 남한은 「한국사」 22권(한국사 30년간: 1945-1981) 중에 한 권도 배려하지 않고 일제시대 (1910-1945)에 2권을 할애하고 있을 뿐이다.[30] 이러한 현상은 「신편한

---

30 북한의 「조선전사」(1979-1983: 33권)와 남한의 「한국사」(1975-1981: 22권)는 남북이 마련한 최초의 우리나라 역사대계였다. 그 후 한국은 「신편한국사」(53권, 1993-2003)를 편

국사」(1993-2003)에서도 일제 5권, 대한민국 1권뿐이다. 북한의 이와 같은 현대사 위주서술은 김일성을 위한 '역사가 정치의 시녀'라는 현실을 단적으로 나타내 주고 있다.

다만 18세기 후반 조선사회의 일련의 변화(산업발전·신분제 동요·세제의 개현·실학의 발달)는 남북이 거의 비슷한 공통적인 견해를 보여 북한 역시 자본주의적 관계의 발생(농업·수공업 발달·상품화폐 관계의 발전에 따른)으로 간주하여 근대 사회로의 내재적 발전과정으로 풀이하고 있다. 그러나 북한서술의 가장 큰 특징인 현대사에 대한 파격적 우대는 사회주의 혁명건설완승기로 김일성의 우상화(주체사상의 확립)와 김정일의 선군정치 확립으로 설명하고 있으며, 그 아들로의 세습제로 이어진 경우는 어느 나라에서도 찾을 수 없다. 이와 같은 현대사 위주의 역사서술은 북한 공산정권을 정통화하려는 정치적 목적에 기여하려는 것으로 김일성의 항일투쟁으로부터 시작하여 불멸의 주체사상(혁명활동)을 거쳐 김정일의 혁명력사로 정리되고 있으며 현재 김정은 시대로 이어지고 있다.[31]

이에 대해 남한의 경우는 3.1운동과 임시정부의 법통을 계승한 대한민국이 광복 이후 민주주의 시련(4.19, 5.16, 민주화 투쟁)을 거쳐 박정희(유신체제)·신군부(전두환, 노태우)·문민정부(김영삼)·국민의 정부(김대중)·참여정부(노무현) 그리고 MB(이명박) 정부를 거쳐 PK정부(박근혜)가 중단되고 문재인 정부로 이어짐으로써 많은 변화 속에서 발전을 묵시적으로 나타내고 있다.

찬하였으나, 북한은 개정판(1990-1991)으로 5권(선사~후기신라)만 간행되었다.
31 신형식, 앞의 책 p.41

한편 북한의 경우는 「조선통사」(1956)와 「증보판 조선통사」(1991)에
서 보여진 서술의 변화처럼 90년대에 이르러 큰 차이를 나타내고 있다.
북한은 무엇보다도 민족이 근대(부르주아 사회형성기)에 형성된다는 서
구학계의 견해를 부인하고 '단군에 의한 민족의 원초성'을 강조하고[32]
그것이 김일성(1912-1994)에 의해서 순수한 혈통이 계승됨으로써[33] 김
일성의 탄생년을 '주체의 연호'를 쓰게 되었다. 이로써 북한의 시대구
분은 맑스사상을 주관적으로 원용하여 현대사를 재편성하기에 이르렀
다.[34] 따라서 북한의 시대구분은 고대·중세는 지배세력(봉건통치배)과
외세에 대한 투쟁의 역사이고, 근대는 반제·민족해방을 위한 투쟁의
역사이며, 현대는 김일성에서 김정일, 김정은으로 이어지는 사회주의
혁명의 완성시대라는 것이다.

③ 남북한 역사서술의 비교

앞에서 보듯이 남북한의 역사해석에 있어서 그 기본이 되는 시대구
분에 큰 차이가 있다는 사실은 역사서술에도 그대로 이어지고 있다.
우선 1933년의 동관진 구석기 유적 이후 북한은 조선사람의 기원문제
로 력포사람과 덕천사람을 고인으로, 승리산인과 만달사람을 신인으
로 설명하여[35] 남한의 1964년의 석장리 유물을 비롯하여 전곡리·두루

---

32 고영환, 「우리 민족 제일주의론」(평양출판사, 1989) 참조
33 김창호, 김일성 민족으로서 우리 민족의 혈통을 고수해 나가시는 위대한 령도(「력사과학」
   2000) p.18
34 도면희, 앞의 글 p.325
35 장우진, 「조선사람의 기원」(과학백과사전 종합출판사, 1989) pp.14~69

봉·창내·점말·수양개 등 구석기 시대의 존재로 남북한 다같이 확인되
었다.[36]

무엇보다도 북한이 고조선 문제를 들고나오기 시작한 것은 1993년
단군릉의 발굴 이후 고조선의 중심지가 요동지방에서 평양으로 옮겨
졌다는 주장과 더불어 본격화되었다.[37] 1991년도 판 「조선통사」에서도
료동반도 끝(대련시 감정지구 후목성역)에 있는 강상(崗上)무덤은 기원전
8~7세기 고조선의 생산력 발전수준과 계급관계의 일면을 보여준다고
하였다.

이 단군릉의 발견으로 북한은 민족의 주체로의 혁명적 변화를 꾀할
수 있었다. 그러나 남한의 견해는 단군릉에서 나온 사람 뼈의 연대측정
문제나 그 중심지 이동 등으로 북한의 견해에 동의하지는 않는다.[38] 그
후 북한은 고조선은 요동지방에 있던 것이 아니라 원래부터 평양지방에
있었고, 평양지방이 요동보다 더 일찍 고대문화가 발전하였다는 주장을
통해 평양이 단군이래 고조선의 중심지였다는 것이다.[39] 북한은 이러한
단군릉 발견 이후 평양중심의 고조선론을 확대하여 이른바 '대동강문화
론'을 전개하여 세계 5대 문명론을 제기하였다. 1998년 3월 11일자 로

---

36 손보기, 《한국구석기학연구의 길잡이》(연세대출판부, 1988)
　　배기동, 「전곡 구석기 유적」(학연문화사, 1996)
　　이융조, 「단양수양개 구석기유적 발굴조사 보고서」(충북대 박물관, 1985)
37 이형구, 「단군과 단군조선」(살림터, 1995)
38 서영수, 고조선의 위치와 강역(「한국사시민강좌」 2, 1988)
　　노태돈, 고조선 중심지의 변천에 대한 연구(「한국사론」 23, 1990)
　　김정배, 고조선의 국가형성(「한국사론」 4, 1997)
　　조법종, 「고조선, 고구려사 연구」(신석원, 2006)
　　신용하, 「고조선 국가형성의 사회사」(지식산업사, 2010)
39 박득준, 「고조선의 력사개관」(사회과학출판사, 평양, 1999) p.24

동신문에는 '대동강과 더불어 빛을 뿌리는 유구한 역사와 찬란한 문화'라는 제목으로 평양을 중심으로 대동강 문화가 꽃피웠다는 것이다. 평양 일대는 거대한 무덤, 고인돌과 성곽, 집단취락, 그리고 청동기유물(비파형 청동검, 금제품) 등이 다수 발굴되어 구석기 시대 이래 5000년 전(황화문명은 4100년, 인더스문명은 4500년)에 이룩된 이후 단일혈통과 단일문화를 이어왔다는 것이다.[40] 그러나 이러한 견해는 주변학계의 공인을 받기에는 어려움이 있으며 보다 합리적이며 객관적인 주장이 요구된다. 그러나 현재 고조선의 대표적인 유적지였던 강상무덤(누상무덤을 합침)은 인분퇴적지 뒤에 방치되고 있다. (사진참조)

북한의 단군릉(평양)　　　　　참성단(마니산)

■ 참성단은 강화도 마니산 꼭대기에 있는 제단으로 단군이 제천행사를 한 곳으로 알려져 있다. 이러한 사실은 「단군세기」·「수산집」(동사)·「문헌비고」에 나타난 기록으로 그 후에 나라의 안녕을 비는 제단으로 이용되었으며 현재도 기념비로서 길상면의 삼랑성(三郎城)과 함께 단군관계 유적으로 그 존재는 인정되고 있다.

---

40 허종호, 조선의 대동강문화는 세계5대문명의 하나(「력사과학」 1999-1)
　이순진, 대동강문화의 기본내용과 우수성에 대하여(「력사과학」 1999-1)
　서일범, 북한고고학의 최근 동향과 대동강문화론(「백산학보」 53, 1999)

이와 같은 북한식의 주장은 주체 사학에 얽매인 자기 정당화의 이론이기 때문에 주변 반응이 있을 수 없다. 다만 1만 년 전에는 황해가 없었으며 이집트·메소포타미아 문명도 그 중심지가 하나가 아닌 점,[41] 그리고 평양 일대의 고인돌이 성벽 위에 세워진 점, 거대한 壇遺址, 殉葬무덤, 그리고 성벽 등을 통하여 고대 국가 성립의 조건을 갖추고 있는 점을 고려할 때 이와 거의 같은 유물, 유적, 그리고 조건(역사적 배경) 등을 가진 때문에 한강 유역에도 '미지의 왕국(이른바 한강문화권)'이 성립될 가능성은 높다는 주장이 제기되고 있다.[42]

다음으로 남북한 역사해석의 차이가 고구려 건국연대이다. 남한은 「삼국사기」 기록에 따라 B.C.37년(甲申)으로 파악하는데 비해, 북한은 B.C.277년으로 서술하고 있다. 따라서 북한은 고구려 초기의 왕계표를 다음 표기와 같이 설명하고 있다.[43] 물론 주몽 이전에 중국 문헌에서 고구려(구려)가 일찍 나타나고 있음은 부인할 수가 없다. 여기서 고구려의 건국 시기 문제가 어려움을 겪고 있다.

〈표〉에 따르면 북한은 240년간(B.C.277~37)에 6왕(동명왕 포함)이 재위한 것으로 되어 있다.

---

41 예를 들면 이집트문명은 Memphis와 Thebes, 메소포타미아문명은 Lagash와 Ur, 인더스문명은 Harappa와 Mohenjo-Daro, 그리고 중국(황화)문명은 仰韶(河南省)와 龍山(山東省)과 같이 2-3개의 軸이 있었다.

42 이종호, 한강권의 미지의 왕국 성립에 관한 인식론(백산학보) 80, 2008.4) 참조

43 이러한 근거로는 ① 고구려가 秦(2022-2086)과 관계가 있었는데 B.C.221년 전의 甲申年은 297년이 된다. ② 「삼국사기」(권22, 보장왕 27년 3월조)에 '高氏自漢國今九百年'이라 하여 고구려가 900년 계속되었다고 하였다. ③ 廣開土王碑文에 광개토왕이 鄒牟王(동명왕)의 17세손이라 한 사실(「삼국사기」에는 동명왕의 12대손) 등을 들고 있다.

▷ 남북한 시대구분의 비교 ◁

시기	남 한		북 한	
	시대 구분	주요 항목	시대 구분	주요 항목
선사 시대	원시 시대	석기시대	원시 시대	원시무리 · 모계공동체
		청동기시대		부계씨족 공동체
		군장시대		
부족 국가	고대 시대	초기국가시대	노예제 시대	노예소유자사회
삼국 시대		고대국가시대	<B.C.277> 봉건 사회	봉건제도의 성립기(고구려)
남북국 시대		통일신라 발해시대		봉건제도의 발전기
고려 시대	<918> 중세 사회	귀족문벌시대		봉건적 예속강화기 <무신관료배의 정권장악>
		무신정권		
		몽고간섭기		
		권문세족		
		신흥사대부		
조선 시대	<1392> 근세 사회	양반관료사회		봉건체제의 재편성 <리조봉건국가의 성립>
		사림정치		
		조선후기사회변동		자본주의적 관계의 발생
		양반사회파탄		봉건제도의 위기
	<1863> 대원군 근대 사회	개화·보수의 갈등	<19세기 후반> 근대사회	부르주아운동의 시작
		동학혁명 근대개혁		부르주아 개혁
		대한제국 국권수호		부르주아운동의 종말
일제 시대		일제시대 국권회복운동	<1926> 현대 사회	26~45	항일무장 투쟁시대
대한 민국	<1945> 현대 사회	45~48	미군정시대	김일성 시대	45~50	민주건설시대
		48~60	이승만정부[1]		50~53	조국해방전쟁
		60~61	장면정권[2]		53 이후 1968 1994	사회주의건설 주체사상확립 김일성 사망
		61~63	군정시대			
		63~81	박정희정부 [3·4]			
		93~98	문민정부	김정일	1994 ~ 2012	김정일 승계 <선군정치>
		98~03	국민의 정부			
		03~08	참여정부			
		08~13	MB 정부	김정은	2012	김정은 시대
		13~17	박근혜정부			
		17~19	문재인정부			

▷ 고구려 초기의 왕계표 ◁

대수	북한	대수	남한
1	동명왕 (B.C.277 - 259)	1	동명왕 (B.C.37 - B.C.19)
2	유류왕 (B.C.259 - 236)	2	유리왕 (B.C.19 - A.D.18)
3	여률왕 (B.C.236 - 223)	3	대무신왕 (18 - 44)
4	막래왕 (B.C.223 - 209)	4	민중왕 (44 - 48)
5	애루왕 (B.C.209 - ?)	5	모본왕 (48 - 53)
6	○○왕 (? - 236)	6	태조왕 (53 - 146)
7	유리왕 (B.C.19 - A.D.18)	7대 차대왕 ↓ 18대 고국양왕	
8	대무신왕 (18 - 44)		
	9대 민중왕 → 23대 고국양왕		
24	광개토왕 (391 - 413)	19	광개토왕 (391 - 413)

그렇다면 평균 재위 기간이 40년이 되어 3국시대 왕의 평균 재위 기
간이 21.6년에 불과한 사실과 비교할 때 확실성이 적다.[44] 무엇보다도
신라의 통일은 우리 민족사의 새로운 계기였지만 북한은 신라통일의
의미를 부인하고 신라의 한반도 지배라는 뜻에서 후기신라로 규정하고
있는 것은 한국사의 전개과정을 잘못 이해하고 있다는 사실이다. 북한
의 역사서술은 정치적 현실에 따라 바꿔지면서 특히 주체사상의 확립

---

[44] 신라왕의 재위 기간은 17.7년(992년 간에 56왕), 고구려는 25, 2년(705년에 28왕), 백제
는 21.9년(618년 간에 31왕)이 있어 3국시대는 21.6년이었다. 한편 고려는 13.9년(474년
간에 34왕), 조선은 19.2년(518년에 270왕)이어서 우리나라 평균 재위 기간은 18.2년에
불과하기 때문에 고대에서 40년은 믿을 수 없다.(신형식, 삼국시대 왕들의 참 모습은 「새
로 밝힌 삼국시대의 역사적 진실」 우리 역사연구재단 2013, p.68)

에 따라[45] 1960·70년대와 80·90년대는 큰 차이가 보인다. 이러한 사실은 「조선통사」(1977)와 「증보판 조선통사」(1991)에 나타났으며 「조선전사」(1979-1983)와 「개정판 조선전사」(1991.1~5권뿐)에도 역력히 보여지고 있다.

▷ 북한 서술의 변화 ◁

책\내용	조선전사(3) 1979	증보판 조선전사(3) 1991
불교	봉건통치계급의 리익을 대변하여 근로인민들의 계급의식을 마비시키고 그들의 반항을 사상적으로 억누르기 위한 가장 반동적인 견해이다. <p.319>	모든 것을 공(허무)으로 보아 현실은 다 부정하면서 이 세상에는 진정한 행복이나 평등이란 없으며 죽어서 극락세계에 가서야만 행복이 있다고 설교하였다. <p.299>
유교	3강 5륜과 같이 누구나 봉건군주에게 절대 복종해야 한다는 반동적인 봉건사상이다. 봉건지배계급은 자기들의 봉건통치를 강화하고 근로인민대중에게 노예적인 굴종 사상을 주입시켜 제놈들에게 잘 순응하는 봉건적인 노예로 만들기 위해 유교를 적극 퍼뜨렸다. <p.320>	천명에 의하여 결정된다는 숙명론적이며 누구나 다 왕권군주에게 절대복종해야 한다는 왕도정치를 설교하는 봉건사상이다. 그들은 봉건통치를 강화하고 근로인민대중을 현존질서에 잘 순응하게 하기 위해 유교사상을 적극 장려 하였다. <p.300>
안시성 싸움	당황한 당태종놈은 흙산을 지키다 빼앗긴 우두머리 놈의 목을 베어 돌리면서 졸개들에게 명령하였다. <p.282>	당태종은 그 어떤 권투 기자재로도 튼튼한 안시성을 함락시킬 수 없다는 것을 알고 흙산을 성보다 높이 쌓아 그곳에서 공격하도록 명령하였다. <p.262>

이러한 서술의 변화는 그 내용의 변경이 아니라 표현을 약간 완화한 것으로 대외적인 입장을 반영한 것으로 풀이된다. 따라서 외형적(표면적)인 서술을 약간 바꾼 것이며 그 내면은 다음의 「조선역사」(고등중학교 2학년용, 1996)의 첫머리에서

---

45 리성준, 「위대한 주체사상총서(1)-주체사학의 철학적 원리」(사회과학출판사, 평양, 1985)
김남식, 주체사관은 유물사관의 발전적 계승이다(「역사비평」1991-가을호, pp.35~47)

◆ ◆ ◆

"우리 모두가 경애하는 수령 김일성 대원수님께서 개척하신 주체의

혁명위업을 빛나게 계승해 나가시는 위대한 영도자 김정일 원수님께

충성과 효성을 다하여 내 나라 내 조국에 대한 열렬한 사랑으로 불타

야 한다." (머리말)

에서와 같이 영생하는 수령관에 입각한 유일한 세습제를 찬양하고 조술

하는 역사서술체제는 변화하지 않고 있다.[46] 이와 같이 북한 역사서술의

특징은 주체사상에 입각하여 북한체제를 정당화하고 세 사람의 영원한

지도자(위대한 수령과 친애하는 장군님)의 가르침을 설명하고 부연하는 특

징을 지닌다.[47] 그러므로 역사적 사실이나 사건을 당시의 현상으로 보지

않고 '과거의 사실을 오늘의 시각'에서 설명한다. 신라의 대표적인 승려

인 元曉에 대해서 '無(없다)와 有(있다)의 대립 관계 속에서 변증법적인

리해'를 얻었다고 하였다.[48] 그리고 나말의 대표적인 문호인 崔致遠에

대해서는 그의 일심사상도 결국은 인민에 대한 지배를 합리화해보는 시

도에서 나타난 것이며, "태극설은 혼돈의 근원을 말하는 것으로 그것은

辨證法的인 요소를 담고 있지만, 일종의 무신론사상에서 일정한 의의를

가진다'[49]라고 설명하고 있다.

---

46 이종석, 「조선로동당 연구-지도자상과 구조변화를 중심으로」(역사비평사, 1995)
　　　　, 「현대북한의 이해-사상·체계·지도자」(역사비평사, 1995)
47 신형식, 북한의 부분사(정치·경제·사회)연구 동향과 과제(「북한의 역사학」(1) 국사편찬위
　　원회, 2002) p.392
48 사회과학원 력사연구소(편), 「조선전사」5, 1999, p.338

이에 대해 남한의 경우는 다양한 견해가 제시되었으며, 인간이 보편적
으로 갖고 있는 佛性을 통해 정토신앙과 화쟁(和諍)을 통해 불교의 대
중화에 기여한 것으로 서술되어 있다.[50] 특히 한국은 근래 새로운 역사
이론을 적극 수용하여 계량사(Quantitative History), 심리사학(Psycho-
history), 그리고 신문화사(New Cultural History)의 이론과 연구방법을
수용하여 일상사, 미시사(Micro-history) 등 다양한 방법이 활용되고 있
다.[51] 따라서 최치원에 대해서 Toynbee의 전환기(A Time of Trouble)에
있어서 창조적 소수(Creative Minority)인 숙위학생으로서, 또는 Dante의
「제국론」에서 보여진 선행문명(고대)과 후행문명(중세)의 이행과정에서
변모(Transfiguration)와 초탈(Detachment)의 의미로 풀이해보기까지 가
능하였다.[52]

　남북한의 역사해석이 전부 다른 것은 아니다. 표현과 그 설명의 차이
로 각기 서술이 다르기 때문에 문제가 된다. '북한의 경우 수·당과의 싸
움에서 침략자들을 물리친 것은 고구려인민들의 투쟁'이라고 되어 있는
데, (「조선통사」〈증보판〉제3장 제5권) 실제로 초기의 전쟁은 고구려인과
의 싸움이었지만, 후기의 당군 축출은 여·라인민들이 주축이 된 것이기

49 앞의 책, pp.345~346

50 조명기, 원효의 和諍(「신라불교의 이념과 역사」 신라약사, 1962)
　　김중업, 원효의 화쟁사상(「불교학보」 15, 1978)
　　남동신, 원효의 敎判論과 그 불교사적 위치(「한국사론」 20, 1988)
　　김상현, 「역사로 읽는 원효」(고려원, 1994)
　　이기영, 원효사상의 특징과 의의 (「진단학보」 78, 1994)

51 신형식, 21세기 한국사 방향모색(「21세기 한국사학」 국사편찬위원회, 2000) pp.80~81

52 신형식, 고운 최치원의 역사인식에 대한 새로운 접근-Dante의 「제국론」을 통해서 본
　　-(「고운학회 창립기념논문」 2002: 「한국고대사」 삼영사, 2002)

때문에 그 표현이 바뀌어야 한다. 신라 후반기의 해설에서도 '9세기 농민전쟁(북한)'만이 당시의 상황이 아니라 '지방세력(호족: 남한)'의 역할도 중요한 사실이었다. 따라서 농민전쟁을 우선하는 북한과 귀족세력의 반란 또는 호족의 역할과 새로운 사상의 등장을 강조하는 남한의 시각 차이를 볼 수 있다.

다음으로 남북한 역사서술에 가장 큰 차이는 역사발전의 요인을 북한에서는 '인민들의 투쟁'에 두고 있는 점이다. 우선 「조선통사」(증보판)의 상권 12장 53절 중에서 13절(소항목은 34)이 투쟁이라는 제목이며, 하권의 15장 62절 중에서 34절이 투쟁이라는 제목으로 되어있다. 결국 근대 이전은 봉건 지주계급(안)과 외적(밖)의 원수들과의 투쟁의 역사였고, 근대 이후는 항일무장투쟁(밖)과 사회주의 건설(안)을 위한 투쟁이 되는 것이다. 때문에 지배계급은 언제나 반역사성을 띠게 되었으며, 남한에서 반란을 주도한 만적·김사미·효심·이시애·임꺽정 등은 정의의 표상으로 평가된다.[53] 여기서 남북한은 같은 사건의 서술이 다음과 같이 바뀌고 있다.

〈표〉에서 보듯이 북한은 대부분의 역사사건을 '인민의 투쟁'으로 평가하고 있다. 그러나 역사의 진전은 투쟁만 있는 것은 아니다. 이러한 투쟁은 곧 주체사상의 구체적 표현으로서 '혁명과 건설의 주인은 인민대중이며 그 추진의 힘도 인민대중에 있기 때문에, 자기운명의 주인은 곧 자기자신이며 그 바탕은 인민대중의 역할에 기초한 혁명적 전술'이 주체사상이라는 것이다.[54] 그러나 80년대에 들어서서 러시아(고르바초

53 신형식, 북한의 부문사 연구동향과 과제〈1〉 p.397
54 김정일, 주체사상에 대하여 (「김정일 동지의 문헌집」 조선로동당 출판사, 1982): 통일교육

프)의 개혁·개방 노선에 대응하여 체제수호를 위한 이론적 변화로 혁명의 주체가 인민에서 '수령·당·인민대중의 통일체(사회·정치적 생명체)'로 바뀌게 되었다. 이때의 인민대중은 개인이 아니라, 공산주의자들의 집단으로 파악하고 있다.[55]

▷ 남북한의 역사용어 비교 ◁

남 한	북 한
통일신라	후기신라
발해의 산동성(등주)공격	732~733년 발해·당 전쟁
조위총의 난	서경폭동군
만적의 난	만적의 폭동계획
이시애 난	1467년 함경도 농민전쟁
임진왜란	1592~1598년 임진 조국전쟁
홍경래난	1811~1812년 평안도 농민전쟁
진주민란	1862년 진주 농민폭동
병인양요	1866년 프랑스 침략자들의 무력침공을 반대한 조선인민의 투쟁
갑오경장	1884년 브루죠아 혁명
동학혁명	1894(갑오) 농민전쟁
해방(광복)	조국의 해방, 위대한 수령 김일성 동지께서 주체적인 새민주조선 건설제시
6.25전쟁	공화국 북반부에 대한 미제와 남조선괴뢰 도당의 무력침공
4.19혁명	4월 인민봉기
5.16쿠데타	유신독재체제의 수립과 남조선 사회의 가일층 파쇼화
광주 민주항쟁	10월 사건 이후 반파쇼 민주화 운동의 급격한 발전, 영웅적 광주인민봉기

원, 북한의 정치 (「북한의 이해」 1996, pp.38~39

이러한 시각은 남한의 경우 전혀 정치현실과 무관하게 서술되고 있음에 우리의 주목이 집중된다. 그러므로 북한의 서술은 개인저서나 국가발행의 저술이나 그 내용이 차이가 없기 때문에 '역사가 정치의 시녀'에 앞잡이가 된다(〈표〉 참조).

이러한 사실은 사회과학원 력사연구소(국가기관)와 손영종(개인)의 저서를 비교해보아도 차이가 없다. 따라서 북한에서는 개인의 주장이 존재하지 않고 오직 같은 내용만이 허용됐다는 사실이다. 즉, 국가편찬이나 개인 저술이 그 목차까지 같다는 것이다. 이에 대해 남한의 경우를 보면 아래 〈표〉와 같다.

〈표〉에서 알 수 있듯이 남한의 경우 국가(국사편찬위원회)와 개인 저서는 그 내용과 방향이 전혀 다르다. 북한은 저자가 '사회과학원 역사연구소'여서 실제 필자를 밝히지 않는다. 그러나 남한은 '국사편찬위원회'가 발행만 한 것이지 매 장마다 필자를 밝히고 있다. 따라서 그 내용이 같을 수 없다. 물론 북한도 심사·편집·장정·교정의 책임자 명단은 있으나 개인의 주장은 허용되지 않는다. 그러나 남한은 자문위원·편찬위원·집필자·기획편집자가 구별되지만 어디까지나 집필자의 책임으로 이루어진다.[56] 그러므로 집필자의 입장에서 내용과 제목이 달라지게 되어 〈표〉에서 볼 수가 있다.

---

55 통일교육원, 앞의 책, p.40

56 북한의 경우는 저자가 개인이 아니라 「사회과학원 력사연구소」이다. 그러나 남한의 경우 「고구려사」를 예를 들면 자문위원(이기백, 황수영)은 최고 원로학자이며, 편찬위원(노태돈·신형식·이기동·정영호)은 학계 중견교수로 큰 목차결정에 도움을 주었고 집필(공석구·김기흥·김현숙·노태돈·여호규·이호영·임기환)은 실제 각 장 내용을 저술한 책임자이다. 그리고 기획·편집(신재홍·변승웅·고혜령·고성훈·박한남 등)은 국사편찬위원회 연구관(또는 역구사)으로서 편집과 교정을 담당한 실무진이다.

▷ 「조선전사」(3)과 「고구려사」(손영종)의 목차 비교 ◁

	「조선전사」 3 (1991)	「고구려사」 (손영종, 1990)
제1장	고구려 봉건국가의 성립	고구려 건국
제2장	고구려 봉건국가의 초기발전	고구려 봉건국가의 초기발전
제3장	국력의 강화와 고조선 옛 땅의 완전수복을 위한 고구려인민들의 투쟁	국력의 강화와 고조선 옛 땅의 완전수복을 위한 고구려 인민들의 투쟁
제4장	3-4세기 고구려에서의 봉건제도의 공고발전	고구려에서 봉건제도의 공고 발전
제5장	겨레와 강토를 통일하기 위한 고구려 인민들의 투쟁	겨레와 강토를 통일하기 위한 고구려 인민들의 투쟁
제6장	봉건적 중앙집권체제의 가일층 강화 [제 7장 이하도 동일함]	고구려에서의 봉건적 중앙집권체제의 가일층 강화 (제 2권)

▷ 「한국사」(5)와 「고구려사」의 비교 ◁

	「한국사」 3(1996)	「고구려사」(신형식, 2003)
제1장	고구려의 성립과 발전	고구려사 연구의 현황과 과제
제2장	고구려의 변천	고구려사의 성격 문헌에 나타난 고구려상
제3장	수·당과의 전쟁	고구려의 성립과 발전
제4장	고구려의 정치·경제와 사회	고구려의 대외관계와 수·당과의 항쟁
제5장	고구려의 문화[57] 불교, 도교예술, 과학기술	고구려 사회의 제문제 고구려 문화

---

[57] 고구려 문화는 별도로 「삼국의 문화편」(「한국사」(8))에서 다루고 있기 때문에 제5장이라고 표시하였다.

끝으로 남북한 서술의 가장 큰 차이는 현대사의 비중이다. 「한국
사」(초판, 1975-1981)에는 근대편에 2권(22권 중)이었고 「신판 한국사」
(1993-2003)에도 일제시대에 5권, 현대에는 1권만 할애하고 있다. 그
러나 북한의 「조선전사」(1979-82)는 전체 33권 중에서 현대사(1926년
이후)가 18권(근대는 3권)으로 되어있어 현대사 위주의 역사서술을 보
게 된다. 이러한 사실은 「조선통사」(하)도 거의 현대사로 채워지고 있
어 근대사는 김일성의 선대사, 그리고 현대사는 김일성사(일부 김정일
포함)로 채워지고 있다.

북한의 「현대사」 18권은 크게 「항일무장투쟁사」(7권: 1926-1945), 「민
주건설사」(2권: 1945-1950), 「조국해방전쟁사」(3권: 1950-1953), 그리고
「사회주의건설사」(6권: 1953-1980) 등으로 되어있다.

이에 비해 남한의 현대사(「한국사」 52)는 단 1권으로 광복과 미·소
의 분할점령, 통일국가 수립운동, 미군정기의 사회·경제·문화, 그리고
남북한 단독정부의 수립으로 되어 있으며, 북한에 대한 서술은 간략하
지만 조선민주주의인민공화국의 수립(1절) 내용이 서술되어 있다. 이
에 대해 북한의 서술은 한민족의 본토기원설을 비롯하여 단군릉 발견
과 대동강문화권을 이어 「고조선-고구려-발해-고려」로 이어지는 고
대 이후 한국의 정통성을 강조한 후, 김형직-김일성-김정일-김정은으
로 이어진 근·현대사의 체계화를 위한 방편으로 생각된다.

◆ ◆ ◆
" 조선 민족의 혈통은 우리 이민이 수천 년 력사에서 처음으로 높이
모신 위대한 수령 김일성 동지에 의해 훌륭히 마련되고 경애하는 김
정일 동지에 의해 의하여 순결하게 이어지고 고수되어 온 혈통이다.[58]

에서와 같이 북한은 불멸의 주체사상으로 개인의 우상화를 위한 도구로 역사를 이용하였다. 따라서 북한은 우리 민족과 김일성을 일치시켜 북한 정권의 합법성을 현대사 속에서 풀어나간 것이다. 그러므로 임시정부의 법통성과 대한민국의 정통성을 부인하여 진실한 역사적 사실을 왜곡하고 있다. 이에 대해서 「한국사」(권52)에서는 북한의 조선공산당, 조선민주당, 천도교청우당, 조선신민당, 북조선 임시인민위원회 등을 설명하고 북한의 내각명단까지 소개하고 있다.[59]

이에 대해 북한의 「조선전사」(16-33)에는 전체 18권 중에 김일성이 빠진 때는 한 번도 없었으니 결국 북한의 현대사는 김일성의 활동사(항일투쟁·새민주조선 건설·사회주의 혁명활동·조국해방전쟁 전략·사회주의건설전략·주체사상확립·사회주의 문화건설)가 된다. 「한국사」에는 북한 정부(조선민주주의 인민공화국) 수립을 사실대로 기록하고 있으나, 「조선전사」(권23-24)에는 '미제의 단독정부조작책동과 식민지 파쇼통치를 짓부수기 위한 남조선인민들의 투쟁(제24권 제10장)'만 서술하고 있다. 당시 남한정부(대한민국)는 1948년 8월 15일에, 북한정부(조선민주주의 인민공화국)는 1948년 9월 9일에 단독정부가 세워졌으나, 한국정부는 그해 12월 12일에 '한반도에서 유일한 합법정부'로 UN의 승인을 받은 바 있다.

북한의 「조선전사」(권25-27)는 6.25전쟁사(중국에서는 抗美援朝戰爭)로서 조국해방전쟁사라 하여 '공화국북방부에 대한 미제와 남조선괴

---

58 김창호, 김일성 민족으로서 우리 민족의 혈통을 고수해 나가시는 위대한 령도(「력사과학」 2000) p.18
59 김성보, 조선민주주의 인민공화국의 수립 (「한국사」 52, 2002) pp.424~466

뢰도당의 무력 침공'으로 남한이 北侵한 것으로 서술하고 있다. 그러나 이러한 6.25 전쟁이 소련과 중국의 지원을 받은 북한(김일성)의 南侵이라는 사실은 국내·외적으로 확인된 바 있다. 다만, 일부의 수정이론이나 미·소의 대립구도에서 야기된 전쟁이라는 견해는 있지만, 이 전쟁이 北侵이라면 그토록 허무하게 전선이 무너질 수는 없는 노릇이다.[60] 최근 蘇鎭轍 교수가 쓴 「한국전쟁 어떻게 일어났나」(한국학술정보, 2008, 「朝鮮戰爭の起源」 개작)에서 당시의 비밀문서(스탈린과 김일성의 교신, 북한군 공격개시 지시문 등)를 분석하여 6.25 전쟁은 스탈린·毛澤東·김일성이 共同戰犯임을 밝히고 있다.

이러한 사실은 「조선전사」(25-27권)의 조국해방전쟁사에도 전쟁 1~4단계 전략을 소개하고 있어 만일 한국이 北侵을 했다면 어떻게 1~4단계 전략을 구체적으로 작성할 수 있을까 하는 의구심이 앞선다. 그리고 마지막 6권(28-33권)의 「사회주의 건설사」는 사회주의 완성을 위한 경제개혁·문화혁명·평화통일·새농촌건설·주체사상·남조선인민의 투쟁·3대 혁명소조·조국통일 등 북한의 정치노선을 정리한 것이다. 여기서 북한은 남조선사회라고 칭하여 한국이 북한의 정식국가명칭을 사용한 것과 분명히 대조된다. 역사적 사실은 정치현실에 따라 그 명칭이나 의미가 소멸될 수 없기 때문이다.

---

60 B. Cumings, *The Origins of the Korean War*, Vol.1(Princeston Univ.Press, 1981)
I.F.Stone, *The Hidden History of the Korean War*(Boston: Little Brown, 1988)
국방부, 「한국전쟁사」(1977)
김학준, 「한국전쟁」(1989, 박영사, 증보판, 1993)
김철범, 「한국전쟁의 국제적 요인」(「국사관논총」, 28, 1991)
유재갑, 「6.25전쟁연구-전쟁발발의 대내적 원인 분석」(「국사관논총」, 28, 1991)

④ 통일역사관 모색의 필요성

이상에서 우리는 북한의 역사인식체계와 그 서술상의 특징을 살펴 본 결과, 남북한의 역사서술에 있어서 커다란 차이를 확인할 수 있었다. 특히 시대구분(고대사회의 하한선, 중세의 시작과 종결시기 및 현대의 기점 등)에 있어서의 차이와 역사사건의 명칭, 그리고 역사해석에 있어서 남북한의 현격한 대조를 볼 수 있었다. 무엇보다도 북한의 모든 논문이나 저술의 첫 머리에 반드시 '김일성 교시와 김정일의 유시'가 등장하는 것은 북한 외의 어느 나라에서도 찾을 수 없는 현상이다.[61] 무엇보다도 김일성의 개인 우상화와 父子世襲을 역사서술의 기본방향으로 정하였기 때문에, 북한에서는 이러한 기준에 벗어난 개인저술이 나타날 수가 없다.

동시에 북한 역사인식의 기본방향은 '인민대중의 투쟁'이고 역사서술 목표는 소위 '주체사상을 설명'하는 도구이며, 북한 사회주의 건설에 정당성을 부여하는 과정인 것이다. 이와 같은 입장에서 고대(노예제사회)와 중세(봉건사회)는 안(봉건지주계급)·밖(외적)의 원수들과의 투쟁기라서 고조선-고구려로 체계화시켰고, 근대 이후는 민족독립을 위한 투쟁(근대)과 사회주의 건설을 위한 투쟁(현대)으로 설명하고 있다. 그러므로 역사서술의 큰 주제가 절반이상이 투쟁으로 구성되어 있다. 더구나 근대의 독립운동을 위한 투쟁은 金日成 先代(김응우와 김형직)가 중심이었고, 현

---

61 북한에서는 인민학교 1학년용의 사회과(역사) 교과에서는 "경애하는 수령 김일성 원수님의 어린 시절"과 "위대한 영도자 김정일 수령님의 어린 시절"이 있고, 중등학교에서는 "위대한 수령 김일성 원수님의 혁명활동"과 "혁명력사"가 정규과목이며, "김정일 혁명활동"과 혁명력사가 첨가되어 있다.(국토통일원, 「북한의 학교 교육과정 분석」 1987. pp.18~19)

대의 투쟁은 김일성이 주도한 것으로 되어있다. 여기서 북한은 자연스럽게 현대사 위주로 역사를 설명하였지만, 남한은 거의 현대사를 외면하고 있어 역사학보다 정치학·경제학에서 현대사를 더 많이 다루고 있어 비교가 된다. 이와 같은 현대사 위주의 역사인식은 사회주의 국가로 향하는 합법칙성으로서 북한정권의 정통성을 강조하려는 것이다.

그러므로 임시정부의 법통성은 외면되었고 대한민국의 정통성은 부인하는 결과가 되어 남한의 경우 「한국사」 52권(2002)에서의 북한(조선민주주의 인민공화국)정권을 인정한 것과는 대조된다. 역사는 객관적인 사실의 기록을 생명으로 할 때와 개인을 위주로 서술할 때 거기에는 커다란 역사인식이 차이가 있게 되기 때문에 남북한의 시각이 크게 비교된다. 개인의 역할을 역사추진의 바탕으로 한 북한의 역사서술에는 정치현실의 반영이라는 비판이 있게 되며 지나치게 일인위주로 된 역사왜곡의 함정에 빠질 우려가 크다.

또한 북한 역사서술은 사실의 전달보다 그 사건해설에 대한 정치적 표현으로서 의미부여에 큰 비중을 둔다. 때문에 그 사건 제목이 길게 된다. 따라서 '고구려의 수·당 과의 싸움(남한)'이 '수·당 침략자들을 반대한 고구려 인민들의 투쟁(북한)'으로 그 표현이 길고도 강성화되었다. 이러한 북한의 장황한 제목은 투쟁과 혁명을 위한 목적으로 현재는 전보다는 크게 완화되었지만 강성대국의 이미지 확보를 위한 수단으로 큰 틀을 바꾸지 않고 있다.[62]

그러므로 언제나 고대·중세에 있어서 투쟁을 주도한 인물의 활동은

---

62 신형식, 북한의 역사서술방향과 인식체계, 「남북한 역사관의 비교」, (솔 출판사, 1984)

봉건적 통치계급에 대한 정당한 행위로 규정하였다. 따라서 그들의 행위는 고대에서는 언제나 사회발전의 추동력으로 평가되었으며 근대의 농민투쟁은 반일을 위한 혁명운동이라고 서술되었다. 그러나 주목할 것은 현대사회에서의 인민들의 투쟁이 남북한에서는 그 의미가 다르다는 사실이다. 즉, 북한에서는 모스크바 3상회의 「신탁통치안」의 찬성과 조선국민의 민주주의적 통일달성을 위한 광범한 근로인민들의 투쟁으로 설명되고 있으나, 남한의 인민들은 북한이 달성한 민주건설의 성과에 고무되어 미국과 반동분자들을 위한 투쟁이 벌어졌다는 것이다.[63]

남북한 역사서술의 특징을 비교하기 위해 남북한 중등학교의 역사교과서 머리말을 소개하면 아래와 같다.

〈표〉에서 우리는 남·북한 역사인식과 그 서술의 차이를 보면서 현재 남북한의 역사인식과 역사해석의 심각한 간극을 느낄 수 있었다. 역사는 과거를 통해서 현재와 미래를 비쳐주는 거울이기 때문에 지난날의 영광과 시련을 사실대로 전달하는 기능을 갖는다. 물론 역사(특히 국사)는 국민교육과 국가의식에 절대적인 영향을 주는 국민교과이기 때문에 정치현실에 따라 그 내용이 좌우될 때 역사의 기본기능은 상실되는 것이다. 동시에 역사전개과정에 있어서 투쟁이 사회발전의 주요 변수가 되지만,[64] 투쟁만 있는 것은 아니다. 그러나 투쟁(안)과 전쟁(밖)이 진행된 시기보다 평화·공존의 시기가 훨씬 길었기 때문에 이 시기에도 역사는 발

---

63 「조선통사」(하), pp.315~323

64 북한의 역사발전의 요인인 투쟁은 ① 자연의 구속으로부터의 투쟁(선사시대), ② 봉건지주계급(內)과 외국의 침략자(外)로부터의 사회적 구속에 대항하는 투쟁(고대, 중세), ③ 민족독립을 위한 외세와의 투쟁(근대), ④ 사회주의 혁명을 위한 투쟁(현대)으로 전개되었다고 서술한다.

▷ 남북한 국사교과서의 머리말[65] ◁

「조선력사」(고등중학교 2학년용, 1996)	「국사」(고등학교용, 1996)
이 세상에 조선의 반만년 력사가 빛나고 조선민족이 위대한 민족으로 자랑 떠치게 된 것은 경애하는 수령 김일성 대원수님께서 세상에서 으뜸가는 참된 인민의 나라를 이 당에 세워주시고 위대한 령도자 김정일 원수님께서 우리 인민을 현명하게 이끄시기 때문이다. 하기에 우리 인민은 자랑찬 민족의 력사를 온 세상에 빛내이며 창조하고 있는 커다란 민족적 긍지와 자부심에 넘쳐 있다. 조선에서 태어난 우리는 갈라진 조국을 통일하고 이 땅우에 더욱 살기 좋은 인민의 락원을 건설하여야 한다. 그러자면 우리모두가 경애하는 수령 김일성 대원수님께서 개척하신 주체의 혁명위업을 빛나게 계승해나가시는 위대한 김정일 원수님께 충성과 효성을 다하며 내나라, 내 조국에 대한 열렬한 사랑으로 불타야 한다.	우리가 역사를 배우는 것은 지난날의 영화로운 때를 감상적으로 즐기고자 함이나, 또는 어려웠던 때를 생각하며 분개하고자 함에 있지 않다. 역사를 공부하는 궁극적인 목적은, 과거에 대한 이해를 통하여 현재를 바로 인식하고, 미래를 올바로 설계함에 있는 것이다. 민족사에 대한 올바른 인식은, 우리의 현재와 미래의 문제를 바르게 처리할 역사적 능력을 계발, 신장시키고, 민족의 역량을 확신하는 속에서 현재의 삶을 주체적으로 이끌어갈 수 있게 한다.(중략) 이제, 우리는 우리의 역사를 올바로 이해하고, 이를 토대로 오늘의 역사적 사명인 조국의 통일과 민족의 번영을 하루 빨리 이룩하여 우리 후손으로 하여금 자랑스러운 삶을 누릴 수 있도록 해야 할 것이다.

전한 것이다. 그러므로 투쟁만이 역사발전의 동인은 아니다.

물론 역사(특히 국사)는 자국위주의 독자성을 갖는 것을 불가피하다. 그러므로 우리는 상대방의 연구성과나 서술을 무조건 일소에 부칠 것이 아니라, 批判的 受容과 객관적 비판이 요구된다. 여기서 상대방의 서술

65 김정배(편), 「북한이 보는 우리 역사」(을유문화사, 1989)
북한연구회「분단 반세기 북한 연구사」(한울아카데미, 1999)
신형식, 「남북한 역사관의 비교」(솔, 1994)
_____, 남북한 역사관의 비교「한민족 공동체」10, 2002)
강인구, 이성미〈편〉, 「북한의 한국학연구성과 분석」(정신문화연구원, 1991)
윤병익, 「북한의 주체사상」(통일연수원, 1992)

과 역사인식을 선택적으로 수용할 수 있는 자세가 필요하다. 다만 북한의 경우 역사를 지나치게 정치현실 속에서 설명하고, 김일성 개인위주의 가르침(교시)에 빠져있는 한 역사왜곡은 불가피한 것은 사실이다. 역사발전의 원리를 인민들의 투쟁으로 부각시킨 북한이 이제는 특정 개인의 가르침으로 설명하는 그들 스스로의 모순을 벗어날 때가 되었다. 남북한은 각기 정치와 이념이 다른 정부가 세워졌기 때문에 역사를 보는 시각이 다를 수 밖에 없다. 여기에 民族同質性 回復의 어려움이 있다. 무엇보다도 역사가 국가의식과 國民意識의 배양에 절대적 영향을 주기 때문에 '개인숭배에 철저한 귀속'에 익숙해진 북녘 동포의 자세는 '열린 사고와 개방된 자세로 다양한 사고에 빠져 있는' 남한의 국민들은 북한을 피안의 시계로 바라볼 수밖에 없다.

그러나, 남북한은 현실을 외면할 수는 없다. 그러므로 한국역사의 올바른 복원을 위해 역사이질화 현상과 그 문제에 대한 성찰이 필요하다. 남한은 북한의 개인숭배나 주체사관이 갖는 문제점은 받아들이지 않지만, 북한정부의 수립(조선민주주의 인민공화국)을 공식적인 「한국사」(권 52, 2002)에 인정하고 있다. 그렇다면 북한도 다양한 의견과 외국의 견해를 받아들이고 개인숭배에 따른 문제점을 벗어나 폐쇄성과 고립성을 타파하고 대한민국의 정당성을 부인하면서 통일신라의 의미를 거부한 후기신라관도 큰 문제가 된 것이다. 더구나 현대사는 개인에 의해서 발전된 것이 아니기 때문에 북한도 하루 빨리 폐쇄성(일개가문위주의 편파성)에서 탈피하여 밖을 내다보는 열린 역사관이 나타나기를 기대한다. 무엇보다도 북한에서 부르는 역사적 사건이 지나치게 이념적 틀과 주체사학(3대 세습)에 입각한 표현은 하루 빨리 바뀌어야 한다.

[5] 중국은 고구려사를 어떻게 보고 있는가

- 동북공정은 고구려사를 없애려는 의도이다 -

    중국은 근래 東北工程(東北邊疆歷史與 現象系列工程의 약칭-2002-2007) 이라는 국책 역사 연구사업을 수행하였다. 이 사업은 고대의 대표적인 한족을 중심으로 주변 소수민족을 흡수하여 자신이 세계의 중심이라는 소위 中華思想을 현대에 적용하여 통일적 다국가론의 입장에서 역사를 왜곡한 것이다. 따라서 서북공정(위글족)과 서남공정(티벳족)과 함께 우리 고대사를 뿌리째 흔드는 역사왜곡으로 중국에게 가장 큰 위협이 된 고구려사의 중국사 편입을 공식적으로 확인하기 위해 10여 년 전부터 준비한 것이다. 따라서 2천 년대 이후의 「중국역사지도」에는 고구려가 보이지 않는다.[66]

---

[66] 馬大正, 고구려사 연구에 있어서 몇 가지 관련된 문제들(「고대중국고구려역사총론」 흑룡 강교육출판사, 2001)
    劉大敏, 중국적 세계질서하의 고구려(「고구려국제학술대회논문집」 백산학회, 2003)

韓

이러한 시각에서 중국은 저명한 학자들을 동원하여 다음과 같은 동북공정의 구체적인 핵심내용을 만들었다.

◆ ◆ ◆

① 고구려는 출발부터 멸망할 때까지 중국의 영토 안에 존재한 고대 동북방에 거주한 중국 소수민족의 지방정권이다.

② 고구려는 중국측에 稱臣納貢의 臣屬관계를 가지고 있었다.

③ 수·당과의 전쟁은 어디까지나 고구려의 도전에 대한 응징·토벌인 국내전쟁이다.

④ 고구려 멸망 후 그 유민은 거의가 중국인에 동화되었다.

⑤ 고구려(고씨)와 고려(왕씨)는 존속기간이나 지배지역 및 지배층(왕족)이 다른 별개의 왕조이다.

이러한 내용은 고대중국적 세계질서(Chinese World Order)라는 중국측 입장으로 역사를 왜곡한 것으로 이러한 논리로 본다면 프랑스·스페인은 이탈리아(Rome)의 속국이 되는 것이다. 중국은 이러한 역사침탈을 뒷받침하기 위해서 중국문화의 원래 기원이 황하문명(앙소문화)이었는데 그 기원을 크게 올려 요하문명(홍산문화)와 장강문화(하모도문화)로 다원화시켜 고대의 중국적 세계질서를 현대사에 적용한 시대역행의 망상을 내놓고 있다. 그러나 중국측의 주장을 부인하는 중국측 기록에

李大龍, 고구려와 당왕조 신속관계의 성립과 발전(「고대중국고구려역사총론」 2001)
李治亭, 수·당의 고구려정벌(「동북통사」 중주고적출판사, 2003)
楊保隆, 고구려와 고려와의 관련문제(「고대중국 고구려역사총론」 2001)
楊春吉·耿鐵華, 고구려와 우리나라의 조선족(「고구려역사와문화」 2000)

따르면

◆ ◆ ◆

지금 천하가 다 평정되었으나 오직 요동(고구려 지배지역)만 복종하
지 않고 있다. 그의 후사가 군사(士馬)의 강성함을 믿고 신하들과 모
의하여 싸움을 유도함으로 전쟁은 바야흐로 시작되었다. 이에 짐이
친히 그를 쟁취하여 후세의 걱정을 없애려 한 (「신당서」 권220, 열전
145 고려)

라고 되어 있다. 고구려를 정벌하기 위해 왕이 수십만 군대를 이끌고
전쟁을 주도하였다면 그런 나라가 중국의 지방정권일 수가 있을까? 국
내전쟁을 진압하는데 중국 황제가 참여한다면 그것은 국내 전쟁이 될
수가 없다. 그리고 신하를 칭하며 貢物을 바쳤다는 것도 고구려(백제·
신라도)가 당시 문화선진국(당)과의 교섭관계를 통해 朝貢이라는 외교
적 절차가 있었을 뿐 그것이 속국의 의미는 결코 아니었다.[67]
  이러한 중국측 주장에 대해서 중국의 어느 문헌도 고구려가 중국
의 속국이라는 기록이 없으며 모든 문헌에 고구려는 백제·신라·일본
과 같이 동방의 나라(東夷)로 되어있다. 그리고 우리 민족은 노래와 춤
을 즐기는 민족으로 음식·언어·풍속·의복·예절이 중국과는 다르다
고 되어있다. 무엇보다도 고구려가 당의 침략을 막기 위해 천리장성
(631-646)을 쌓을 때 중국은 아무 대책(저항)이 없었다. 고구려가 중국
의 속국(지방정권)이라면 중국이 왜 막지 않았을까 하는 반론이 나온다.

---

67 신형식, 나당 간의 조공에 대하여(「역사교육」 10, 1967)
  _____, 신라외교사절의 국제성(「한국고대사의 새로운 이해」 주류성, 2009)

또한 고구려는 중국의 침략을 막기 위해 서울(수도)을 내성(평지)과 외성(산간)을 두었으니 국내성의 경우에는 평지성(국내성)과 산성(환도산성)이 있었고, 평양성(전기)은 내성(안학궁)과 외성(대성산성)으로 되어 있었다.[68]

첫째, 중국은 고구려가 출발부터 멸망할 때까지 중국의 영토(「후한서」기록내용)라는 주장은 터무니없는 이야기이다. 당이 건국할 때 만주는 돌궐이 지배하고 있었으며 서양의 경우 프랑스, 스페인이 로마영토였다고 이탈리아의 속국 이 될 것인가? 영토는 시대에 따라 변하기 때문에 일방적으로 주장할 수는 없으며 고구려의 출발인 계루부는 부여에서 남하하면서 나라를 세운 것이다.

둘째, 고구려는 조공한 사실을 稱臣(臣屬關係)으로 주장하고 있으나 이것은 당시 주변국가들이 朝貢한 사실을 말하는 것으로 중국의 冊封 받은 것은 사실이지만 이것은 외교적 절차로서 의례적인 고대외교의 형식에 불과하다. 조공을 통해 문물의 교류가 있었으며 그것이 국가의 정통성(독립성)이 저해된 것이 아니며, 최고전성기인 광개토왕, 장수왕 때 北魏와 빈번한 외교를 한 사실이나 신라 성덕왕이 당나라와 가장 많은 사신(조공사)을 보낸 사실을 생각할 수 있다.

셋째, 수·당 전쟁을 국내전쟁이며 토벌이라는 것은 당시 전쟁의 과정을 통해서 볼 때 허구적 표현이다. 국내전쟁(토벌)에 100만 대군이 동원될 수가 없으며 황제가 친히 앞장섰던 전쟁을 국내전쟁이라고 표현할

---

68 신형식, 중국동북공정의 허실(「백산학보」 67, 2003)
_____, 중국 동북공정의 실상과 그 허구성(신형식·최규성〈편〉, 「고구려는 중국사인가」 백산자료원, 2004)

수 는 없다.

넷째, 고구려멸망 후 그 유민이 거의가 중국인에 흡수(동화)되었다는 사실도 믿을 수 없는 내용이다. 고구려가 멸망 당시 70만호였으나 오랜 수·당전쟁(598-668)으로 많은 인구감소(강제이주 42만, 피살 10만, 포로 8.5만)가 있었으나 고구려 옛 땅에 남아있던 고구려유민(130-140만 추정)은 고국의 옛 땅에 남아있으면서, 신라의 대당항쟁에 참여한 것으로 보인다.[69]

마지막으로 동북공정에서 지적한 고구려(고씨)와 고려(왕씨)의 연계성 부인에 대해서 고구려는 많은 중국 문헌(「남제서」·「주서」·「수서」·「구당서」·「신당서」)에 고려로 되어 있으며, 성종 12년(993)에 徐熙가 거란(소손녕)의 침입 시에 고려는 고구려의 계승자임을 밝히고 있으며, 고토에 남아있던 고구려인은 신라·고려로 귀순하여 동일민족임을 보여주었다. 결국 동북공정은 중국이 현대를 고대로 착각해서 나온 공상의

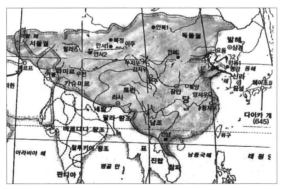

당나라 전성도(669)

---

69 신형식, 고구려유민의 동향(「민족발전사 연구」 11·12, 2005)

산물이며 중화주의를 역사왜곡에 활용한 국제적 웃음거리가 될 것이다.[70] 그리고 중국에서는 고구려는 중국동북역사상 변강민족정권으로서 고구려민족의 선조는 중국동북지역에서 활동하였으며 발원지나 도성이 모두 한4군 범위에 속해있었으며, 장기간 동안 중국에 책봉·조공·납질(納質)을 통한 臣屬關係를 유지했으므로 중국의 지방정권이라고 하여 역사를 왜곡하고 있다.[71]

중국의 동북공정에 대한 사업은 사회과학원(변경역사지리연구 중심)이 중심이 되고 동북 3성(길림·요녕·흑룡강성)과 공동으로 추진된 국책사업으로 시도한 사실은 주목할 일이다. 그 결과 고구려사를 전공하는 경철화(耿鐵華)·마대정(馬大正)·손진기(孫進己)·양소전(楊昭全)·이대룡(李大龍) 등의 논저를 추진하여 고구려를 '중국 고구려'라 칭하고 연구성과를 토대로 '고구려는 중국 역사상 소수민족 정권'으로 정리하고 있다. 그러나 우리 정부는 공식적인 대책이 없이 개인의 논문(최광식·조법종·여호규·공석구·임기환·박경철·서길수·노태돈·신형식 등)으로 대응하고 있을 뿐이다.

여기에 최근에 중국은 또 하나의 문제를 또다시 전개하였다. 진시황이 기존에 있던 북방방어성을 만리장성(서쪽으로 감숙성 가욕관〈嘉峪關〉으로부터 하북성 山海關까지 6350km)으로 고쳐 만든 이후 역대 왕을 거치면서 보완하였음)으로 완성하였는데 최근에 이 장성을 크게 확대하여 서쪽으로 위구르성의 合密로부터 동쪽으로 고구려 천리장성을 넘어 泊灼城(虎

---

70 신형식·최규성〈편〉, 「고구려는 중국사인가」(백산자료원, 2004)
_____, 「다시 찾은 한국고대사 해외유적」(주류성, 2012)
71 송기호, 중국의 동북공정과 한국사체계(「동아시아의 역사분쟁」 솔, 2007, pp.139~166)

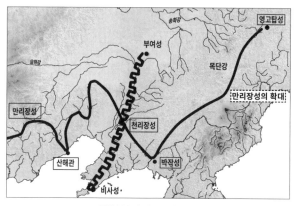

동북공정의 동방이동

山長城으로 개칭)을 지나 흑룡강성(목단강시)의 寧古塔城(대목산성)까지 21.196km가 이른다는 것이다.

여기서 우리는 만리장성의 의미를 확인할 필요가 있다. 이 성은 중국이 북방민족의 남하를 막기 위해 쌓은 것으로 그 후 漢族의 왕조(당·송·명)는 북방민족(거란·여진·만주족)의 침입을 저지하기 위해 수시로 보완하였으며 현재의 성곽은 명나라때 개축한 것이다. 따라서 고구려가 당의 침입을 막기 위해 만든 천리장성(부여성~비사성)과는 관계가 없으며 그 만리장성이 천리장성을 넘어 목단강 유역까지 확대되었다는 것은 논리적으로 인정될 수 없는 오류(해구)이다. 역사는 진실을 바탕으로 하는 사실의 확인학문이다. 중화주의에 입각한 중국의 맹목적 사실 왜곡은 현대를 고대로 착각한 공상의 산물이다. 북방민족의 남하를 저지하려는 만리장성이 고구려의 천리장성(고구려 요하도강 방어벽)을 뚫고 만주의 동북방으로 확대되었다는 주장은 역사의 왜곡이며 중화주의가 갖고 있는 망상이 산물이다.

이러한 동북공정은 중국이 고구려사로 대표되는 우리나라 고대사를 뿌리째 흔든 역사왜곡의 상징적인 주장을 내세운 것이다. 따라서 중국지도에 고구려는 보이지 않게 되어있으며 중국적인 세계질서(中華思想)라는 고대사의 입장을 현대에 적용시켜 중국사의 동아시아권의 위상을 높이려는 역사왜곡의 망상에서 나온 결과이다. 이에 대해서 국사학계의 비판이 크게 번지고 있다.[72]

---

72 「고구려는 중국사인가」(신형식·최규성 편, 2004)에 중국측 연구자(마대정·유자민·이태룡·이치정·양보융·양춘길·경철화)의 주장을 소개한 후, 한국측반론(신형식·이인철·김구진·유석재·금경숙·윤호우·박선영·박진호)을 동시에 제시하였다.
　노태돈, 「고구려사 연구」(사계절, 1999)
　공석구, 「고구려영역확장사연구」(서경문화사, 1998)
　최광식, 「중국의 고구려사 왜곡」(살림, 2004)
　신종원 〈엮음〉, 「중국인들의 고구려연구」(한국학중앙연구원, 2005)
　동북아역사재단 〈편〉, 「동북공정 바로알기」(2012)
　김정배, 중국의 동북공정과 고구려사 논쟁(「한국과 중국의 북방사 인식」 세창출판사, 2017)
　신형식 〈편〉, 「고구려는 중국사인가」(백산자료원, 2004)

[6] 삼국·통일신라시기의 중국왕조는 어떻게 변화했는가

　삼국시대로부터 통일신라로 이어진 천 년간(B.C.57-935)의 한국 고대사시기에 중국 역시 복잡한 변화를 계속하였다. 신라와 고구려·백제가 건국한 시기는 중국의 전한(B.C.206-A.D.8)의 후기였고 고구려와 백제가 성장하던 2-3세기는 후한시대(25-220)였다. 이어 3국이 고대국가로 발전되던 3-4세기에 중국은 삼국(220-265)·5호 16국시대(304-439)였고, 삼국이 강국으로 성장되던 5-6세기는 중국은 남북조시대(386-581)의 분열기였으며, 7세기 신라의 통일기는 수(581-618)·당(618-907)의 시기였다. 그리고 9-10세기의 신라쇠퇴기는 중국도 혼란기(5대 10국: 906-960)를 거쳐 송(북송: 960-1127)으로 이어지고 있었다. 이와 같이 중국의 정치적 변화는 그 영향이 삼국에 미쳐 그에 대한 대책과 교섭이 계속된 것도 사실이다.

　신라가 건국된 B.C.57년은 전한 宣帝 17년(五鳳 1년)이었고[73] 고구려 태조왕(53-146)과 고국천왕(179-197)시기는 후한(25-220: 헌제〈189-220〉)의 말기였다. 후한이 망하고 3국시대(위·오·촉-220-265)에는 관구검의 고구려침입(244: 동천왕 18년-위나라 3대 芳帝 5년)이 있었고, 미천왕 14년(313년의 낙랑군정복)은 중국의 분열기로 중심국가인 西晉(265-316)의 말기였다. 이어 백제 고이왕(234-286) 때는 중국의 3국시대와 서진시대였고 근초고왕(346-375)시대는 5호 16국 시대의 분열기여서 북진(요서진출)이 가능했던 것이다.

그러므로 고구려전성기인 광개토왕(392-413)·장수왕(413-419) 시대는 중국이 분열기(5호 16국·남북조시대: 북위 효문제〈471-499〉)였으므로 중국의 정치적·군사적 위협이 거의 없었으므로 고구려의 북방진출이 가능하였고 특히 남북조시대의 대표적인 나라인 北魏(386-534)와의 특별한 친선으로 고구려가 동북아의 대표적인 강국이 되었으며 백제정벌이 가능했던 것이다.[74] 따라서 백제의 무녕왕(501-523)과 성왕(523-554)의 정치적 진출도 남북조시대(420-589)에 해당하였던 것이다. 그러므로 신라도 법흥왕(514-540)·진흥왕(540-576)의 활동도 중국의 정치적 영향이 없었던 시기로 가능했으며, 이어진 진평왕(579-632)은 새로운 통일국가인 隋(581-619)와의 친선을 통해 圓光의 군대요청서(乞師表

---

[73] 고구려의 건국년은 전한 元帝 2년(建昭 2)이었고, 백제의 건국년은 역시 전한의 成帝 15년(嘉 鴻3)이 후한이 시작된 25년(A.D)은 유리왕(신라) 2년, 대무신왕(고구려) 8년, 그리고 온조왕(백제) 43년이었다.
3국(위·오·촉)이 시작된 220년은 신라 10대 나해왕 25년, 고구려 10대 산상왕 24년, 백제6대 구수왕 7년이었다.

[74] 광개토왕은 5호 16국의 후연과 외교와 전쟁을 계속하였으나 장수왕은 남북조시대를 대표하는 北魏(후위: 386-534)와의 친선(46회의 조공사 파견)으로 북방진출과 남방진출(평양 천도〈427〉·백제정벌〈개로왕살해: 475〉)이 가능해질 수 있었다. (신형식, 「삼국사기의 종합적연구」 p.131)

608: 진평왕 30)를 보내기까지 하였다. 이와 같이 중국의 분열기는 삼국의 정치·군사활동에 영향이 적었으며 새 왕조가 등장하면 경쟁적으로 접근을 꾀한 것이 사실이다.[75]

남북조의 분열을 통일한 수나라에 대해서는 3국의 경쟁적인 접근이 있으나, 수나라는 고구려와의 전쟁(살수대첩〈621〉)에 실패 이후 멸망하였으므로 3국과의 관계는 크지 못하였다. 이어 등장한 당(618)에 대한 3국의 경쟁적 접근은 통일신라이전에 파견된 사절의 수(조공사 파견회수)를 보더라도 확인할 수가 있다.[76] 당나라가 등장한 618년(진평왕 40·영양왕 29·무왕 19) 전후는 3국의 갈등기였고, 3국이 당나라와 접근하기에 급급했던 경쟁기였다. 특히 신라는 진평왕을 계승한 선덕여왕(632-647)은 적극적인 친당정책을 추진하였으며 당은 수나라의 살수대전 패배(612)에 대한 반발을 잊지 못하고 있었다.

무엇보다도 당나라는 안시성 혈전(645) 이후 고구려에 대한 반발(보복)이 강해졌으며, 그 바로 전인 642년(선덕여왕 11: 당태종 16년)의 대야성(大耶城) 함락(김춘추의 사위〈品釋〉와 딸 피살)으로 위기에 빠진 신라는 김춘추를 고구려에 보내 고구려의 도움을 요청하였으나 거부당하였고 647년(진덕여왕 1)에는 다시 왜에 보냈지만 당시 일본의 정치적 불안정

---

[75] 수나라가 등장(581)하자 고구려(평원왕)는 그 해(23년) 겨울에 수나라에 조공사를 파견하였고, 백제도 위덕왕도 같은 해(28년)에 조공사를 파견하였다. 다만 신라는 그 해에 기록이 없으나 594년(진평왕 16)에 신라왕으로 책봉한 것을 보면 이미 전에 사신을 파견했으리라 여긴다. 당의 건국(618)에 대해서 신라는 진평왕 43년(621), 고구려는 619년(영류왕 2), 백제는 621년(무왕 22)에 당에 사신(조공사)를 보냈다고 되어있다. 신라가 수·당과의 사절파견이 늦은 것은 지리적 위치의 어려움 때문으로 생각된다.

[76] 고구려가 멸망한 668년까지 3국의 대당외교사절(조공사)의 파견회수는 고구려 25회, 백제 22회, 신라 34회를 보더라도 당시 3국의 대당접근필요성을 느낄 수 있다.(신형식, 삼국의 대중관계, 「한국고대사의 신연구」 일조각, 1984, p.315)

(645년 大化改新이 이후)과 백제와의 관계로 실패하였다. 이어 648년(진 덕여왕 2: 태종 22년)에는 김춘추가 아들 文王과 함께 입당하여 군사협조 를 요구하였으며(宿衛外交 시작)[77] 당시 고구려와의 싸움에서 대패한(안 시성 혈전, 645) 당은 신라의 요구를 받아들여 군사동맹이 시작될 수 있 었다.

이러한 나당 간의 군사협조가 결국 660년(무열왕 7: 당高宗 5년)에 백 제를 정벌하였고 668년(문무왕 8: 당고종 19년-總章 원년)에는 고구려정 벌까지 이룩되었다. 그러나 당나라는 고구려정벌 후 영토야욕으로 평양 에 安東都護府를 두고 자기들의 영토로 삼으려고 하였다. 이에 신라는 고구려유민의 도움으로 당군축출에 나서 675년(문무왕 15년: 당高宗 26- 上元 2년)에 買肖城(양주)전투에서 당의 육군을 축출하였고 이어 伎伐浦 (금강 하류) 해전에서 당의 수군을 격퇴(676년: 문무왕 16-儀鳳 원년)시켜 당군을 압록강 이북으로 추방시켜(안동도호부의 요양이전) 통일을 완수하 였다. 당시 당나라는 토번(Tibet)의 군사적 위협으로 신라의 공격을 대항 할 수도 없었다.

이와 같은 나당 간의 갈등(668-676)으로 당국 간에는 교류가 없어 당 의 高宗(649-683: 신라는 문무왕〈661-681〉·신문왕〈681-692〉) 시기는 양 국 간의 교섭이 없었다. 신라는 신문왕 이후 성덕왕(702-737)·경덕왕 (742-765) 때 통일신라의 전성기로 왕권의 안정과 문화의 융성으로 전 제왕권이 이룩된 시기였다.[78] 무엇보다도 당나라가 먼저 신라에 화친

---

77 신형식, 신라의 대당교섭상에 나타난 숙위(「역사교육」9, 1966: 「한국고대사의 신연구」 일 조각, 1984) pp.352~389

78 신형식, 신라 중대 전제왕권의 특질 「통일신라사연구」(삼지원, 1990) pp.151~180

을 요구하고 신라왕(신문왕 책봉: 681-고종 32-開輝 원년)까지 책봉했으
나 신라는 화답하지 않았던 것이다. 그러나 신라는 신문왕 2년(682)에
國學을 설치하여 유학에 대한 필요성에서 당나라에 사신을 보내 당나라
의 입장(국교 정상화)을 확인하였으나 정식외교관계는 맺지 않았다. 오히
려 당(692년-中宗 9: 신문왕 12년)이 사신을 먼저 보냈으며, 효소왕 1년
(692)에도 당(측천무후)가 또다시 사신을 보냈기 때문에 신라(효소왕) 8
년(699: 중종 16)에 정식사신(조공사)을 보내 양국관계의 정식외교관계
에 대한 필요성을 보이게 되었다.

  양국관계가 정상화된 것은 결국 성덕왕의 등장(702: 중종 19년)에 따
라 이룩되었다. 효소왕이 죽자(702) 당의 측천무후가 애도의 사신을 보
냈는데 이에 성덕왕은 2년(703: 중종 20년)에 정식사신을 보내 비로소
양국관계는 35년만(668-703)에 정상화되어 성덕왕은 재위 36년간에 40
회의 조공사를 파견하여 양국 간의 정상적인 관계가 이룩되었다.[79] 이와
같은 양국의 교섭이 빈번해진 시기가 신라는 성덕왕(702-737) 재위 기
간이었고, 당은 高宗(712-756)의 시기로 양국의 전성기가 이룩된 시기
여서 두 나라 사이의 人物교류와 문물교환이 빈번하였다. 이때 당으로
부터 전래된 유물은 주로 유교경전·불경·역법·비관·도덕경 등이지만
신라의 조공품에는 인삼·두발·우황·금·은 등이며 특히 인삼은 당귀
족들이 즐기던 식품이며 특히 두발(어린이 두발)은 기침·설사·종기·지
혈과 각종피부병(무좀·옴·종기) 그리고 성병·동상 등에 약재로서 중국
측에서 가장 즐기던 품목이었다.[80]

---

79 신형식, 신라통일의 현대사적 의의(「신라사학보」 32, 2014) p.11
80 이현숙, 삼국과 통일신라의 의학(「한국의학사」 대한의사협회, 2002) pp.50~75

이러한 나·당간의 빈번한 외교교섭은 8세기 중반기인 성덕왕(702-737)·경덕왕(742-765)과 당의 현종(712-756)시기로 두 나라의 전성기로서 그 절정기를 이루었다. 이때의 외교사절에는 공식적인 朝貢使 외에 宿衛와 宿衛學生(9세기 이후)이 선발되어 양국의 정치·문화에 결정적인 역할을 하였으며[81] 외교사절로 활동한 인물 중에는 왕이 된 경우와 최고 위층으로 활약한 자가 많아 그 비중이 막강하였다. 그러나 이러한 신라의 견당사와 달리 당나라는 답례로 持節使(지위가 신라보다는 저급)를 보냈으며 哀悼使(고애사)·責望使 등이 보이고 있다.[82] 그러나 신라가 정치적 혼란이 빈번해진 9세기 이후는 사절파견이 급속하게 감소되었고, 당나라도 安史亂(755) 이후 양국관계가 큰 의미가 없어졌으며 황소의 난(875-884: 헌강왕〈875-886〉) 이후 당나라의 쇠퇴과정과 더불어 신라사회의 혼란은 양국관계가 거의 단절되고 있었다.

이상에서 본 바와 같이 삼국시대로부터 통일신라시대까지 약 천 년간에 중국은 전한후기(B.C.206-A.D.8)로부터 후한(25-220)이후 삼국시대(220-265)를 거쳐 晋(서진〈265-316〉·동진〈319-420〉)·5호 16국(420-439), 그리고 남북조(420-581) 등의 분열기를 맞게 되었으며 수(581-618)와 당(618-907)의 통일기를 거치고 있었다. 따라서 3국이 4세기까지는 중국이 통일왕조가 없어서 중국과의 관계는 형식적이었고 특히 5

---

81 신형식, 한국고대국가의 대외관계(「한국고대사의 신연구」 일조각, 1984) pp.326~389

82 신라가 처음으로 당에 사신을 보낸 621년(진평왕 43) 이후 신라가 멸망할 때(935) 까지 315년간에 150회의 사절(조공사·숙위·숙위학생 포함)이 파견되었으며 조공사에는 請兵使·謝罪使·賀正使·告哀使·謝恩使·進賀使 등 여러 형태의 종류가 있었다. 그리고 중국에 파견된 인물 중에 왕이 된 사람은 金春秋(무열왕)·金法敏(문무왕)·金俊邕(소성왕)·金彦昇(헌덕왕) 등 4명이나 되었으며 귀국 후 고위층(侍中)으로 승진된 인물도 많았다. (신형식, 통일신라의 대당관계 「한국고대사의 신연구」 pp.330~347)

세기 고구려(장수왕)의 대북위외교가 큰 의미가 있었다. 통일신라는 당과 본격적인 외교관계)가 이룩되어 제·려 정벌이 가능했으며, 특히 8세기(성덕왕·경덕왕)에 당과의 친선관계로 문화의 교류와 서역과의 관계로 확대되어 국제적 인식이 확대된 것은 사실이다.

우리나라의 고대사회(삼국~통일신라: B.C.87-935) 1천 년간의 시기에 전반기는 3국의 갈등으로 대립되었으나 통일신라는 8세기에 이르러 민족의 분열을 극복하고 정치·사회가 안정되었으나 9세기 이후 분열되었지만 삼국 및 통일신라(발해시대 포함)로 정리 된 시기였다. 그러나 이 시기에 漢(전한, 후한: B.C.206-A.D.220)의 400년간 존속되었지만 삼국과의 관계시기는 200여 년에 불과하고 중국은 최대 분열기가 계속되었기 때문에 거의 관계가 없었다. 다만 4시기 이후 중국이 北魏(386-534)와 고구려(장수왕⟨413-491⟩와 문자왕⟨491-419⟩)의 공생관계가 있었으며, 수·당과 고구려의 갈등이 계속되었지만 성덕왕 2년(703)에 통일신라와 당과의 친선이 이룩되어 우리 역사상 비로소 한중친선이 나타나게 되었다. 이러한 양국관계의 교섭으로 국제화의 계기가 되었음은 큰 의미가 있게 되었다.[83] 그러나 삼국시대의 우리나라는 갈등기였지만 장기 지속되었으나 중국은 북방민족과의 갈등으로 장기지속이 불가능한 사회였다.

삼국시대의 대외관계는 중국과의 교섭이었고 소위 조공관계(朝貢關係)가 유일한 외교였다. 교구려는 대무신왕 15년(32)에 처음으로 중국(후한 광무제 8년)과 조공관계가 시작되었고, 백제는 근초고왕 27년(372: 동진 간문제 2년)에, 그리고 신라는 내물왕 26년(381: 전진 태화 7년)에 중국과

83 신형식, 통일신라의 대당관계(『한국고대사의 신연구』 일조각, 1984) pp.326~352
84 신형식, 삼국의 대중관계(『한국고대사의 신연구』 일조각, 1984)

교섭이 시작되었다. 이러한 조공은 중국의 전통적인 중화사상의 시각에서 중국측은 종주국과 종속국의 관계로 생각하지만, 우리나라 입장에서는 중국(대국)과의 친선(접근)방법으로 교섭을 하지 않을 수 없었다. 동시에 중국으로부터 국가적 인정(책봉)을 받아야 하기 때문에 조공관계는 한족(漢族)외의 북방민족과도 교섭은 계속되었다.[84]

지리적 위치로 고구려의 대중국 관계가 많았다. 고구려는 후한과의 관계 이후에 위(魏)·오(吳)와도 조공사를 파견하였고, 백제는 동진(東晉), 신라는 전진(前秦)과 교류하였으나 중국과 긴밀한 교섭은 고구려가 하

북한(안악군)에 남아있는 고구려 벽화

■ 현재 고구려 고분벽화는 집안일대(환인지역 1기 포함)에 23기가 남아있고 북한은 평양 일대에 57기, 남포시 지역 20기, 안악 지역 12기 등 90여 기가 남아있다. 안악 3호분 행렬도에는 손수레를 탄 주인공(미천왕 또는 고국원왕)의 부부상과 그를 둘러싸고 호위하는 기병·보병·의장대·악대가 따르고 있다. 특히 악대에는 풀피리·피리·퉁소·장고 등이 포함되어 있으며 둥글게 표시된 악사는 도피필률(桃皮篳篥: 복숭아·귤·유자나무 껍질이나 풀잎을 입술로 부는 음악: 초적·풀피리)[86]을 부는 악사이다.

고 있었다. 그러나 고구려는 수·당의 침입을 저지하였으나 고구려는 영류왕 2년(619), 백제와 신라는 621년(무왕 22년·진평왕 43년)에 대당외교가 시작되어 고구려는 25회, 백제는 22회, 신라는 34회(문무왕 8년까지)의 조공사가 파견되었다. 특히 신라는 고구려 멸망 후(668) 문무왕·신문왕·효소왕(692-702)까지는 외교가 단절되었다. 성덕왕 2년(703)에 국교가 정상화되어 당나라가 망할 때(907)까지 200여 년간 100여 회의 교류가 있었다.

특히 당과의 교섭으로 신라는 당나라의 문화를 수용하였으며 이때 파견된 외교사절(조공사)은 귀국 후, 고위층 관료가 되기도 하고 왕이 된 인물이 4명(김춘추〈무열왕〉·김법민〈문무왕〉·김준옹〈소성왕〉·김언승〈헌덕왕〉)이나 되고 있어 대당외교가 지닌 의미를 알 수 있다.[85]

85 신형식, 통일신라와 당과의 관계(「한국의 고대사」 삼영사, 2002) p.23
86 박찬범, 「한국 풀피리 음악의 역사와 자료」(정우출판사, 2009)
　　신형식, 풀피리는 우리나라 최고의 민속 음악이다(「새로 밝힌 삼국시대의 역사적 진실」 우리역사연구재단, 2013)

▷ 우리나라 역사와 중국사 ◁

세기/역사	우리나라	중국
B.C 1	3국의 건국 박혁거세·고주몽 온조왕	전한 (B.C 206–A.D 8)
A.D 1	유리왕·탈해왕(신라)·대무신왕(고구려) 호동왕자	후한(25–220) 광무제왕망(신)
2	태조왕·고국천왕(고)·아달라왕(신라) 믈파소	
3	고이왕(백제)·미추왕(신라)	3국시대(220–265): 유비·제갈량
4	고구려(미천왕·소수림왕) 백제(비류왕·근초고왕) 신라(내물왕)	5호 16국(316–439) 서진(265–316) 동진(317–420)
5	고구려(광개토왕)장수왕 평양 천도 백제(전지왕·개로왕·문주왕) 개로왕 피살 신라(실성왕·눌지왕) 웅진 천도	남조(420–580) 북조(439–589) 북위(386–534)
6	고구려(문주왕) 사비 천도 백제(무녕왕·성왕) 성왕피살 신라(지증왕·법흥왕·진흥왕) 아사부·거칠부 가야 멸망	수(581–619)·수양제
7	고구려(영류왕·보장왕) 을지문덕 백제(무왕·의자왕) 계백 신라(선덕여왕·무열왕·문무왕) 김유신	당(618–907) 정관의 치(626–649)
8	성덕왕·경덕왕 [불국사·석굴암·혜초]	개원의 치(712–755) 안록산 난(755)
9	진성여왕·후백제(견훤) 등장 [장보고·최치원]	황소의 난(875)
10	경애왕·경순왕 [태봉(궁예)·마의 태자 왕건(고려 건국) 성종·최승로] 서희(10세기) 서희·강감찬(11세기) 정중부(12세기) 몽고 침입(13세기)	송┌북송(960–1127) └남송(1127–1279) 요(916–1125) 금(1115–1234) 원(1206–1368)
15	세종·성종·세조·사육신(성삼문)	명(1368–1644)
16	명종 임진왜란(이순신) 이황·이이	고염무(1613–1682)
17	광해군 병자호란 나선정벌 유형원	
18	영조·정조 균역법 실학(정약용·박지원)	청(1616–1912)
19	고종·대원군 동학란 김옥균	강유위(1856–1927)

제2장
한국 고대사의 올바른 이해를 위한 길

부경

고구려시대에 집집마다 있었던 이층 창고인 부경이다. 윗층은 곡식저장소였고, 아래층은 외양간으로 큰 물건을 보관하는 곳으로 현재 집안 일대에 많이 남아있다.

[1] 삼국시대사 해석을 위한 기본문헌은

[2] 삼국시대(통일신라 포함) 사회의 성격은

[3] 중국 문헌에 나타난 삼국시대의 사회상은

[4] 삼국시대 천도가 보여 준 결과는

[5] 골품제도가 지닌 문제점은

[6] 「삼국사기」에서 잘못된 기록은

[1] 삼국시대사 해석을 위한 기본문헌은

① 삼국사기(三國史記)

한국 고대사(본서에서는 삼국 및 통일신라)의 이해를 위해서 반드시 봐야 할 책은 「삼국사기」와 「삼국유사」가 기본이다. 그 외 「제왕운기」·「동명왕편」과 진위문제가 있는 「화랑세기」 등이 있으나 그 내용은 「삼국사기」·「삼국유사」의 기록이 주축을 이루고 있어 그 의미는 크지 않다. 그 후 조선시대에 이르러 「동국통감」·「동사강목」·「해동역사」 등이 있으나 그 바탕은 위의 두 책 기록이며 다만 여러 가지 해설(사론)과 평가가 첨가되어 있으나 어디까지나 고대사 이해의 기준은 「삼국사기」였으며, 그 보완적 사서는 「삼국유사」 였다.

「삼국사기」는 현존하는 우리나라 최고의 문헌으로 최근에 국보 525호로 지정되었다. 이 책은 전통시대의 역사서술 체제인 紀傳體로 된[1] 삼국시대(혁거세 1년, B.C.57~경순왕 9년, 935)의 역사책이다. 전통시대의 역사책은 대체로 왕명에 따라 대표집필자를 중심으로 그를 보좌한 약간 명의 관리(또는 학자)의 공동작품으로 이룩된다. 「삼국사기」는 1145년(인종 23)에 김부식(1075~1151: 당시 문하시중, 감수국사)을 최고책임자로 하고 최산보 등 8명의 참고(參考)와 정습명 등 2명의 보좌관(管句)의 도움으로 이룩되었다. 이때 김부식의 역할은 마지막 정리를 위한 내용의 확인과 편찬목적 및 방향 제시로서의 머리말(진삼국사기표) 및 31개의 사론(史論)을 담당했으리라 보인다.

무엇보다 이 책은 고려가 건국된 지 220여 년이 지난 뒤에 편찬되었는데 그 책임자인 김부식은 이자겸의 난(1126: 당시 51세)과 묘청의 난(1135: 60세)을 경험하고 금나라(1115-1234)의 위협 속에서 3차에 걸친(1116, 1123, 1126) 송나라를 방문해서 司馬光(1019-1086)의 「자치통감」을 읽어보면서 국가의식을 느꼈을 것이다. 그러므로 「삼국사기」는 중국의 역사서술방법인 기전체로 되어있으나 〈표〉에서 볼 수 있듯이 중국 문헌의 형태를 취했지만, 그 내용에서 중국 문헌과는 다르게 列傳을 적게 하고 本紀爲主(「고려사」는 世家로 스스로 낮추었음)로 우리나라 왕의 위상을 중국의 황제와 같이 本紀로 크게 높이고 있다.[2]

---

1 전통사학의 서술체제는 중국사서의 형식을 이어 받아 기전체·편년체·기사본말체·강목체 등이 있으나 사마천의 「史記」에서 시작된 기전체가 대표적인 형태이다. 기전체는 本紀(황제 활동 기록에만 쓰는 내용), 志(각종 제도·지리·제사·사회생활), 表(연대표), 列傳(대표적인 인물소개)으로 되어 있으며 저자(편찬자)의 필요한 부분에 대한 평가(史論·논찬)가 기록되어 있다. 編年體는 연대순으로 기록하는 체제로 「실록」과 「고려사절요」, 그리고 「동국통감」이 대표적 문헌이다. 다음의 기사본말체는 큰 사건을 제목 별로 설명한 후 고관이나 명신들의 해설을 첨가하는 방식으로 「연려실기술」이 대표적 문헌이다. 그리고 綱目體는 연대순으로 기록하되 큰 사건(기본줄기: 綱)은 큰 글씨로 쓰고 그것을 자세히 설명하는 해설(目)은 작은 글씨로 하는 것으로 「동사강목」이 대표적 문헌이다.

2 이기백, 삼국사기론(「문학과 지성」 26, 1976)

「삼국사기」편찬의 책임자인 김부식은 이 책을 저술한 동기와 목적 (進三國史記表)에서 당시 학사대부들이 중국의 문헌(5경·제자백가의 책· 중국의 역사서)은 능통하지만, 우리나라 사실은 모르고 있으니 가슴 아픈 일이며 중국 문헌은 우리나라 사실을 간략하게 기록하거나 빠진 것이 많아 문제가 크다고 하였으며, 이 책을 쓴 이유로

◆ ◆ ◆

더욱이 우리의 옛 기록(古記)은 문자가 거칠고 내용이 빠지고 없기 때문에 이것으로는 왕·왕비의 선악, 신하의 충사(忠邪), 국가의 안위, 인민의 행동(治亂)을 모두 드러내어 후세에 경계할 수가 없었다. (「진삼국사기표」)

라고 한 것으로 보아 '우리 역사를 다시 써서 후세에 교훈을 삼겠다'는 것이 이 책을 쓴 이유(목적)라는 것이다. 이러한 입장에서「삼국사기」는 중국 문헌의 오류를 지적하고 우리나라의 사실을 위로는 왕, 중간으로는 신하(관료), 그리고 아래로는 백성의 삼자 간 역할(행위)을 정확하게 기록하여 인간은 누구나 사회적 존재로서 계급과 연영을 떠나 마땅히 해야 할 도리(仁·義·禮·智·信)가 있어야 한다는 것을 강조하고 있다.

「삼국사기」의 내용에서 중국 문헌과 달리 가장 큰 비중을 차지한 본기 (28권: 신라 12권·고구려 10권·백제 6권)는 왕의 활동내용을 정리한 것으로 정치활동(제도설치, 관리임명, 천재지변의 대책,[3] 전쟁, 외교)에 대한 기

신형식, 「삼국사기연구」(일조각, 1981): 「삼국사기의 종합적 연구」(경인문화사, 2011)
신형식(편), 「한국사학사」(삼영사, 1999)
정구복, 김부식사학사상의 업적(「한국중세사학사」1, 1999)

삼국사기(본기 1)

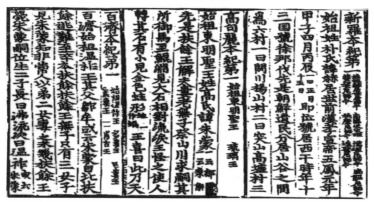

■ 「삼국사기」(50권)은 1145년(인종 23)에 김부식을 책임자로 하여 만든 현존하는 우리나
라 최초의 역사책이다. 기전체로 된 이 책은 왕의 활동(본기), 연표(표)·사회제도(志·지
리)·개인전기(列傳)로 구성되었으며, 「동국통감」 등 그 후 우리나라 역사서술에 참고가
되었다. 특히 중국 문헌과 같이 왕의 활동을 본기라고 하였으며 중국 문헌은 열전중심
이지만 삼국사기는 본기 중심이며 열전은 신라인을 중심으로 되어 있다.

록이다. 다음의 志는 국가의 제사내용, 음악, 풍속(복식·사용기구), 3국의
지리, 관직제도의 해설이다. 본기 내용은 원칙적으로 왕의 활동을 나타
낸 것이지만, 그 속에는 당시 사회의 모습(정치·사회·문화)을 반영한 것
이며 「삼국사기」 내용에서 가장 중요한 의미를 갖고 있다. 年表는 각 왕
의 연표와 중국연대의 비교표(혁거세 1년: ⟨B.C.57⟩부터 견훤의 고려투
항년인 936년이다.

列傳은 인물전기로서 김유신부터 견훤까지 86명의 개인 전기이지만

---

3 고대사회에서는 천재지변이 단순한 자연환경이 아니라 정치적 의미(사건·사망의 예고·
왕의 정치에 대한 경고·비판)가 컸다. 천재에는 일식·星變·가뭄·장마·폭풍 등이 대표
적이며 지변에는 지진·동물변이·질병 등이 큰 의미가 있다. 따라서 왕은 그 대처방안(고
관교체·순행·보상·위로)에 많은 노력을 하였다. (졸저, 「삼국사기연구」 및 「삼국사기의
종합적연구」 참조)

실제는 51명의 전기와 35명의 부수적 인물을 합친 것으로 신라인을 중심으로 장군·정치인·학자·충신·효녀·열녀 등의 소개이다. 무엇보다도 충성·신의·도덕(효·부덕)을 내세웠으며 마지막으로 반역·역신(연개소문·궁예·견훤)을 부각시켜 역사가 주는 교훈을 보여주고 있다. 이러한 사실은 사마천의 견해(太史公自序)에서 보이는 인간의 도리나 공자·맹자의 正名論(왕·신하·부모·자식의 도리)에 입각한 인간의 기본도리(五常)를 부각시킨 것이다.[4] 특히 연개소문이 도교 수용을 요구한 것은 기존의 불교·유교와 함께 3교와의 소통을 통한 국민 간의 융합을 강조한 사실로 보아 큰 의미가 있을 것으로 생각된다.

「삼국사기」 내용에서 가장 많은 양을 갖고 있는 정치기사는 대규모의 인원 동원(축성·궁궐조성), 왕의 지방출장(순행·수렵), 임면기사(관리임면·태자 및 왕비 책정), 그리고 제사행위 등이다. 그리고 천재지변과 전쟁기사가 백제가 많았고, 외교기사는 고구려가 많이 있으며 통일 이전 신라사회가 전쟁과 외교가 가장 적었던 것은 비교적 초기에 안정(외침기사가 적었음으로)하였다는 사실을 말해주고 있다.

본기 다음에 志(9권)는 당시의 정치·사회제도의 설명으로 중심은 신라의 직관과 제사 및 지리에 큰 비중을 갖고 있다. 신라의 17관등과 執事省 이하 14관부를 비롯하여 수도관리를 위한 京城周作典, 사찰관리의 7개 관청(七寺成典), 그리고 궁정업무를 관장하는 內省(殿中省)과 御龍省·侍衛府(국왕의 외출관리) 등의 설명이 있다. 이어서 군사조직으로 9서당(3국인 참여), 10정 등 신라의 관직을 길게 소개한 후 고구려, 백제

---

4 김진근, 인간의 존엄성에 대한 고찰(「공자학」 27, 2014)
류근성, 공자와 두이의 인간론(상동)

▷ 기전체 문헌의 항목비교(%) ◁

구분	문헌	총권수	본기	지	열전	표
한국	삼국사기	50	28(56)	9(18)	10(20)	3(6)
	고려사	139	46(33.1)	39(28.1)	50(36)	4(2.9)
중국	사기	130	12(9.2)	10(7.7)	100(76.9)	8(6.2)
	한서	120	13(10.8)	18(15)	79(65.8)	10(8.4)
	구당서	204	24(11.8)	30(14.7)	150(73.5)	
	신당서	236	10(4.5)	56(23.7)	150(63.6)	20(8.5)
	송사	496	47(9.5)	162(32.7)	255(51.4)	32(6.5)
	원사	200	47(22.4)	58(27.6)	97(46.2)	

(신형식 〈편〉, 「한국사학사」 p.87)

의 관직을 간단하게 해설하고 있다.

그리고 신라의 제사 제도는 종묘(역대 왕과 왕비), 국가적 제사인 大祀에는 3山(나력·골화·혈례), 中祀에는 5악(토함산·지리산·계룡산·태백산·팔공산)·4진·4해·4독이 있으며 小祀(24, 25의 산천)를 설명한 뒤에 고구려·백제의 제사를 간략히 소개하고 있다. 무엇보다도 길게 해설한 음악에는 신라음악으로 3竹(대금·중금·소경), 3鉉(거문고·가야금·비파) 외에 성악과 무용을 들고 있다. 특히 고구려 음악의 소개에 현악기(탄쟁·추쟁·와공후·수공후·비파·5현)와 관악기(생·횡적·소·필률·도피필률), 타악기(요고·제고·담고·패) 등의 설명이 있는데 무엇보다도 도피피리(桃皮篳篥)은 「수서」(권15 志10 음악〈下〉)에 나와 있는 고구려의 독자적인 악기로 소개되었고 도피피리는 그 후 명칭이 바뀌어 管木, 草笛, 풀피리 등으로 불린 우리나라 최초의 민속악기이다. 고려·조선을 이어 현재 시나

위 음악으로 보존되고 있다.[5]

끝으로 열전(10권)은 김유신을 크게 부각 시킨 후(3권) 장군(을지문덕·
장보고·온달·계백), 충신(거칠부·사다함·석우로·박제상·관창), 학자(강
수·설총·최치원), 효자·열녀(향덕·지은·설씨녀)를 부각시킨 후 반역자
로 연개소문·궁예·견훤 등을 나타내고 있다. 열전에서 강조한 것은 위
국충절(滅私奉公)의 정신을 크게 부각시킨 것이다. 여기서 볼 때 「삼국사
기」는 단순한 사대적인 문헌이 아니라 우리 역사를 다시 써서 후세에 교
훈이 되기 위해서 우리 국가를 구성하고 있는 상층(왕실)-중간계층(귀
족·관료)-하층계층(평민)의 인간도리를 강조한 것이며, 하늘의 일(천재
지변)과 땅의 일(정치·외교·전쟁)의 상관관계를 통하여 역사 내용을 정
리하고 있다. 그러므로 역사를 통해 자아의식을 바탕으로 국가의식을 잊
지 말 것을 강조한 우리나라 전통사학의 기준을 마련한 책으로 그 가치
는 크다.[6] 〈표〉에서 볼 때 「삼국사기」는 왕의 활동을 중심으로 하는 정
치기사가 전체의 40%가 되며 자연현상(천재지변)이 그다음으로 많은 비
중을 갖고 있어 고대사회의 모습을 알 수가 있다. 그리고 대외관계(외교
와 전쟁)가 30%가 넘고 있다.

---

5 풀피리는 복숭아 나무(귤·유자) 껍질을 잘라서 입술로 부는 우리나라 최초의 전통음악으
로 「수서」·「신당서」와 같이 「삼국사기」에도 소개되어 있다. 최근에 「안악 3호분」에 등장한
행렬도에 기병·보병·군악대 속에 그 모습이 나타나 있고 「악학궤범」에 소개되었으며 「조
선왕조실록」에 많이 등장하였다. 특히 「연산군일기」에 왕이 직접 불렀다고 되어있었으나
그 구체적 계보와 연주방법이 불투명했으나 현재 서울시 무형문화재 제24호는 '망자의 혼
백을 달래주는' 시나위음악으로 재현시키고 있다.
박찬범, 「한국 풀피리 음악의 역사와 자료」 청우출판사, 2004
신형식, 풀피리는 우리나라 최고의 민속음악이다(「새로 밝힌 삼국시대의 역사적 진실」
우리역사연구재단, 2013)
6 신형식, 삼국사기(「한국사학사」 삼영사, 1999) pp.84~99

2. 한국 고대사의 올바른 이해를 위한 길

▷ 삼국사기(본기) 내용분석(%) ◁

나라＼내용	정치	천재지변	전쟁	외교
고구려	36.4	24.1	18.3	21.2
백제	29.8	31.3	20.6	18.3
신라	48.3	26.8	10.1	14.8

(신형식, 「삼국사기연구」 p.153)

이상에서 본 바와 같이 「삼국사기」는 처음부터 삼국이 완성된 국가체제로 설명하여 내물왕·태조왕대를 역사의 전환점으로 인정하지 않고 있었다.[7] 동시에 「삼국사기」는 역사 내용을 하늘과 땅 사이의 관련적 사고(Associative Thinking)의 입장으로[8] 유교의 천인관의 시각에서 자연현상이 역사서술의 한 부분으로 이해하고 있었다.[9] 그리고 이 책에서 특히 국가의식(爲國忠節)과 자아의식을 강조하여 장군·충신·반역자들을 부각시키고 있었다.[10] 이러한 사실은 결국 역사를 교훈으로 삼고 인간의 활동(선·악)이 보여준 의미를 강조함으로써 그 후의 역사서술(「동국통감」「동사강목」)에 기본이 되었으며, 신채호의 주장처럼 유교 중심의 사대주의적인 개악서는 아니라고 생각된다.[11]

끝으로 「삼국사기」는 중국 사서에서 활용된 기전체의 형식을 취하였지만, 내용에서는 우리나라(삼국시대)의 모습을 강조하여 중국 문헌과

---

7 김정배, 한국고대국가의 기원(「백산학보」 14, 1973) p.82

8 Wolfram Eberhard, The Political Function of Astronomy and Astronomers in Han china(J.K.Fairbank〈ed〉 Chinese Thought and Institutions, 1957) p.33

9 이희덕, 「한국고대 자연관과 왕도정치」(한국연구원, 1994) p.100

10 이재호, 삼국사기와 삼국유사에 나타난 국가의식(「부산대논문집」 10, 1969) p.62

11 신형식, 삼국사기의 재평가(「한국고대사의 새로운 이해」 주류성.2009) p.187

김유신 묘

■ 금관가야 후손인 김유신은 김춘추(무열왕계)와 손잡고 신세력으로 등장하여 무열왕으로 추대한 후 3국통일(백제정벌)의 주역이 되었고 문무왕 13년(673)에 사망하였다. 큰 아들(三光)은 문무왕 6년(666년)에 당나라에 宿衛(외교관)로 파견된바 있다. 그러나 혜공왕(765~785)전후에 그 가문은 6두품으로 전락되었으나 하대에 정치적 이유로 흥덕왕(826~836)은 김유신을 興武大王으로 책봉하였다.(『삼국유사』에는 경명왕때 추봉)이 때 김유신릉은 무열왕릉보다도 장엄하게 만들어 12지상을 조각한 호석으로 둘러쌓여있다. 12지상은 子(쥐)·丑(소)·寅(호랑이)·卯(토끼)·辰(용)·巳(뱀)·午(말)·未(양)·申(원숭이)·酉(닭)·戌(개)·亥(돼지)는 각기 무덤을 지키는 동물을 뜻한다.

달리 삼국시대 왕의 활동기록인 본기를 가장 많은 분량으로 되어있었고, 열전에서는 충신(특히 국가를 위해 죽은 인물)을 부각시켜 국가의식을 강조하였다. 다만 편찬자(김부식)의 의견을 제시한 31개의 史論(論)은 일반인은 거의 알 수 없는 중국 문헌(5經, 四書)의 내용[12] 특히 공자·맹자의 견해를 제시하였고 중국의 사서(『한서』·『당서』)의 견해를 나타낸 사실은 공식적인 문헌(官撰史書)으로서는 불가피한 사실이지만 중국고전(4서. 5

경)을 모르는 일반인들에게는 접근하기 어려운 것은 문제의 하나이다. 다만 사론에서 경순왕의 고려귀순에 대해서 칭찬할 만하다고 한 것은 제·려가 멸망한 사실을 볼 때 백성들에게 피해가 없었다고 한 것(爲民意識)을 다행한 사건으로 설명하고 있다.

무엇보다도 「삼국사기」本紀(중국 천황과 같은) 속에 보여 준 3국 시조의 위상(天孫意識), 즉위년 칭원법, 여왕의 등장과 독자적인 年號의 사용, 그리고 철저한 위국충절(滅私奉公)과 호동왕자의 자살에 대한 효도의 의미를 부자간의 양면성으로 본 사실은 큰 의미가 있다. 다만 기록상에 나타난 일부의 문제점(포석정향연·김유신의 지조부인과의 혼인, 그리고 그 아들(三光)의 외교활동〈숙위파견〉은 시기적으로 불가능함)은[13] 사실에 어긋났지만 「동국통감」 이후 많은 문헌에서 그대로 계승되고 있어 「삼국사기」 내용은 한국 고대사의 기본사실로 이어진 것은 분명하다. 여기에 「삼국사기」가 지닌 문헌으로서의 위상을 알 수가 있다.[14] 특히 다음에 보여 진 기록은 물론 과장된 사실일 수도 있으나 신라통일의 주인공인 문무왕을 내세운 내용이지만

◆ ◆ ◆

무기를 녹여 농기구를 만들었고 백성은 어질고 장수하는 땅으로 이끌었다. 세금을 가볍게 하고 요역을 덜어주니 집집이 넉넉하고 민간은 안정되어 나라 안에 근심이 없게 되었다. (문무왕 21년 유조)

---

12 5經은 역경·시경·서경·예기·춘추이며 4書는 태학·중용·논어·맹자이다.

13 신형식, 김춘추와 김유신의 관계 속에서 밝혀져야 할 내용은(「새로 밝힌 삼국시대의 역사적 진실」 우리역사연구재단, 2003)

14 이강래, 「삼국사기전거론」(민족사, 1995)

라고 하여 통일의 의미를 부각시킨 것은 사실이다. 그러므로 「사론」에서
는 신라 후반기에 보여준 왕의 피살사건(왕위쟁탈전)을 그대로 기록하여
春秋의 정신으로 비판한 것은 후세의 교훈이 된다는 올바른 자세라고
하였다.[15] 또한 고구려가 멸망할 때(보장왕)의 모습은 「춘추좌씨전」의 내
용을 인용하여 국민상하의 이탈을 내세우고 있다. (보장왕 27년 말의 「사
론」) 그리고 백제 개루왕이 신라에서 반란을 일으키다 실패하여 도망 온
吉宣의 송환요구를 거절한 사실에 대한 「사론」은

◆ ◆ ◆

길선(吉宣)이 간악한 역적인데 백제왕이 이를 받아들여 숨겼으니 이
는 역적을 비호하여 숨기는 것이다. 이로 말미암아 이웃나라와의 화
해를 잃고 백성들을 하여금 전쟁에 시달리게 하였으니 심히 밝지 못
하다. (「삼국사기」 권23, 개루왕 28년 「사론」)

라고 하여 길선은 착한 데 뜻을 두지 않고 흉한 짓만 하였으니 그를 쫓
아내지 않은 것을 비판하고 있다.

「삼국사기」 내용에서 우리가 가장 주목하고 잊어서는 안 될 사항은 다
음의 기록에서 볼 수 있는

◆ ◆ ◆

㉮ 신하된 자로서 충성만한 것이 없고 자식으로서는 효도만 한 것이
없다. 위급함(국가)을 보고 목숨을 바치면 충성과 효도 두 가지를
모두 갖추게 된다. (권5, 무열왕 7년 흠순)

---

15 김언승은 조카(애장왕)를 죽이고 헌덕왕(809-826)이 되었고, 김명은 희강왕을 죽이고 민
애왕(838-839)이 되었다. 김우징은 민애왕을 죽이고 신무왕(839)으로 등장하였다.

㉑ 나라의 위태로움을 보고 목숨을 바치는 것은 열사의 뜻이다. 한 사
람이 목숨을 바치면 백사람을 당해내고 백사람이 목숨을 바치면
천사람을 당해 낸다. (권41, 김유신〈상〉)

와 같이 김부식은 철저한 국가의식(殺身爲忠)을 강조하여 역사의 교훈을
부각시킨 사실은 주목할 수 있다.[16] 「삼국사기」의 기록이 지닌 오류에서
가장 큰 것은 포석정향연기록으로 많은 문헌에서 그대로 이용하고 있는
사실은 문제가 있다. 또한 지조부인이 아들(三光)을 외면한 것(패전하고도
살아 돌아옴)을 필자도 처음에는 친자식이 아닌 사실로 보았으나, 지조부
인이 김유신의 사망 이후 스님이 된 사실로 보아 그것은 철저한 화랑정
신의 상징으로 생각되어 신라인이 갖고 있던 위국충절(살신위국)의 행위
로 볼 수가 있다.[17]

② 삼국유사(三國遺事)

「삼국유사」(三國遺事)는 왕명에 의한 국가의 입장(官撰)으로 편찬된「삼
국사기」와 같은 공식적인 책은 아니다. 그러나 그 책 이름에 나타나 있
는 바와 같이 '옛부터 전해오는 또한 기록에 빠져 있는 내용을 정리한

---

16 한국정신문화연구원「김부식에 대한 종합적 연구」(2001)
한국사학회「김부식과 삼국사기 연구발표」(2001)
신형식 삼국사기의 성격(「한국고대사의 새로운 이해」 주류성, 2009) p.185
17 강동구 포석정은 제천사지였다(「신라멸망과 마의 태자의 광복운동」 신라사연구소, 1999) p.6
신형식 김춘추와 김유신의 관계속에서 밝혀져야 할 내용은(「새로 밝힌 삼국시대의 역사적
진실」 우리역사연구재단, 2013) p.240

야사이지만, 정사(「삼국사기」)에서 찾아볼 수 없는 사실을 알려준다는 의미에서 일종의 역사문헌이다. 무엇보다도 「삼국사기」를 비롯한 우리나라의 옛 문헌은 중국 문헌과 같은 형태와 서술체제를 갖고 있지만, 「삼국유사」는 「古記」에 전하는 상고사(단군조선~삼한까지)의 역사내용과 「삼국사기」에 없는 비공식적인 왕의 숨은 이야기(紀異), 그리고 불교에 관계된 여러 가지 사실(고승, 사찰, 탑파, 불교의 역할)과 민족의 시가인 향가를 소개하고 무엇보다도 충효 사상(박제상, 김유신-김대성, 향득)을 강조한 내용으로 볼 때 단순한 야사집은 아니었다.[18]

이 책은 고려시대 후기(13세기)에 유명한 승려인 一然(1206-1289)이 無極을 비롯한 여러 제자들의 도움으로 이룩되었으므로 자연히 불교와 관계된 내용이 중심을 이루고 있으나, 책의 앞부분은 단군 이후 후삼국시대 사실까지 물론 신라의 대표적인 역대 왕의 이야기를 1, 2권으로 채우고 있어 「삼국사기」가 서두를 역대 왕의 활동을 본기로 하고 있어 두 책의 기본 방향이 갖는 공통성을 확인할 수가 있다. 따라서 두 책은 우리 고대사의 사상적 바탕인 유학(유교)과 불교가 지닌 보완적 의미를 보이고 있으며, 충효 사상을 바탕으로 자주적 국가의식을 갖고 있었다는 사실에서 「삼국사기」와 함께 한국 고대사의 설명과 그 이해에 큰 방향과 보완이 되는 문헌이라고 할 수가 있다.

---

18 김태영, 삼국유사에 보이는 일연의 역사인식 (「경희사학」 5, 1974)
　　이기백, 삼국유사의 사학사적 의의 (「한국사학의 방향」 일조각, 1978)
　　홍윤식, 삼국유사와 한국고대문화 (원광대 출판부, 1985)
　　정구복, 삼국유사의 사학사적 고찰(「삼국유사의 종합적 검토」 한국정신문화연구원, 1997)
　　최광식, 박대재〈역주〉「삼국유사」(상·중·하, 고려대출판부, 2014)
　　문경현, 「역주삼국유사」(신라문화유산연구원, 2015)

　여기서 주목할 사실은 「삼국사기」와 「삼국유사」가 그 편찬과정과 성격은 다르지만 130여 년의 차이를 두고 편찬된 두 책이 공통된 시대배경을 갖고 있다는 것이다. 전자의 대표적 저자인 김부식(1075-1151)은 이자겸 난(1126)·묘청 난(1135)을 직접 체험한 후 여진(金: 1115-1234)의 군사적 위협을 받던 시기에 있었고, 후자의 실질적인 저자인 일연(1206-1289)은 최씨 무단정치(1196-1258)와 삼별초 난(1270-73)을 직접 체험한 후 몽고의 위협(1232년의 강화도 천도와 1270년의 환도) 속에서 일본정벌(2차: 1281)을 위한 경주 출장을 강요당하게 되어 두 책은 외족(여진과 몽고)의 위협에 따른 국가적 위기라는 공통된 사실 속에서 만들어진 묘한 인연을 갖고 있었다. 그러므로 두 책은 한결같이 국민의 덕목으로 충효 사상과 철저한 국가의식을 강조하고 있었다.

　「삼국유사」는 5권으로 되어 있으며 제1·2권은 王曆과 紀異로 구성되어있다. 왕력은 혁거세 1년(甲子, B.C-57: 전한 宣帝 五鳳 1)부터 경순왕 9년(乙未, 935-후당 폐제 2년)까지의 연표를 중국과 비교해서 기록한 것이어서 삼국의 각 왕 시기에 중국의 연대도 알 수 있어 큰 도움이 된다. 그리고 제1권의 마지막인 紀異〈1〉은 고조선(왕검조선) 이후 위만조선·마한·낙랑·부여·3한(변한·진한)까지의 삼국 이전 사실과[19] 삼국시대(신라 위주)의 대표적인 왕 이후 김유신·무열왕까지의 비사가 수록되어있다.

　제2권〈기이 ②〉은 문무왕 이후 경순왕(金傅大王)까지의 왕이 숨은 이야기를 소개하고 백제 무왕과 견훤과 가야의 긴 설명이 이어져 있다. 특히 가야에는 수로왕 이후 본가야(대가야)의 계보와 마지막 구형왕(521-

---

19 이재운, 삼국유사 시조설화에 나타난 일연의 역사인식(「전북사학」 8, 1984)

532)의 3아들(세종·무력·무득)을 설명하고 있는데 무력은 김유신의 조부(부친은 서현)로「삼국사기」에도 긴 해설이 있다. 제3권은 興法(불교 전래 과정: 3부)과 塔像(불교미술: 4부)으로 되어있다. 따라서 홍법에는 순도·마라난타·아도 등의 역할을 부각시켰고, 탑상에 서는 사찰(영묘사·황룡사·백률사·민장사)과 탑·불상·사리 등의 해설로 되어있다. 그리고 제4권은 義解란 제목으로 명승(원광·자장·원효·의상·진표)의 전교활동이 소개되어 있다.[20]

이어서 제5권은 불교의 역할로서 神呪이하 孝善까지(6-9부) 긴 내용으로 되어있다. 신주(6부)와 감통(7부)은 불교의 신통함을 나타낸 것이며 避隱(8부)은 공명을 멀리한 스님(緣會)과 속세를 떠난 선비(信忠), 그리고 도둑을 감동시킨 스님(永才)의 이야기를 전하면서 '임금답게 신하답게 백성답게 할지면 나라는 태평하리이다(안민가)'와 같은 향가(서동요·혜성가·헌화가·도솔가·우적가·안민가·처용가)가 여러 곳에 소개하고 있다.

◆ ◆ ◆

공명은 다하지 못했는데 귀밑의 털이 먼저 세고 임금님의 총애 비록

많았으니 한평생이 바쁘구나 언덕저편의 산이 자주 꿈속에 나타나니

가서 향불 피워 왕의 복을 비오리 (「삼국유사」 권5, 피은〈제8〉)

---

20 신라문화선양회, 「삼국유사의 신연구」(1980)

김복순, 신사조로서의 신라불교와 왕권(민족사, 1996)

신종원, 「신라초기불교사연구」(민족사, 1992)

김상현, 「역사로 읽는 원효」(고려원, 1994)

정병삼, 「의상화엄사상연구」(서울대출판부, 1998)

김영미, 삼국유사(신형식〈편〉(「한국사학사」 삼영사, 1999)

삼국유사

■ 「삼국유사」는 「삼국사기」가 출판된 지 135년 후에 一然(승려)이 쓴 역사야사집이다. 따라서 공식적인 문헌(官撰)이 아니지만 개인의 시각에서 3국 이전의 역사(단군~진한)를 간략하게 서술하였으며 역대 왕(신라위주)의 숨은 이야기(紀異)와 불교에 관계된 내용 (흥법·탑상·의해)이 중심이다. 특히 단군신화와 불교문화(탑·사찰·불상·명승) 및 효도에 관계된 내용, 그리고 향가를 소개하여 국문학상의 의미가 크다. 따라서 「삼국사기」에 없는 내용이 많이 수록되어 있어 그 보완적 의미가 있다.

이 시는 효성왕 3년(739)에 시중이 된 信忠이 경덕왕 16년(757)에는 상대등이 된 고관이었으나 왕 22년(763)에 은퇴하고 왕이 불렀으나 거절하고 스님이 된 인물이어서 그 깨끗함을 노래한 것이다.

끝으로 孝善(9부)은 효도를 한 眞定과 向得(割股供親), 품을 팔아 노모를 봉양한 遜順 그리고 2세 부모(전·현 부모)를 위해 불국사와 석불사(석굴암)를 세운 김대성의 효성을 칭찬한 내용이다. 이어서 눈먼 어머니를 봉양한 가난한 집 여인의 이야기(貧女養母)로 매듭짓고 있다.[21] 그리고 마지막의 跋文은 원본을 구한 1512년(중종 7년: 명의 무종 정덕7)에 이계복(李繼福)의 글을 李山甫 등이 정리한 것이다.

이상에서 본 바와 같이 「삼국유사」는 삼국시대의 이야기이지만 잊어

---

21 민병화, 삼국유사에 나타난 효선사상(「신문과학」 3, 4 성균관대, 1955)

버리고 남은 기록을 모은 의미를 지녔으며, 고구려왕은 주몽, 백제왕은
무왕뿐 전부 신라왕 이야기뿐이어서 신라를 계승한 고려의 입장에서 신
라를 부각시켰으며 삼국통일을 이룩한 문무왕을 강조시키기 위해 제2
권의 첫 장에서 다루고 있다. 무엇보다도 승려가 쓴 책이기 때문에 불교
에 관계된 내용(홍법·탑상·의해·신주·감통·피은·효선)이 압도적으로 많
지만, 책 서두에 우리 상고사의 계보를 정리하였으며 고대사의 정통국가
로서 신라왕의 업적을 주로 설명한 것은 「삼국사기」(본기)와 궤를 같이
하고 있다. 무엇보다도 충효 사상을 부각시켜 인간의 기본 덕목을 강조
하였기 때문에 불교 위주와 야사를 중심으로 한 것이지만 「삼국사기」의
문제점을 보완시켜 주었으며 단순한 야사가 아닌 사실을 나타내고 있다.
특히 「삼국유사」는 이강래 교수가 지적한 대로 철저한 신앙의 감동과 신
이의 세계로 채워져 있으며 두 가지 요소(불교 신앙의 홍보와 유교적 합리
주의 대안)가 교차되고 있다는 것이다.[22] 특히 「삼국유사」에서 보여 준
원효불기(元曉不羈)는 모든 일(사전)에 구속을 거부한 것이며 일체의 사
상에서 갈등과 화해를 강조한 화쟁(和諍)의 의미를 보여주고 있다.

　무엇보다도 불교가 단순한 종교의 존재가 아니라 민족문화의 기반이
된 것을 강조하였으며 특히 불교가 지닌 포용성은 유교가 지닌 인간의
도리를 결합시켜 향가로 그 의미를 백성에게 가르쳐 줌으로써 「삼국사
기」 내용을 보충시켰으며 한국 고대사의 숨겨진 진실을 후손에게 전해
준 사서라는 사실을 간과할 수는 없다고 하겠다.[23]

---

22 이강래, 삼국유사의 사서적 성격(「한국고대사연구」 40, 2005)
23 신형식, 삼국유사(「고조선학보」 3, 2016)
24 황룡사 9층 탑에서 일본(1층)·중국(2층)을 거쳐 오월(3층) 탁라(4층-백제를 뜻한다) 말

◆ ◆ ◆

불교는 넓어서 바다와 같이 끝이 없구나 (釋氏汪洋 海不窮)

百川의 유교와 도교 모두 받아들이네 (百川儒老 盡朝宗)

가소롭다 저 麗王은 웅덩이를 막고 (麗王可笑 封沮洳)

바다로 臥龍이 옮겨가는 것을 알지 못하네 (不省滄溟 徙臥龍)

(『삼국유사』 권3, 흥법, 보장봉로)

이글은 보장왕이 유교와 도교는 받아들이면서 불교를 외면한 사실을
비판한 것이다. 이러한 사실은 국가 유지에는 이상의 3교가 다 필요하
다는 의미이다. 따라서 자장(慈藏)의 건의에 따라 선덕여왕 15년(646)에
세운 황룡사 9층 탑은 결국 북진의 신호탄인 한강 유역(신주) 확보(553)
를 이어 친당정책을 통한 구체적인 통일과업의 일환으로 생각된다. 이
러한 견해는 일찍이 이기백의 정치적·군사적 활동 뒤에는 정신적 뒷
받침이 있었다는 견해가 이해되고 있다. 따라서 신라의 일통3한의식은
그대로 왕건에게 이어져 즉위 후 후삼국통일을 기념하기 위해 개경에
7층 탑(고구려·백제·신라·가야·발해·후백제 태봉 결합), 서경에 9층 탑
(황룡사 9층 탑 정신 계승)을 세워 통일의식을 통해 민심을 회유한 사실
에서는 분명하다.[24]

갈(6층)·거란(7층)·여진(8층)을 지나 마지막 9층은 예맥(고구려)을 지칭하고 있어 642년
(선덕여왕 11)의 대야성 함락 이후 신라의 적극적인 친당정책(군사동맹)이 시작되었다.
이기백, 황룡사와 그 창건(『신라사상사연구』 일조각, 1986) p.66
김정배, 통일신라문화의 역사적 의미와 우수성(『신라문화의 역사적 가치 재조명』 2014) p.15
신형식, 신라통일의 현대사적 의의(『신라사학보』 32, 2014) p.20
장일규, 신라의 일통인식과 그 영향(『신라사학보』 32, 2014) p.111

따라서 「삼국유사」의 가치는 불교가 준 역할과 함께 고대 왕들이 국민을 위한 활동과 의지를 강조한 것이며 인간의 도리(충효 사상)를 강조한 것은 여러 부분에서 나타나 있다.

◆ ◆ ◆

임금을 섬기는 도리는 위기에는 목숨을 바치고 (仕君之道 見危致命)

환란을 당해서는 몸을 잃고 절의를 지켜 (臨難忘身 仗於節義)

사생을 돌보지 않음을 충이라 한다. (不顧死生之謂 忠也)

(『삼국유사』 권5, 제8 물계자)

라하여 인간의 도리가 충효라는 견해는 「삼국사기」(권5, 무열왕 7년)에 김흠순(김유신 동생)이 그 아들(盤屈)에게 준 말과 같아 불교와 유교의 생각도 같은 입장임을 보여주고 있다.

「삼국유사」에서 빠질 수 없는 대표적인 것은 향가(사뇌가) 14수(「균여전」에 11수)가 소개되어 한자를 빌어서 우리말을 표기하여 자국지가(自國之歌)로서 국문학상에 큰 의미를 보여주고 있다.

◆ ◆ ◆

善化公主主隱 他密只嫁良置古 (선화공주님은 남몰래 얼려두고)

薯童房乙 夜矣卯乙抱遣去如 (서동방을 밤에 몰래 안고 간다)

(『삼국유사』 권2, 기이2 무왕)

이 노래는 백제 무왕(어릴 때 이름을 薯童)이 신라 진평왕 셋째 공주인

___
25 「삼국유사」에 전해진 향가는 서동요 외에 혜성가·풍요·원왕생가·모죽지랑가·헌화가·怨歌·도솔가·제망매가·찬기파랑가·안민가·천수대비가·우적가·처용가이다.

善化를 그리워하며 불렀다는 「서동요」이다.[25] 그러므로 「삼국유사」는 신라왕의 모습과 불교 관계사항을 소개함으로써 한국 고대사의 정치·종교적 사실뿐 아니라 음악·무용을 통한 국민들의 주술적 의식을 높여준 가요였다.[26]

무엇보다도 몽고간섭이라는 정치·외교적 시련을 겪었던 일연은 「삼국유사」에서 국가의식을 고양시키기 위하여 단군 이후 삼국시대의 대표적인 왕의 활동(숨은 이야기)을 부각시켰으며 불교를 통한 민족문화의 우수성을 내세운 주인공이었다. 동시에 유교가 지닌 현세의 효를 극복하고 불교를 통한 내세의 효를 통해 유·불의 조화를 내세운 사실은 큰 의미가 있으며 상고사의 체계화(고조선-위만-마한)의 역사적 사실에 전거를 제시함으로써 「삼국유사」는 단순한 야사가 아니라 우리나라 노래(鄕歌)를 살려 그것이 지닌 사료적 가치가 높은 문헌이라는 점이다.[27]

「삼국유사」에서 우리가 배워야 할 대표적인 글은

◆ ◆ ◆

남의 윗자리에 있을 만한 사람이면서 겸손하여 남의 아래에 앉는 사람이 그 하나이고, 세력이 있고 부자이면서도 옷차림을 검소하게 한 사람이 그 둘이다. 본래부터 귀하고 세력이 있으면서도 그 위력을 부

---

26 황패강, 신라향가연구(「단국대 국문학논집」 7, 8, 1975)
　정병욱, 「한국 고전시가론」(신구문화사, 1977)
　최철, 「신라가요연구」(개문사, 1979)
　김완진, 「향가해독법연구」(서울대 출판부, 1989)
　김학성, 「한국고전시가의 연구」(원광대출판부, 1980)
　윤영옥, 「신라시가의 연구」(형설출판사, 1981)
27 이기백, 삼국유사의 사학사적 의의 (「한국고전연구」 일조각, 2003) p.135

리지 않는 것이 그 셋이다. (「삼국유사」 권2, 경문대왕)

라고 하여 경문왕(861-875)이 어릴 때 화랑이 되어 왕에게 말한 내용으로서 헌안왕(875-861)이 왕위에 오를 수 있었던 것은 그의 겸손하고 검소한 인간의 기본 덕목을 지켰기 때문이라는 것이다. 여기서 일연은 「삼국유사」가 지닌 의미(불교와 유교의 배려)를 강조하고 있다.

③ 그 외 참고할 문헌

삼국시대연구의 기본 사서인 「삼국사기」와 「삼국유사」 이후의 문헌은 거의가 두 책의 내용을 전제한 것이며, 다만 사론이라는 편찬자의 견해와 평가가 첨가되었을 뿐이다. 그 후에 「해동역사」·「연려실기술」 등이 있지만 대표적인 문헌은 「동국통감」과 「동사강목」으로 한자로 쓴 마지막 개설서(문헌)이다. 「동국통감」(서거정·노사신-1458~1485)은 세조 때 시작되어 성종 때 완성된 편년체 사서로 당시까지 이룩된 조선시대 이전까지의 통사(개설서: 외기-삼국기-신라기-고려기)이다. 앞서 말한 바와 같이 삼국시대의 내용은 결국 「삼국사기」 기록의 연장이며 신라통일(문무왕 9년: 669)과 고려통일(태조 19년: 936)을 부각시켜 그 사서의 성격을 보여준다. 특히 사론 384편(기존사론 180, 편찬자의 사론 204)중에 고대사 관계된 사론 74편(「삼국사기」〈김부식〉26·「동국사략」〈권근〉45·이첨3)은 큰 의미가 있다.[28] 그러나 「동국통감」은 「삼국사기」 기록을 그대로 사용하

---

[28] 정구복, 동국통감에 대한 사학사적 고찰(「한국사 연구」 21.22, 1978)
    한영우, 「조선전기 사학사 연구」(서울대출판부, 1981)

였으나 김유신이 흥무대왕의 벼슬을 받은 사실에 대해서는 유일한 비판을 하고 있다.

「동사강목」은 안정복이 쓴 강목체의 사서로 기자원년(B.C.1122)부터 공양왕 4년(1392)까지 한국 고대·중세사 개설서이다. 이 책의 특징은 서문(序) 다음의 범례에 統系·(단군, 기자-마한-문무왕 9년-태조 19년)· 歲年·名號(왕 명칭 통일·女主 사용)·卽位年·(開元) 崩葬(정통은 薨葬·서자는 葬)·簒弒(시해자 잡지 못함)·廢徙幽因(폐위·피살)·祭祀·行幸·恩澤· 朝會·封葬·征伐·廢黜·人事·災祥 다음에 採據書目(참고도서)에는 대표적인 유학자(중국·우리나라), 그리고 圖上(각 왕조 왕 계보)·圖中(각 시대 전성시대의 지도)·圖下(각 시대의 관직표) 등의 참고사항(왕 계보·지도, 관직내용)이 등장한다. 그 외 870개의 사론과 고대사 계보(단군-기자-마한-문무왕 9년-태조 19년)를 내세워 전통사학에서 근대사학으로의 전환기를 보이고 있다.[29]

「동사강목」을 이어 「연려실기술」(이긍익, 1798)과 「해동역사」(한치윤: 1823)가 있다. 그러나 「연려실기술」은 기사본말체로 되었지만 조선시대의 역사 내용이므로 고대사와 관련이 없고 「해동역사」는 고대사를 다루고 있으며 545종의 참고문헌(引用書目)을 통해 문헌고증의 입장을 취하

전덕재, 동국통감, 조동걸·한영우·박찬승(엮음)「한국의 역사가와 역사학」상, 창작과 비평사, 1994
신형식, 동국통감을 다시 본다(「고조선학보」4, 2016)
29 한영우, 안정복의 사상과 동사강목(「한국학보」7, 1970)
변원림, 동사강목의 역사인식(「사총」17, 1973)
정구복, 안정복의 사학사상(「한일근세사화의 정치와 사회」1989)
강세구, 「동사강목연구」(민족문화사, 1994)

여 실증적 방법을 모색한 것은 의미가 크다.[30] 이러한 전통사학은 어디까지나 「삼국사기」의 기록을 바탕으로 계승되었으며, 신라말의 정치적 혼란을 극복한 고려왕조의 등장을 역사의 교훈으로 「고려사」와 「고려사절요」로 이어진 후 「동국통감」과 「동사강목」에서 전통 역사학의 바탕이 보여질 수 있었다.

그 후 전통사학은 일제 이후 많은 변화를 보이기 시작하였다. 개화기의 「동국사략」(현채, 1906), 「한국통사」(박은식, 1915), 「국사」(장도빈, 1916), 「조선문명사」(안확, 1922), 「조선사연구초」(신채호, 1929), 「조선사회경제사」(백남운, 1933), 「조선사연구」(정인보, 1946), 「조선상고사감」(안재홍, 1948), 「조선역사」(최남선, 1947), 「한국민족사개론」(손진태, 1948), 「국사」(1916) 등 많은 저서가 출간되었다. 그러나 이 시기는 식민지사학·사회경제주의사학·민족주의 사학 등 변화가 있었으나, 주된 내용의 바탕은 「삼국사기」 기록이었다.

그러나 이러한 역사학의 변화과정을 근대 실증사학으로 정립시킨 주인공은 이병도 「한국사대관」(1948)였다.[31] 이병도는 진단학회를 조직하여 한국 고대사연구 제1세대로서 「삼국사기」를 바탕으로 현대 한국 고대사를 정리하였으며, 그를 이은 제2세대(이기백, 김철준)에서 앞 세대

---

30 이존희, 연려실기술의 분석적연구
  정만조, 연려실기술(「한국의 역사가와 역사학」〈상〉창비사, 1994)
  이태진, 해동역사의 학술사적 검토(「진단학보」 53·54, 1982)
  한영우, 해동역사의 연구(「한국학보」 38, 1985)
31 이기동, 두계사학의 일면(「역사가의 유향」 일조각, 1991)
  한영우, 이병도(「한국의 역사가와 역사학」〈하〉 창비사, 1994)
  김두진, 두계이병도의 사학과 근대역사학의 수립(「역사학보」 200, 2008)
  조인성, 조선사개강과 고대사인식(「이병도의 한국사 연구와 역사인식」 백산학회, 2013)

의 문제점(한계)을 극복하면서 새로운 연구 방향이 제시되기 시작하였다. 그 후 3, 4세대는 새로운 역사이론과 방법으로 전 세대와 다른 큰 발전을 보이기 시작하면서 고대사연구는 큰 발전(변화)이 나타나게 되었다.[32] 그러나 고대사 이해의 기본문헌은 어디까지나 「삼국사기」와 「삼국유사」로서 그 의미는 절대적이며 일부 중국 문헌(「당서」·「수서」)이 참고가 된다. 다만 중국 측 문헌(東夷傳)은 자기중심으로 서술되어 삼국의 정체성이나 주체성에 대한 것은 인정하지 않고 있다는 문제점이 크다. 그러나 국내 문헌에 빠지고 없는 내용이 전해지고 있어 참고가 되는 경우가 많이 있다.

---

32 신형식, 「한국고대사서술의 정착과정연구」(경인출판사, 2016)
_____, 장도빈의 역사인식(「산운사학」 2, 1988)

[2] 삼국시대(통일신라 포함) 사회의 성격은

① 삼국시대 사회의 모습

삼국시대(통일신라 포함)는 각 왕조의 충돌은 계속되었으나 이를 극복하고 약 1천 년간 계속된 우리나라의 대표적인 고대국가사회이다. 따라서 삼국시대의 모습에서 볼 수 있는 첫 번째 특징은 유례상 볼 수 없는 장기지속의 왕조라는 사실이다. 장기지속이 반드시 장점은 아니지만, 혈통(가문)을 자랑하는 우리 민족성의 대표적인 사례가 될 것이다. 삼국의 전개과정에서 물론 복잡하고 어려운 시련은 있었으나 신라와 같이 천년간(B.C.57-935) 유지된 나라는 동·서 고금을 통해서 찾을 수 없으며, 고구려도 705년(B.C.37-668),[33] 백제도 678(B.C.18-660) 계속된 사실은

---

[33] 고구려의 경우 한 4군시대(현도)에 이미 고구려현이 등장하고 있어 (원고구려, 구려) 이를 고구려로 본다면 그 연대는 훨씬 올릴 수 있다. 현재 북한에서는 B.C.277(주몽의 건국)년을 건국연대로 보고 있다.

국내성의 어제와 오늘

■ 고구려의 두 번째 서울인 국내성(현재 중국 길림성 집안시)은 424년간(A.D.3~427) 수
도로써 광개토왕비·장군총·부경(이층창고)과 20여 기의 고분벽화가 남아있다. 그러나
현재 도시개발로 아파트가 들어서 유적이 크게 파괴되었으나 옛날의 성벽이 일부 남아
있어 고대와 현대가 공존하고 있다.

중국이나 서양에서도 찾을 수 없다.

물론 Rome(건국-공화정-제정-동·서 로마 분리-제국 붕괴)의 경우 상
상할 수 없는 장기간 존속되었으나, 우리나라에서만 볼 수 있는 한 혈
통의 왕조는 아니었다. 중국의 경우 400여 년의 漢(전한-후한: B.C.206-
A.D.220 이후) 고대를 이어 온 唐나라가 290년(618-907), 宋나라가 320
년(북송-남송: 960~1279) 그 후 明나라가 277년(1368-1644), 淸나라가
297년(1616-1912)에 불과하였다. 그러나 우리나라는 중세를 대표하는
고려왕조가 475년(918-1392), 그리고 세기를 초월한 조선왕조가 519년
(1392-1910)이 계속된 것을 보면, 혈통을 앞세우는 우리나라 왕조는 장
수하는 운명을 가진 것같이 보인다.

우리나라의 왕조는 국가의 정치안정이나 국왕의 선정에 그 바탕이
있었던 것이 아니고 왕가의 혈통을 강조한 동양적 사고방식에 기반을

두었으며 우리와 밀접한 관계를 가진 중국왕조와는 다른 독자적인 장수비결을 가진 것으로 생각할 수가 있다. 그러나 당나라(618-909)와 통일신라(676-935), 몽고(1260-1370)와 고려(918-1392)는 깊은 관련을 갖고 있었으며, 조선왕조의 멸망(1910)과 청의 붕괴(1912)는 제국주의와의 관계가 크지만, 그 멸망 시기가 너무나 비슷하였다. 우리나라 왕조의 흥망이 중국의 왕조와 직접적인 관련은 아니지만, 한중 양국의 왕조교체(건국과 멸망)는 어느 정도 영향을 받는다는 사실로 보아 한중간의 관계는 무시할 수는 없다.

신라사로 대표되는 우리나라 고대사의 천 년 역사가 비록 혈통은 이어졌지만 일관된 성격으로 유지된 사회는 아니었고 Spengler가 언급한 소년(봄)-청년(여름)-장년(가을)-노년(겨울)의 문화 이전단계나 건국(발생: Genesis-1~5세기)-성장(발전과 전성: Growth-6·7·8세기)-쇠퇴(Breakdown: 고난시기-9세기)-붕괴(해체: Disintegration-10세기)라는 Toynbee의 견해[34]에 앞서 장도빈의 표현 (「조선역사대전」〈1928〉: 창업-강성-전성-외구(外寇)-멸망)과 같이 역사전개과정은 어느 나라든지 비슷한 과정을 걷고 있었다는 것은 신라 왕조도 마찬가지였지만 삼국왕조는 동·서양 어느 나라보다 장수한 나라였다는 특징을 지니고 있다.[35]

삼국시대(한국의 고대사회)의 상징으로서 신라사회의 모습에서 볼 수 있는 둘째 성격은 엄격한 신분질서 속에서 강력한 왕권의 유지된 동

---

34 박성수, 「새로운 역사학」(삼영사, 2005)·순환론적 역사관 pp.409~437

35 신형식, 민족의 촛불 장도빈(「한민족공동체」 20, 2013) p.227

　　　, 한국고대사연구의 정착과정(「백산학보」 98, 2014) p.29

방의 Oriental despotism과 거의 흡사한 사회였다는 사실이다. 따라서 정치의 중심에 선 주인공으로서의 왕은 일반인과는 다른 신체적 특징(Special bodily marks)과 훌륭한 인품(Good character: 이와 다른 성격도 존재), 그리고 탁월한 능력(Excellent capability)을 갖고 있는 자로서 선군(Benevolent despot: 충성을 다하는 자에게)과 때로는 폭군(Cruel tyrant: 반대자에게)이 되어 희락과 고통 속에서 전권(Total power)을 행사하는 존재였다고 보았으므로 왕을 둘러싼 갈등과 분쟁은 동·서를 막론하고 즐비한 것은 사실이다.[36] 그러나 이러한 전제군주에 대한 성격에 대해서 왕의 일방적인 독재정치는 아녔으므로, 그 존재와 성격에 대한 반론도 있지만 이에 대칭할 명칭이나 성격 확인에는 뚜렷한 대안이 없다.[37]

그러므로 「삼국사기」에도 왕의 업적(활동)인 本紀(중국 황제기록과 동일)를 전체의 56%(50권 중에 28권)를 차지하여 열전 위주(61.9%)의 중국 문헌과 큰 차이를 보이고 있으며,[38] 동시에 「삼국유사」에도 왕의 활동과 특이한 모습을 紀異편(1, 2권)에 소개하고 있어 삼국 사회상은 왕의 활동에서 그 바탕을 마련한 시대였다.[39]

---

36 Karl A. Wittfogel, Oriental Despotism(Yale univ. press, 1957) pp.34~40
Wolfram Eberhard, The Political Function of Astronomy and Astronomers in Han China(「Chinese Thoughts and Institutions, J.F. Fairband, ed.1957) pp.35~40」

37 신형식, 「통일신라사연구」(삼지원, 1990)
하일식, 「신라 집권관료제 연구」(혜안, 2006) pp.319~322
이영호, 「신라중대의 정치와 권력구조」(지식산업사, 2014) pp.287~289

38 신형식, 「삼국사기연구」(일조각, 1981) p.318

39 신형식, 삼국시대 왕들의 참 모습은 (「새로 밝힌 삼국시대의 역사적 진실」 우리역사연구재단, 2013) p.65

셋째로 삼국시대는 전반기(4-7세기)는 영토 확장을 위한 갈등기였고, 후반기인 통일신라 사회(9-10세기)는 최초로 통일된 시대로서 이를 바탕으로 우리 민족의 문화와 통치제도가 정비된 시대로서 점차 국제화에 눈을 뜨기 시작한 사회였다. 결국 신라가 통일되기 전까지는 삼국간에 영토 쟁탈기로 같은 민족의 갈등기였다. 따라서 삼국시대를 대표하는 왕(근초고왕·광개토왕·진흥왕)은 영토 확장의 주인공이었고 삼국시대의 상징적인 존재였다. 다만 이러한 확장과정에서 빈번한 수도 이전은 국가멸망의 단초가 된다는 사실을 깨닫게 됨으로서 수도는 이동해서는 안 된다는 인식을 배울 수 있었으니 그 예를 신라에서 찾을 수 있었다.[40]

비록 영토의 변화 과정 속에서 국민 소속변화라는 한계가 있지만 삼국민은 동일민족의 성격을 잊지 않았으며 결국은 하나로 융합되어 민족은 반드시 통일돼야 한다는 역사적 소명을 잊지 않았던 것이다. 따라서 이를 바탕으로 신라는 정치·사회의 통합으로 비로소 하나의 완벽한 제도를 마련하여 이를 고려·조선으로 이어지게 한 사실은 큰 의미가 있다고 본다. 그러므로 통일신라는 강력한 전제왕권의 기틀을 마련하였으나[41] 왕권의 절대화가 주는 문제점과 왕(군주)의 도리를 깨닫게 하는 계기가 되어 후대 왕에게 큰 교훈이 되었다. 그러나 어느 국가도 단

---

40 신형식, 한국고대사 속에서 본 천도(『향토서울』 65, 2005)

41 전제왕권에 대한 문제는 이에 반대(부정)하는 주장이 강하게 나타나있지만 그 명칭이나 성격문제로 이에 대한 대안이 마땅치 않다.
하일식, 「신라의 관료제 연구」(혜안, 2006)
신형식, 「한국고대사의 새로운 이해」(주류성, 2009)
이영호, 「신라중대의 정치와 권력구조」(지식산업사, 2014)

독으로만 존속할 수는 없기 때문에 삼국의 전개과정과 통일신라의 발전 속에서 중국(특히 당나라)의 밀접한 관계로 비로소 국제화의 길을 걷게 되면서 서역까지 국민의 눈을 밖으로 돌려 외부세계에 대한 의식이 확대된 것은 통일신라가 준 교훈이다. 이러한 결과는 무엇보다도 중국에 대한 외교의 중요성을 인식하게 된 결과이다.

끝으로 삼국시대의 성격에서 빠질 수 없는 것은 유학(유교)·불교·도교의 수용으로 종교에 대한 이해와 그에 따른 정치·사회·문화의 발전을 통해 인간교육(도리)을 이룩한 사실을 간과해서는 안 된다는 사실이다. 불교가 처음 전래된 때는 372년(소수림왕 2: 전진의 順道)이지만 불교가 단순한 종교가 아니라 수나라에서 진평왕 22년(600)에 돌아온 圓光은 '자기가 살려고 남을 죽이는 것은 스님의 도리는 아니지만, 자신이 신라에 살고 대왕의 수초(水草)를 먹고 사는데 어찌 그 명령을 따르지 않겠느냐'하고 그 나라에 군대 요청시(乞師表)를 보냈으며 화랑의 계율인 세속5계(事君以忠·事親以孝·交友以信·臨戰無退·殺生有擇)를 貴山에게 가르친 사실은 불교가 준 국민의 도리를 말하는 것이다. 불교가 결국 국가를 위한 정신을 가르쳐 준 호국 사상의 바탕이 된 것이다.

이러한 사실은 당나라에 귀국한 선덕여왕 12년(623)에 慈藏의 건의로 황룡사 9층 탑을 세웠는데 이는 단순한 탑이 아니라 통일을 기원하는 건축물이어서 불교가 국가에 기여한 정신적 바탕임을 알 수 있다. 이 사건의 직전인 642년에는 대야성(현재 합천) 전투에서 신라가 백제에게 큰 피해를 당한 일(김춘추의 사위인 品釋: 대야성 도독-피살)이 있어 바로 고구려에 구원을 요청했으나 실패하여 이때부터 신라는 백제, 고구려정벌의 계획을 추진하였다. 이러한 9층 탑의 성격에서 제4층은 백제를 뜻하는 탁라, 그리고 제9층은 고구려를 의미하는 예맥을 지칭하고 있다는 사실에 주목할 수 있다.[42] 553년(진흥왕 14)에 황룡사를 짓고 한강 유역 확보(신주)를 확인(통일의 제1단계)한 것처럼 645년(선덕여왕 14)에 완성한 9층 탑은 642년(선덕여왕 11)의 대야성 함락 이후 적극적인 신라 친당정책을 통한 통일의 제2단계를 기원하는 행사의 출발이었다.

그 후 신라의 정치·군사적 활동에는 이를 뒷받침하는 종교적 행사가 잇따랐으며[43] 따라서 안압지 조성(674: 문무왕 14)은 당군 축출기원과 삼국민의 융합(먼저 안승의 보덕왕 추대)을 위한 조치였다고 하였다.[44] 이어 매소성 승리(675)와 당군 격퇴 성공을 위한 부석사 창건(676: 의상의 건의)과 기벌포 승리(676)를 자축하는 사천왕사 조성(678)이 이룩되었다.[45] 이러한 일통삼한의 정신을 그 조성과정(3차: 법흥왕-진흥왕-경덕왕)에서 보여진 불국사 조성(751)으로 이어졌으며 이 절이 갖고 있는 3형태(법화경의 사바세계〈대웅전〉-아미타경의 극락세계〈극락전〉-화엄경의 연화장세계〈비로전〉-삼국인의 융합의미)[46]로 나타났으며 그 후 왕건은 후삼국통일을 새로운 일통3한의식으로 재정리하였다. 왕건은 신라가 9층 탑 조성으로 일통3한을 한 것처럼 개경 7층 탑(고구려-백제-신라-가

---

42 황룡사 9층 탑의 의미는 제1층은 일본, 제2층은 중화, 제3층은 오월, 제4층은 탁라(백제를 의미), 제5층은 응유, 제6층은 말갈, 제7층은 거란, 제8층은 여진, 제9층은 예맥(고구려를 의미)을 진압시킨다는 뜻이다.

43 이기백, 황룡사와 그 창건(『신라사상사연구』 일조각·1986) p.66

44 신형식 신라통일의 현대사적 의의(『신라사학보』 32, 2014) p.12
김정배, 통일신라문화의 역사적 의미와 우수성(『신라문화의 역사적 가치 재조명』 2014) p.15

45 김상현, 「불국사 연구」(한국불교연구원, 1986) p.22

46 장일규, 신라의 일통인식과 그 영향(『신라사학보』 32, 2014) p.111

야-발해-태봉-후백제)을 세우고 서경에 9층 탑(신라의 계승)을 세워 3한 일가를 이룩하였다는 것이다.[47]

이와 같이 고대사회에 있어서 유교와 불교는 단순한 종교가 아니라 국민에게 仁義와 禮(유교)를 바탕으로 하는 덕목(강상윤리)과 호국 사상 (불교)을 결합시켜 충효 사상을 불러일으켜 준 가르침이 된 것이다. 이 러한 사실은 1982년에 청주에서 발견된 雲泉洞寺蹟碑에서 보여준 民合 三韓而廣地라는 내용은 3한(3국)의 통일과 민족의 융합을 불교로 하여 금 유교를 포용한다는 의미를 나타내주고 있다.[48] 더구나 원효의 「화엄 경소」에 나타난 法界의 가르침에서 보여 준 화합의 자세나 「미륵상생경 종요」에 등장된 인간 평등의 교훈은 불교가 준 和諍(분열과 갈등을 포용 하는 화해의 길)의 가르침으로 민족융합의 기틀이 된다.[49]

◆ ◆ ◆
옷을 기울 때는 짧은 바늘이 필요하고 긴 창이 있어도 그것은 소용이
없다. (縫衣之時 短針爲要 雖有長戟 而無所用)
비를 피할 때는 작은 우산이 필요하고 온 하늘을 덮는 것이 있어도 소용
이 없다. (避雨之日 小蓋是用 普天雖覆 而無所救)
그러므로 작다고 가벼이 볼 것이 아니라 그 근성을 따라서는 크고 작
은 것이 다 보배다. (是故不可 以小爲輕 隨其根性 大小皆珍者也)

(미륵상생경종요)

---

47 김정숙, 청주운천동사적비(「역주 한국고대금석문」 한국고대사연구회, 1992) p.143

48 신형식, 원효와 의상은 우리에게 무엇을 가르쳤는가(「새로 밝힌 삼국시대의 역사적 진실」 우리역사연구재단, 2013) p.302

49 김상현, 화쟁사상(「역사로 읽는 원효」 고려원, 1994)

이와 같이 원효의 시는 파란만장의 삶을 통해서 터득한 인간의 평등성과 융합의 의미를 보여줌으로써 불교가 계급을 추월하는 국민적 화합의 필요성을 나타낸 것으로 그 의미는 민족통합의 바탕에 절대적이었다.

한편 유교의 역할도 단순히 학교(태학·국학)를 세워 국민(주로 귀족층)의 교양과 학문을 높여 준 사실보다는 유교 경전(논어·맹자·서경)을 통한 인간이 도리(仁義)를 통해 국가의식을 길러준 데 그 가치가 있다. 김유신의 동생인 흠순은 백제와의 마지막 전쟁에서 아들인 반굴(盤屈)에게

◆ ◆ ◆

신하된 자로서는 충성만 한 것이 없고 자식으로서는 효도만 한 것이 없다. 그러나 위급함(국가위기)을 보고 목숨을 바치면 충·효 두 가지를 모두 갖추게 된다. (「삼국사기」 권5, 무열왕 7년조)

라고 말하자 반굴이 알겠습니다 하고 적진에 들어가 힘껏 싸우다 죽은 사실은 결국 유교의 3강 5륜(인간의 도리)이 준 교훈인 것이다. 그러므로 「삼국사기」(열전)에 등장한 인물의 대부분은 나라를 위해 거룩한 죽음을 택한 충신이며, 열전의 마지막에 효녀(知恩), 열녀(薛氏女)를 등장시킨 것과 「삼국유사」의 마지막에도 효자(김대성·향득)·효녀(貧女養母)를 설명하고 있어 양자의 공통성을 알게 한다. 결국 불교와 유교가 같은 인간의 도리(綱常: 3강 5륜)와 국가의식(忠義)을 함께 한다는 사실을 보여주고 있다. 그러므로 유·불은 고대사회의 정치와 사회의 올바른 방향과 고대문화의 이룩한 정신적 지주였으며 후세국민에게 준 대표적인 교훈이었다.

② 삼국시대의 전개과정

어느 나라의 역사도 하늘에서 떨어지는 것이 아니라, 인간의 전개과
정과 같이 복잡한 과정을 거치면서 변화되기 때문에 Spengler의 순환사
관(소년-청년-장년-노년)이나 Toynbee가 제시한 발생(Genesis)-성장
(Growth)-쇠퇴(Breakdown)-해체(Disintegration)를 거친다는 것이다.[50]
이러한 과정을 신라사에 적용시키면 신라 건국(발생)-국가발전(법흥왕·
진흥왕-3국통일-통일신라의 전성)-국가쇠퇴(9세기의 혼란·호족세력 등장:
쇠퇴)-국가붕괴(고려투항)의 단계로 이어지고 있으며, 다른 나라도 이와
비슷한 과정을 볼 수 있다. 동시에 쇠퇴기 이후에 나타난 최치원 중심의
창조적 소수파는 혼의 분열(종교적 변화)에 따른 복고적인 변모를 넘어
새로 왕조 창조라는 초탈(Detachment)을 추구한 것이다.[51]

이와 같은 변화과정으로 삼국시대의 전개과정을 정리하면 1-3세기는
3국의 탄생기(건국과 성장)로 고구려는 건국 이후 수도 이전(유리왕 22년:
A.D.3)을 한 후에 태조왕(53-146)을 거쳐 국가적 발전을 시작한다. 백제
는 건국 이후 고이왕(234-286)의 국가체제정비(6좌평·율령 반포)가 이
룩되었으며 신라는 건국 이후 박씨·석씨가 왕위를 계승하면서 정치적
안정을 찾지 못하여 시련이 계속되었다.

다음의 4-6세기는 삼국이 국가적체제정비에 따른 전성기가 이룩되어

---

50 노명식, 토인비의 문명사관(『사관이란 무엇인가』 청람. 1983)
　 박성수, 토인비의 순환사관(『새로운 역사관』 심영사. 2005)
51 이재운, 「최치원 연구」(백산자료원, 1999)
　 장일규, 「최치원의 사회사상연구」(신성원, 2018)
　 신형식, 최치원과 Dante의 대결적 비교(『한국고대사의 새로운 이해』 주류성, 2001)

▷ 삼국시대의 전개과정 ◁

내용(세기)	삼국의 전개과정 – 왕·사건·인물	중국의 변화과정
B.C.1	삼국의 건국시기-박혁거세 고주몽·온조왕	진(B.C.246-240)
A.D.1	고구려의 성장-대무신왕·국내성 천도(유리왕) 호동	진시황(246-210)
2	고구려 발전 태조대왕 고국천왕	한┌전한(B.C.206-A.D.8)
3	백제의 발전(고이왕) 관구검의 고구려 침입	유방(206-195) └후한(25-220)
4	백제의 전성(근초고왕-고국원왕 피살) 내물왕(신라발전의 시작)	삼국시대(220-264)
5	고구려 전성 광개토왕 장수왕(평양 천도) 웅진 천도(백제의 약화) 문주왕·눌지왕	5호 16국(304-439) 남북조(420-581)
6	신라 전성[법흥왕·진흥왕]/무녕왕·성왕(사비 천도) /거칠부 이사부·사다함·우륵 김무력(금관가야 멸망)	수(581-619) 수양제(604-618)
7	선덕여왕·진덕여왕/통일 완성[무열왕, 문무왕, 신문왕] /의자왕·보장왕/김유신·을지문덕·계백·연개소문· 원효·의상	당(618-907) 당태종(626-649)

영토 확장과 충돌이 치열하게 전개된 시기였다. 고구려는 미천왕(300-331)의 국력신장(낙랑 축출), 소수림왕(371-384)의 불교수용과 율령공포를 거쳐 광개토왕(392-413)의 영토확장, 장수왕(413-491)의 백제 정벌로 전성기를 맞았다. 백제는 해외 진출을 추진한 근초고왕(346-375)의 전성기(고국원왕 살해)를 맞았으나 이에 대한 고구려의 도전이 시작되어 고구려의 침입(개로왕 피살: 475) 이후 웅진 천도 이후 무녕왕(501-523)과 성왕(523-554)의 중흥이 시도되었으나 신라와의 갈등으로 성왕이 폐사하여 국가적 위기가 시작되었다. 한편 신라는 내물왕(356-402)의 김씨 왕조가 본궤도에 오른 후 6세기에 이르러 법흥왕(514-540)의 국가체제 정비(불교현·국가체제 완비)과 진흥왕(540-576)의 전성기를 맞아 한강 하류 점령(신주: 553)한 후 북진을 추진하여 신라통일과정의 제1단계를 이룩하였다.

삼국시대의 마지막 시기인 7세기는 신라통일의 완성기로 고구려는 수·당의 침입을 저지하였으나 국력이 탕진되었고 연개소문의 독재로 국가적 혼란으로 이어졌으며, 백제는 신라와의 갈등과 의자왕의 실정이 계속되어 나당군의 침입으로 멸망하였고, 고구려도 붕괴되었다. 그러나 당나라의 영토적 야욕이 노골화되었으나 신라는 제·려 유민의 협조를 받아 나당전쟁(668-676)을 승리도 이끌어 통일을 완성하게 되었다.

③ 통일신라의 전개과정

통일신라는 고구려가 멸망한 문무왕(668)부터 경순왕이 왕건에게 투항(귀순)한 935년까지 267년간이지만 실제는 통일을 본격적으로 추진한 무열왕(654-661)부터 286년간을 말하기 때문에 세기별로 볼 때는 7세기 후반부터 10세기 초반까지 4세기에 걸치게 된다.

따라서 7세기는 통일추진과 완성기로서 무열왕 이후 문무왕(661-681)·신문왕(681-692) 때로써 통일에 따르면 정치·사회·외교의 정리기이다. 신라는 선덕여왕 11년(642)의 대야성 함락(도독·품석 피살) 이후 백제에 대한 보복으로 대백제전략이 강화되었고, 당시 고구려는 안시성 승리(645년: 선덕여왕 14) 이후 대당정책이 강화된 사실을 이용하여 신라는 친당정책을 적극화하게 되었다. 이어서 무열왕의 제·려 정복의 의사가 추진되었으며 이를 이은 문무왕(661-681)은 고구려정복(668) 이후 당나라영토야욕을 거부하고 당군을 한반도 북쪽으로 쫓아내었다. 이어서 신문왕(681-692)은 정치개혁(중앙·지방정치 제도·군사·토지제도 정비)으로 통일신라 전성기의 기초가 확립되었다.

8세기는 통일신라전성기로 당나라와의 친선관계가 이룩된 시기로 성덕왕(702-737)과 경덕왕(742-765) 그리고 혜공왕(675-785)으로 대표되는 중대사회의 절정기(전제왕권)이다. 특히 성덕왕은 고구려 멸망 후(당의 영토야욕)로 당과의 외교를 단절한 이후 35년만인 703년(성덕왕 2)에 정식외교 관계를 회복하여 나당친선(45회 조공사 파견)을 통해 문화교류와 절대왕권의 안정을 확립하였다.[52] 경덕왕 10년(751)의 불국사완성은 「삼국유사」(권5, 孝善)에 金大城이가 현생의 부모를 위해서 불국사(전생의 부모를 위해선 석굴암)를 세웠다고 되어있으나 이것을 불국토 세계의 3세계(파사 세계〈불국토의 법화경, 아미타 세계〈극락〉의 아미타경, 연화장 세계〈비로지나〉의 화엄경)를 의미하지만,[53] 그 내면에는 3국민의 융합의 의미를 나타내 준 것이다. 이러한 사실은 북진의 터(통일의 제1단계)를 닦은 진흥왕의 황룡사 조성(553)에서 시작되어 9층 탑 완성(645)을 거쳐 당군 축출을 위한 보다 철저한 노력으로서 안압지 완성(674)을 거쳐 부석사(676·매소성 전투 승리 기원) 사천왕사(678: 기벌포 승리 자축) 조성을 이어 불국사 완성(751)을 보게 되었다고 생각된다.[54]

그러나 8세기 말 金良相이 반란을 일으켜 혜공왕(765-786)을 죽이고 宣德王(780-785)의 등장으로 이른바 下代(내물계)가 시작되면서 신라는 큰 변화를 하게 된다. 특히 하대의 실질적인 왕통이 새워진 元聖王(金敬

---

52 김정배, 통일신라문화의 역사적 의미와 우수성(「신라문화의 역사적 가치 재조명」 2014)
김상현, 동국대신라문화연구소〈편〉 「불국사의 종합적 고찰」(1997) 「불국사연구」(1986)
53 신형식, 신라통일의 현대사적 의의(「신라사학보」 32, 2014) p.20
54 최영성, 고운최치원의 역사의식연구 (「한국사상사학」 11, 1998)
이재운, 「최치원 연구」(백산자료원, 1999)
신형식, 최치원의 역사관(「최치원 탐구」 주류성, 2001)

信, 김양상과 함께 혜공왕 피살시킴: 780-798) 이후 복잡한 왕위계승 싸움으로 신라는 혼란이 계속되었다. 그러므로 9세기의 신라는 원성왕의 두 아들(仁謙과 禮英) 간의 갈등에 거쳐 예영의 두 아들(憲貞과 均貞)의 대립으로 정치적 혼란이 이어졌으며, 마지막에는 3명의 박씨왕(53대 신덕왕부터 55대 경대왕까지 15년간〈912-927〉)이 등장하여 중대 126년간(654-780)에는 8왕이 존재했는데 하대 155년간(780-935)에는 20명의 왕이 계속되었다는 사실로도 알 수가 있다.

특히 진성여왕(887-897)의 시기에는 이미 후백제(892-936)가 등장하였고 이어 태봉(901-918)이 나타난 것도 하대의 분열과 혼란을 알게 한다. 무엇보다도 10세기 하대의 혼란은 이러한 중앙정치의 문제만이 아니라 지방호족의 등장과 골품제도의 동요에 따르면 숙위학생인 최치원(6두품 계층)을 중심으로 한 신흥 세력의 진출에 따른 사회적 변화(실력 위주의 풍조)와 사상적 변모(불교, 유교, 도참사상의 결합)는 새로운 사회건설(고려 건국)의 방향을 제시하게 되었다. 이러한 나말의 사회·사상적인 변화는 시대 전환기의 모습으로 커다란 의미가 있다. 다시 말하면 혼돈의 시대에 나타난 창조적 소수파(Creative minority)를 대표하는 최치원 등은 정치적 지도력을 잃은 다수파(Ruling majority)의 한계를 극복하면서 전시대의 단순한 변모(Transfiguration)를 떠나 새로운 사회로의 초탈(Detachment)인 새 왕조(고려)탄생의 바탕을 마련하였다.[55] 특히 왕조교체가 시작되는 정치·사회혼란기에는 무엇보다도 사상계의 변화와 신흥세력의 등장문제는 과거 전통사학 시대에 외면했던 사실로 고

---

55 신형식, 나말의 사회변동과 숙위학생의 역할(「신라통사」주류성, 2004)

려 건국기와 조선 건국기의 모습에서 분명히 보여주고 있다. 즉, 나말여초의 사상의 복합과 6두품계 숙위학생의 역할이나 여말선초의 주자학 수용과 신흥사대부의 활동이 이를 증명하고 있다.

끝으로 통일신라 사회의 모습에서 특기할 사항은 8세기 이후 정치·문화의 발달에 따라 신라인의 해외활동이 활발해진 사실이다. 그러므로 산동반도와 그 북방의 여러 곳(등주·연태·영성·적산)과 남부의 석도만 일대에 신라소와 신라관이 설치되었으며 특히 영성시 석도진(적산촌)에 법화원이 설치되어 이곳에서 신라인의 강의가 열렸다는 사실은 엔닌의 「입당구법 순례행기」에 나타나 있다. 특히 법화원에는 법당·강당·식당·창고 등이 있어 신라사신·유학생(숙위학생)·승려뿐 아니라 일본 사신까지 숙박을 할 정도였으며, 장보고의 활동은 해상개척이나 무역입국의 의미를 보여주고 있다.[56] 특히 중국 안휘성의 구화산에 남

법화원

지장보살 김교각상

■ 법화원은 장보고가 산동성 영성시 석도진(당시는 등주 적산촌)에 세운 사찰로 신라사신·유학생·일본사신의 숙박과 항로 안내를 한 곳이다. 김교각은 신문왕자(추정)로 구화산 일대에 들어와 새로운 농사기술을 현지에 남겨 그 후 화성사가 세워지고 지장보살로 김교각상이 보존되고 있다.

아있는 지장보살 김교각상과 혜초의 활동(왕오천축국전)에서 신라인의
해외활동의 모습을 보여주고 있다.

56 김문경, 「장보고 연구」(연경문화사, 1986)

　　최광식 외, (「해상왕 장보고」 청하, 2003)

　　신형식 외, 「중국 동남연해지역의 신라유적조사」(장보고기념 사업회, 2004)

　　_____, 「다시찾은 한국고대사 해외유적」(주류성, 2012)

[3] 중국 문헌에 나타난 삼국시대의 사회상은

우리나라는 지정학적으로 중국과는 끊을 수 없는 관계를 갖고 있었으므로 중국 측에서 우리를 동쪽 오랑캐(東夷)라고 기술하였지만, 예의가 바른 민족이었으므로 중국에서 무시 못 할 나라였으며, 그 기록 속에는 우리 문헌에 없는 내용이 많아서 참고가 된다. 우리나라의 역사 내용이 처음으로 나타난 문헌은 「사기」(권115, 조선열전)이다. 그러나 그 내용은 위만과 한4군 설치 등으로 삼국시대 이전의 사실이며, 다음의 「한서」(권95, 조선전65)에도 같은 내용이 소개되어 있다.

삼국시대의 기록은 「후한서」(권85, 동이열전75)에 처음으로 고구려가 소개되었고, 백제는 「송서」(권97, 동이전57)이며, 신라는 「양서」(권54, 열전48)이다. 그 외의 문헌에도 대부분 고구려를 중심으로 설명하고 있으며 3국이 혈통·풍속·사회상이 비슷하며 비록 오랑캐의 나라였지만 예의가 바른 나라로 기록되어있는 것은 큰 의미가 있다.[57]

❖ ❖ ❖

㉠ 동이는 거의가 토착민으로서 술 마시고 노래하며 춤추기를 좋아하고 머리(冠)에 고깔(弁)을 쓰고 비단옷을 입으며 그릇은 도마와 접시(俎豆)를 사용하여 중국이 예를 잃으면 4夷에게서 구했던 것이다.

　　　　　　　　　　　　　　　　　（「후한서」 권85, 동이열전 75）

㉡ 그들의 습속이 노래와 춤을 좋아하며 부락마다 남녀가 밤마다 떼지어 모여서 노래를 부르며 유희를 즐긴다. 그 나라 사람들은 깨끗한 것을 좋아하며 술을 잘 빚는다. 길을 걸을 때는 모두 달음박질을 하듯 빨리 간다.　　　　　　　　（「양서」 권48, 고구려）

㉢ 동이족은 오랑캐의 나라사람이지만 조두(俎豆: 음식을 담는 도마와 접시)를 쓰는 예절이 남아 있어 중국이 예를 잃으면 4夷에서 구한다.

　　　　　　　　　　　　　　　　　（「삼국지」 권30, 동이전）

㉣ 동이의 나라 중에서 조선이 제일 강대하였는데 기자의 교화를 입어 그 문물이 예악에 합당하다고 한다.　　（「양서」 권54, 열권48）

위의 기록 ㉠㉡에서 볼 때 당시 우리 민족(중국기록에는 東夷族)은 거의가 같은 토착민으로 음주·가무를 좋아하였고 복식과 식기(食器: 도마·접시)가 비슷하며 예절이 반듯한 성품을 가졌다고 하였다. 따라서 중국이 예를 잃으면(북방민족에게 지배받아) 4夷(동이·서융·남만·북적)에서 구했

---

57 「후한서」(동이열전)에 동방을 夷라고 부르는데 그 뜻은 뿌리(근본: 柢)란 것으로 어질고 생명을 좋아해서 만물이 땅에 뿌리박고 태어난다는 뜻이다. 이들은 천성이 유순하여 올바른 도리가 있어 다스리기가 쉽기 때문에 君子國 不死國 이라고 하여 우리 민족이 중국을 괴롭히는 북방민족(흉노·돌궐·선비·말갈·여진 만주족)과는 다르다는 것이다.

다고 하였으나 한족을 침략(또는 지배)한 민족은 동이(삼국)를 제외한 주로 북방민족(서융·북적)이었으므로 이때의 4夷는 우리 민족(당시 삼국)을 뜻하는 것이다. 기록㉱에서도 우리 민족은 예의 (음식과 제사)가 바른 나라로서 중국 측에서 인정하고 있었으며, 기록㉲는 기자를 내세우고 있지만, 예의(사회 도덕) 바른 민족임을 나타내고 있다.[58]

따라서 모든 기록이 ㉱와 같은 「후한서」 내용을 답습하고 있어 여기에 설명한 것도 고구려만 지칭한 것은 아니다. 다만 중국 측에서 볼 때 우리 민족이 단순히 놀기 좋아하고 음주·가무를 즐긴다고 되어 있지만, 그 내면에는 음주·가무가 단순히 유흥을 의미하는 것이 아니라 계급과 신분을 떠나 함께 즐기는 속에서 단합과 융합의 전통이 있었다는 사실을 알 수가 있다. 이러한 전통은 계속되는 중국의 침입으로부터 단합하여 나라를 지켜온 생존의 바탕으로 생각할 수 있다. 이와 같은 습속은 우리 민족의 대표적인 모습으로 현재까지 전승된 것으로 생각할 수도 있을 것이다.

고대에 있어서 중국은 삼국을 그들의 번속(藩屬)으로 생각하였지만, 태양(중국)과 뭇별(列星: 우리나라)의 관계로 보아 경계를 잊지 않은 것은 사실이다. 그러나 삼국을 仁義之國으로 생각하였으며 안시성 정벌에 패배하고 돌아가는 당태종에게 고구려 안시성주(성주 명칭은 없다, 그 후 「열하일기」에는 楊萬春이라고 기록)가 성 위에 올라와 절을 하고 하직하였

58 고병익, 중국정사열전(「동아교섭사연구」 1983)
　　전해종, 고대 중국인의 한국관(「진단학보」 46, 47, 1979)
　　윤용구, 3세기이전 중국사서에 나타난 한국고대사상(「한국고대사연구」 14, 1998)
　　신형식, 중국 문헌에 나타난 한국 고대사회상(「이화사학연구」 28, 2001)

다는 기록(「구당서」 권199〈상〉, 열전149, 고려)으로 보아 예절 바른 나라로 생각한 것은 사실이다.

중국이 삼국 중 가장 많은 기록을 남긴 나라는 고구려이다. 최초의 기록인 「후한서」(권85, 동이열전75)에 예의 바르고 깨끗한 것을 좋아하고 東盟(10월의 제천행사), 壻屋(결혼 후 신랑집에 살다가 자식 낳으면 본가로 귀가)을 소개하여 그 후의 기록에 바탕이 되었다. 다음의 「삼국지」(권30, 동이전30)에도 거의 같은 내용이나 桴京(집집마다 둔 창고)의 존재와 감옥이 없이 범죄자는 諸加회의에서 사형에 처하고 처자는 몰수한다고 되어 있으며, 결혼 후에 수의를 장만한다고 하였다.

그리고 「周書」(권49, 열전41, 이역〈상〉)에는 속임수가 많고 혼인에 재물을 받으면 계집종으로 팔아먹었다고 하여 부끄럽게 여긴다는 기록이 보인다. 또한 「南史」(권79, 열전69)도 같은 내용이며 「北史」(권94, 열전85)에는 朱蒙전설, 관구검침입(동천왕 18년: 244)과 수나라의 침입사건(패전) 내용이 소개되어 있으며 樂器의 내용(五絃·거문고〈琴箏〉·피리〈觱篥〉·통소〈簫〉·북〈鼓〉) 등을 설명하고 있다. 그러나 여기서 주목할 내용은 동이전(고구려)의 도피필률(桃皮觱篥)이 자기나라(「수서」 권15 음악지〈하〉) 음악설명에는 없으나 「수서」(본기)의 고구려(고려로 되어있다)음악에 비파·피리(笛)·통소(簫)·장구(腰鼓) 등에 이어 도피필률을 소개하고 있다.[59]

---

[59] 도피필률은 산복숭아 나뭇잎을 짤라서 부는 우리나라 최초의 전통악기로서 풀피리(관목·초적)으로 불러지고 있다. 풀피리는 산복숭아나무 외에도 귤나무·유자나무·벗나무 껍질을 잘라서 부는 악기로 「삼국사기」(권32, 잡지1: 악)에도 소개되어 있으며, 안악 3호분벽화에 나타나있는 250여 명의 행렬도에 기병·보병·군악대 속에 풀피리 악사가 등장하고 있다. 그 후 「동국이상국집」·「필원잡기」·「악학궤범」에 소개되어 있으며 「조선왕조실록」 중

중국과 고구려와의 관계는 치열한 전쟁 이후 신라와의 복잡한 관계로 「당서」(구·신)에 자세한 내용이 나타나 있다. 먼저 「구당서」(권199, 열전 149〈상〉)에는 고구려인의 주거지는 모두 초가집이지만 왕실·관청·사찰(佛寺)·신묘(제사당)는 기와를 쓴다고 되어 있다. 특히 고구려인의 습속은 서적을 좋아하며 거리마다 경당(扃堂)이라는 교육기관을 두고 독서(중국사적)와 훈련(활쏘기)을 익힌다고 하였으며 그리고 「신당서」(권220, 열전145)에는 고구려의 복식과 풍속의 소개가 있다.[60]

◆ ◆ ◆

지금 천하가 다 평정되었으나 오직 요동만 복종하지 않고 있다. 그의 후손이 군사(士馬)의 강성함을 믿고 신하들과 모의하여 싸움을 유도 하므로 전쟁은 바야흐로 시작되었다. 그러므로 짐이 친히 그를 쟁취 하여 걱정을 없애려 한다. (「신당서」 권220, 열전 145 〈고려〉)

라는 기록을 볼 때 안시성 패배에 대한 보복으로 신라의 요청(군사지원)을 받아들여 제·려 정벌 과정을 자세하게 설명하고 있다. 동시에 연개소문의 아들(男建·男産)의 활동과 고구려 부흥운동의 내용도 소개하고 있다.

에 「연산군일기」(권63, 12년 8월 23일)에는 왕이 직접 불었다고 되어있다. 이 음악은 우리 나라의 독자적인 시나위(죽은 혼을 즐겁게 해주는 음운을 밝히는 악곡)로 고려·조선시대 를 거쳐 왔으며 현재 「서울시 문화재」(제24호)로 보호되고 있다.
박찬범, 「한국풀피리에 대한 역사적 고증」(청우출판사, 2011)
신형식, 풀피리는 우리나라 최고의 민속음악이다(「새로 밝힌 삼국시대의 역사적 진실」 우 리 역사문화재단, 2013)
60 왕은 5색깔의 옷을입고 흰색의 모자를 쓰며 금테의 가죽띠를 두른다. 대신은 청색모자와 통소매와 통이 큰 바지에 노란 가죽신을 신는다. 고구려인들은 바둑·화살던지기(投壺)를 좋아하고 소·말 죽인자는 노예로 삼았으며, 혼인할 때 폐백을 쓰지 않는다고 하였다.

한편 백제는 「송서」에 처음 기록되어 있는데 최초로 遼西經略(통치한 곳은 진평군 진평현)한 사실과 416년(동진의 安帝 12: 진지왕 12)에 백제왕 책봉(鎭東大將軍) 기사가 실려있다. 이어 「남제서」(권58, 열전39)에도 같은 내용뿐이며, 「梁書」(권54, 열전48)에는 지방의 중심지(邑)를 담로(擔魯)라 하였다. 그리고 언어·복장은 고구려와 비슷하다고 간단히 소개하고 있다. 그리고 「魏書」(권100, 열전88)에도 민족계통이 고구려와 같이 부여라는 것과 그 외 내용은 앞선 문헌의 내용을 답습하고 있다.

백제에 대한 설명은 고구려에 비할 때 간단하였고 그 후 「南史」(권79, 열전69)에도 요서경략사실과 언어·복장·풍속은 고구려와 비슷하다고 되어있다. 그리고 「北史」(권94, 열전82)에는 비교적 내용소개가 길게 되어있다. 「남사」의 내용과 같이 16관등과 내관·지방제도의 설명 다음에 부인의 머리모습, 그리고 8대의 姓(沙·燕·解·眞·國·木·苗씨)외에 대외관계(晋·宋·齊·梁·隋)의 설명으로 되어있다. 「수서」(권81, 열전46)에도 의복·풍속·악기 등은 고구려와 비슷하다고 되어 있다. 「구당서」(권199, 열전149)에는 해동의 세 나라(고구려, 백제, 신라)가 각기 영토분쟁이 심하기 때문에 648년(정관22, 진덕여왕 2-보장왕 7-의자왕 8)에 백제 사신에게 삼국 간의 친선을 요구했다는 기록이 있으며, 백제정벌 과정과 부흥운동에 관한 내용이 길게 소개되어 있다. 마지막으로 「신당서」(권220, 열전145)에도 백제는 부여의 별종이라고 한 후에 6좌평과 16품계의 설명과 왕·군신·서민의 복식내용도 「구당서」의 기록을 그대로 설명하고 있다.

신라에 대한 소개는 삼국 중 가장 늦게 「양서」에 등장되어 언어와 물건 명칭은 중국과 비슷하며 예절은 고구려와 거의 같다는 짧은 내용뿐이다. 그다음의 「南史」에는 비로소 3국이 함께 등장하고 있는데 법흥왕 8년(521)에 양나라에 처음으로 사신을 파견한 사실과 신라인의 복식(모자·저고리·바지)을 짧게 설명한 것이 전부이다. 이어 「북사」에도 「양서」와 같이 신라의 선조는 辰韓이라고 하였으며, 신라의 17관등 설명 다음에 풍속·제도·복식은 고구려·백제와 비슷하다고 하였다. 특히 국가에 큰일이 있으면 뭇 관원들의 의논 끝에 결정한다고 하여 和白의 기원을 말하고 있으며 부인의 모습과 혼인의식을 설명하고 있다.[61]

그리고 「수서」에는 17관등을 설명하고 풍속·제도·의복은 고구려·백제와 같으며 정월 초하루에 왕은 연회를 베풀고 8월 보름에는 풍악을 베풀고 활쏘기를 한다고 하였다. 그리고 국가에 큰일이 있으면 「북사」와 같이 화백의 의미를 강조하고 있다. 그리고 「구당서」에도 그 내용은 「수서」와 같으며, 풍속·제도·복식도 차이가 없다. 다만 진평왕 이후 당나라의 관계가 좋아졌으며 제·려 정벌에 대한 내용과 통일 후 양국관계가 정상화된 후 빈번한 교류상을 구체적으로 설명하고 있다.

마지막으로 「신당서」에 비로소 和白이 만장일치라는 사실을 부각시키고 있다.[62] 이어서 재상은 노비가 3천 명이나 되고 소·말·돼지도 이에 맞먹는다고 귀족의 문제점을 지적하고 있다. 본서의 내용이 다른 문헌

---

61 부인은 변발하여 위로 감아올리고 여러 가지 비단과 구슬로 장식한다. 혼인음식에는 술과 음식뿐이고 신혼첫날 신부는 시부모에게 먼저 절하고 형님과 남편에게 절한다.

62 나라의 큰일이 있으면 부여·고구려에는 부족장회의(諸加會議)가 있었다. 그러나 이때의 합의는 최고 권력자들의 합의였으므로 國人의 합의가 아니었으며, 당시 권력자들의 합의였으므로 국인의 만장일치가 아니었고 기록은 만장일치라고 하였지만 내면에는 실권자들의 견해로 반대자는 제거하였기 때문에 외형적으로는 만장일치였으나 실제 내용은 달랐다고 할 수 있다. (신형식, 화백은 만장일치를 위한 민주적인 제도인가 「새로 밝힌 삼국시대의 역사적 진실」 우리 역사연구재단, 2013, pp.206~214)

과의 차이점은 시장에서 사고파는 사람은 부녀자이며 長人은 날로 동물을 먹는다(不火食)고 하였다. 선덕여왕 이후 적극적인 친당정책을 설명하였으나 제·려 멸망 이후 제·려의 영토를 차지한 사실과 빈번한 외교사절파견을 장황하게 기록하고 있다. 그러나 9세기 이후 신라사회의 혼란(왕위쟁탈전)과 장보고의 활동기록이 첨가되어있다.

이상에서 중국 문헌에 나타난 삼국사회상을 찾아보았다. 삼국은 혈통이 같으며 풍속·법률·사회상이 비슷하였으며, 천성이 유순하고 예의가 바르며 음주·가무를 즐기는 전통이 있다고 하였다. 이러한 음주·가무는 단순히 즐기는 놀이로 설명하고 있지만, 그 내면은 가무를 통해 단합과 융합으로 국가 유지의 바탕이 된 사실을 중국에서는 이해하지 못한 것으로 보인다. 이러한 노래의 발달에 따라 각종 악기가 나타났으며 중국 측에 없다는 도피필률과 같은 특수한 관악기가 있었으며 특히 흰색 옷과 부모에 대한 효도와 예의 바른 행사(간편한 혼사와 부모에 대한 상례)가 중국과 다르다는 것이다. 이러한 풍습과 바른 예의는 중국 측에서도 모범이 된다고 하여 우리나라(삼국시대)의 모습을 나타내고 있었다. 무엇보다도 초기 기록에는 고구려가 중심이었고 후기문헌에는 신라가 큰 비중을 차지하여 양국 간의 관계를 중시하고 있었다.

* 참고
중국 문헌의 내용

고구려를 처음 소개한 「후한서」에 고구려는 부여의 별종으로 초기에는 5부족이 있었고, 나중에 계루부가 왕위를 차지하였다고 되어있다. 한무제가 조선을 멸망시키고 고구려를 현도로 만들어 현도에 속하게 하였으며 풍속은 음란하며 밤에는 남녀가 떼 지어 노래 부른다고 하였다.

백제에 대해서는 「송서」에 역사이야기는 없고 요서를 경략하여 차지하고 晉平郡 진평현을 통치하였다는 내용의 간략한 기록이 시작이다. 최초로 등장된 「양서」에 신라는 진한의 종족으로 마한의 지배를 받던 나라로 백제를 따라 송나라에 방물을 바쳤다고 되어있다.

그 후 「삼국지」에도 고구려는 밤이 되면 남녀가 떼 지어 노래와 유희를 즐긴다고 하였으며 桴京(창고)과 東盟(제천행사), 제사(隧神)·제가회의·壻屋 등의 소개가 있다. 그 외 문헌도 이와 비슷한 내용으로 되어있으며 「수서」 이후 길게 설명하고 있다. 그러나 「수서」에 수양제가 고구려에 패전한 사실이 있을 뿐 을지문덕 이야기는 없다. 「구당서」에는 연개소문(蓋蘇文)의 폭정과 안시성 패전 후 班師(후퇴)에 하직하는 성주에게 비단 100필과 절의를 격려한 글을 보냈다고 하였다.

삼국의 사회에 대한 자세한 내용은 「구당서」(945년에 劉向 저술)와 「신당서」(歐陽修)에 기록되어있다. 「구당서」에 고구려 왕은 5색(청·황·적·백·흑)으로 된 옷에 흰 비단의 모자·흰 가죽의 띠(금으로 장식)를 두르고, 길가에 扃堂(독서와 활쏘기 훈련)의 소개가 있다. 안시성 패전 후 예절(패전하는 당나라 군대에게 절을 하며 하직)에 당태종이 선물(비단 백필)을 주고 격려했다. 백제설명에도 왕의 복식은 소매가 큰 자주색 도포·푸른 비단 바지에 새모양의 금화로 장식하고 흰 가죽 띠에 까만 가죽신을 신는다. 신라의 풍속과 의복은 려·제와 같으며, 8월 15일에는 풍악과 연회를 베풀며 군신의 활쏘기를 한다. 「신당서」 내용은 「구당서」와 비슷하며 고구려는 결혼식에 폐백을 쓰지 않으며 받는 자는 수치

강서대묘의 현무도

- 현무도는 우주의 질서(동·서·남·북)의 상징으로 사신도가 있다. 동(木-청룡)·서(金-백호)·남(火-주작)·북(水-현무)의 하나이다. 그 외 5행사상이 있는데 동(木-청룡)·중앙(土-황룡)·서(金-백호)·남(金-백호)·북(水-현무)의 뜻이다.

로 여긴다고 하였다. 특히 그 외 복식·풍속·법률·안시성싸움 등은 「구당서」의 내용과 같다. 신라의 경우는 和白이 만장일치라는 「수서」 내용과 같다. 시장에서 물건을 사고파는 것은 부녀들의 일이라고 하여 국내 기록에서 볼 수 없는 내용이 있다, 그리고 백제정벌 시 김유신 내용은 보이지 않는다.

이상에서 본 바와 같이 중국 문헌에서는 삼국시대(우리나라)는 東夷傳에 기록되었으며 삼국은 중국의 속국으로 되어있지만, 우리나라 민족은 음주·가무를 좋아하는 습성을 지니고 있지만, 예의와 인의가 있는 습성을 지니고 있다고 보았다. 따라서 중국이 북방가족에게 정복되었을 때는 삼국에서 예의를 배운다고 하여 동이족이지만 문화수준이 높은 민족임을 인정하고 있다.

[4] 삼국시대 천도가 보여 준 결과는

동서고금을 막론하고 한 나라의 수도(서울)는 그 국가의 상징이다. 중국의 西安은 중국 고대의 상징이었고, 北京은 명·청의 수도만이 아니라 오늘날 중국을 대표하는 도시이다. 동시에 서양의 Athens·Sparata·Rome가 지닌 의미나 현재 London·Paris·Berlin·Moseow는 각기 그 나라의 대명사인 동시에 그 국가의 縮圖이다. 따라서 외국 침략으로 수도가 상실되면서 그 나라의 멸망과 같은 의미여서 외족이 물러나면 다시 돌아오는 것이 원칙이다. 그러므로 수도는 함부로 옮기는 것이 아니다.

우리나라도 평양성·한성·경주는 삼국을 대변하는 도시였고 개경과 한양은 고려와 조선왕조를 상징하는 대명사였다. 그러므로 나라를 세운 시조는 반드시 수도를 정하는 동시에 다양한 시설을 갖추게 된다. 이러한 사실은 서양의 경우도 이와 비슷하여 Wittfogel이 수도가 지닌 궁궐·방어시설·분묘 등 다양한 건축물을 세웠다는 견해와도 일치하고 있으며[63] 고구려의 옛 수도(집안의 국내성)에 남아있는 수도시설에서도 알 수가 있다. 이러한 수도시설의 의미는 이성계가 서울 도성을 조성할 때 제1차(1396. 1.9~2.28)에 동원된 인원(경상, 전라, 강원과 동북면)이 당시 서울 인구를 초월한 사실로도 수도의 가치를 확인할 수가 있다.[64]

삼국시대의 천도사실에서 볼 때 고구려는 3차에 걸친 이동이 있었고 백제도 두 번이나 크게 바꾸었으나, 신라는 천 년간 서울을 옮긴 일이 없었다. 백제의 웅진 천도는(475)는 수도함락(개로왕의 피살)으로 불가피한 천도였지만, 고구려의 천도는 외족에게 수도가 정복된 것이 아니라 정치·군사적 필요성에서 이루어진 것이다. 국내성 천도(A.D.3)는 산정상(졸본성)의 지리적 한계를 극복한 것이며 평양 천도(427)는 남방진출(한반도 지배)을 위한 정치적 목적이었으나 장안성 천도(586)는 隋나라에 대항하려는 군사적 의미가 있었기 때문이다. 그러나 신라는 한때(689) 달구벌(대구) 이전계획이 있었으나 실현하지 않고 경주를 끝까지 지키면서 그 보완책으로 5소경제로 토착세력이나 제·려민의 반발을 극복하였다. 결국 수도 이전은 신·구 수도민의 반발과 새로운 수도건설에 따른 정치적 경제적 시련으로 멸망의 단초가 된다는 사실이다.[65]

고구려(주몽)가 처음 나라를 세운 곳은 높은 桓仁의 산꼭대기인 800m

---

63 이러한 건축물로서 거대한 방어시설(Huge Defense Structurel), 수도중심의 도로망(Royal Roads), 거대한 궁궐(Colossal Palaces), 화려한 분묘와 사당(Splendid Tombs and Temples) 등을 예로 들고 있다(Wittfogel, Oriental Despotism, Yale univ. press, 1957, pp.34~40)

64 이원명, 조선시대 서울한양도성과 4소문(서울문화, 14.15, 2011)

65 신형식, 역사 속에서 본 천도(「향토서울」65. 2005) p.175

66 차용걸, 고구려 전기의 도성(「국사관논총」48, 1993)
여호규, 환인 하고성자성(「고구려성」Ⅰ, 국방군사연구소, 1998) p.147

가 넘은 卒本城(홀승골성·오녀산
성)이었다. 주몽일파는 부여에서
이탈하여 급하게 나라를 세웠으
므로 이러한 산악도성은 외적 방
어에는 도움이 되었으나 백성들
통치에는 어려움이 커서 나라가
건국된 지 20년 만(B.C.17: 유리왕
3년)에 평지인 下古城子城을 평지
성으로 삼아서 그 위치나 성격에
약간의 문제는 있으나 이른바 都
城體制(산성과 평지성)를 갖추기
시작하였다.[66]

　그러나 고구려의 국가적 발전
에 맞는 지리적 위치로 보아 유리
왕 22년(A.D.3)에 서울을 國內城
(집안)으로 옮겼다. 이곳은 산수
가 험하고 5곡이 풍부한 압록강
유역의 유리한 환경으로 평지성
으로 국내성, 그리고 북방(2.5km)
의 환도산성(산성자산성)을 산성
으로 도성체제를 갖추어 고구려
국가발전의 바탕이 이룩되어 북
방의 강자로 군림할 수 있었다.

오녀산성과 왕궁지

■ 고구려의 첫 서울인 오녀산성(요녕성
환인현: 졸본성)은 혼강 유역의 환인땜서
쪽(오녀산: 820m)에 위치하고 있다. 4방
이 절벽이며 동쪽에 저수지(환인)가 있다.
산 정상에 소천지가 있으며 왕궁지가 발
견되었다.

하고성자성

■ 하고성자성은 오녀산성 서남쪽 10km
지점(하고성자촌)에 위치한 4각형의 평
지성(동 226m·서 170m·북 237m·남
210m)으로 되어있었으나 현재는 거의 파
괴되었다.

국내성

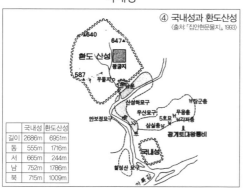

■ 국내성(둘레 2,688m)은 현재 집안시 서남쪽에 위치하여 남쪽에는 압록강, 북쪽에는 통구하가 있으며 이 강을 건너서 (2.5km) 북쪽으로 환도산성(둘레 6,951m)이 있다. 환도산성 650m전후의 6개 산봉을 연결한 산성으로 전형적인 도성체제(평지인 국내성과 산성인 환도산성)를 이루고 있다. 이러한 도성체제는 장안성시대에는 소멸되었다.

▷ 고구려의 수도 이전 과정 ◁

수도명	위치	존속시기	기간	특징
졸본성	환인	건국(B.C.37)–A.D.3: 유리왕 22년	40년	졸본성(오녀산성)·하고성자성(외)
국내성	집안	A.D.3–427 (장수왕 15년)	424년	국내성(내)·환도산성(외)
평양성	평양	427–586 (평원왕 28년)	159년	안학궁(내)·대성산성(외)
장안성	평양	586–668 (보장왕 27년)	82년	북성·내성·중성·외성

이와 같은 뚜렷한 수도보위가 가능하여 고구려는 태조왕(53-146)을 거쳐 소수림왕(371-384)을 지나 광개토왕(391-413)의 전성기를 맞을 수 있었다.

그러나 5세기 이후 중국의 분열기(5호 16국〈316-439〉·남북조〈420-581〉)로 그 군사적 위협이 약화되자 장수왕(413-491)은 북위(386-534)와의 친선으로 북방의 침략이 없어지자 백제정벌(고국원왕 피살〈371〉의 보복)과 한반도 지배를 위해 평양 천도(장수왕 15년: 427)를 단행하였다. 이를 바탕으로 고구려는 백제를 정벌(개로왕 피살: 장수왕 63년-자비왕 18년)하여 남진으로 충주지역을 차지하여 국원성(國原城)을 두고 중원고구

평양성(427-586)

장안성(586-668)

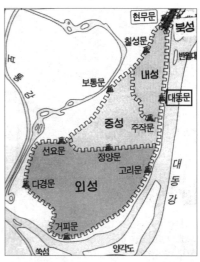

■ 고구려 서울의 특징은 도성체제(평지성과 산성)로서 평양성은 평지성으로서 안학궁 (2,488m), 산성으로서 대성산성(7,076m)으로 구성되어있다. 안학궁은 북궁·중궁·서궁·남궁으로 되어있으며 6개의 성문(동문·북문·서문·남문·남서문)이 있고 대성산성에는 19개의 성문이 있었다. 장안성(11.85km²)은 도성체제가 아니고 평양성 동편에 대동강과 보통강사이에 5개의 성(내성·중성·외성·북성)으로 구성된 수도방어성이다. 최북방의 북성은 내성(왕궁)보호구역이고 중성은 주요관청이 있고 외성은 관리·상인·일반인의 거주지역이며 대동문과 현무문이 대표적인 성문이다.

대동문

현무문

■ 장안성은 4성으로 구성되어있으며, 12개 성문이 있다. 내성의 대동문은 현재 북한의 국보 1호이며 가장 북쪽에는 현무문이 있다. 평양성은 남쪽에 안학궁(왕궁—북궁·중궁·서궁·남궁)이 있으며, 북쪽의 대성산성 국사봉(북)·주성봉(서)·소문봉(남)·을지봉(동)이 있었다.

려비를 세웠다.[67] 평양성 천도 후 수나라(581-604)가 등장하여 고구려는 이에 대한 대응으로 장안성 천도(평원왕 28년·진평왕 8년-586)를 단행하였다. 장안성 천도는 기존의 도성체제가 아니라 기존의 평양성 서쪽으로 대동강과 보통강을 낀 통합된 성곽으로 북성-내성-중성-외성으로 구성되어있다.[68] 그러나 장안성 시대(586-668)는 수·당나라의 계속된 침략으로 국가적 시련이 계속되었고 귀족 간의 갈등이 심해져 고구려 멸망의 계기가 되었다. 결국 반도 국가로서 수도의 남천은 국가붕괴의 단초가 되었음으로 신라의 북방역사가 지닌 의미를 알 수가 있다.

이러한 사실은 물론 고구려의 위협 속에서 불안을 느낀 백제의 입장에서 볼 때 과장은 있지만 평양 천도 후에 개로왕이 북위에 보낸 국서에

◆◆◆

장수왕(璉)의 죄(평양 천도)로 나라는 온통 魚肉이 되었고 대신들과 호족들의 살육이 끝이 없어 죄악이 가득 찼으며 백성들이 이리저리 흩어지고 있다. 이는 멸망의 시기이며 손을 쓸(假手) 때입니다. (「위서」 권100, 열권88 백제)

라고 한 사실은 고구려에 대한 불만에서 나온 것이라 해도 수도 이전에 따른 정치·사회적 문제는 어느 시대나 같은 것으로 보인다.

백제의 천도과정은 475년(문주왕 1: 장수왕 63)에 수도가 함락되자 문

---

67 변태섭, 중원고구려비의 발견조사와 연구전망(「사학지」 13, 1979)
　　신형식, 중원고구려비에 대한 일고찰(상동)
　　고구려연구회〈편〉 「중원고구려비 신조명」(2000)
68 신형식, 만주의 고구려산성(「고구려 산성과 해양방어체제」 백산자료원, 1999)

주왕은 웅진 천도를 단행하였으나 귀족 간의 갈등이 계속된 후 점차 정치가 안정되어갔다. 그러나 려·라의 군사위협이 계속되어 성왕(523-554)은 새로운 왕권 강화를 위해 토착세력(沙氏·燕氏)과의 연합으로 사비 천도(538-부여: 성왕 16, 안원왕 8, 법흥왕 25년)를 단행하여 국력회복에 노력하였다. 이에 따라 전후 수도 지역민의 세력 갈등과 신라와의 충돌로 성왕은 진흥왕에게 패사(554)함으로써 백제의 부흥은 실패되고 말았다. 여기에 고대국가시대에 천도가 갖고 있는 문제로서 천도 전후의 정치 갈등과 신·구세력 갈등은 제·려 양국에서 보여진 문제점이 되고 있다.

위에서 우리는 수도 이전에 따르면 신·구세력의 갈등과 신수도 건설에 따르면 정치적 어려움(백성들의 고통)은 불가피했다는 사실이다. 수도 이전의 불가피성은 백제의 경우에서 볼 때 어쩔 수 없는 사실이지만, 고구려의 경우는 물론 통일(한반도 지배)을 위한 남진수단이거나 왕권 강화와 농경지 확대 또는 서해의 제해권 확보를 위한 정치행위는 분명하다.[69] 그러나 평양 천도는 결국 요동지역 포기에 따른 북방영토(만주) 상실의 단초가 되었고, 수·당의 침입 구실을 제공한 결과가 되었으며 길게는 고구려 멸망의 빌미를 가져온 것이 사실이다.[70]

백제의 경우도 웅진 천도로 한강 유역(하류)을 포기함으로써 고구려 남하저지의 기회를 잃었으며 신라의 북진을 가능케 하였으므로 茶山이 백제 멸망의 원인을 한성포기로 본 이후 이병도가 지적한 '한강 유역

---

69 서영대, 고구려 평양 천도의 동기(『한국문화』 2, 1981)
　　윤명철, 장수왕의 남진정책과 동아지중해의 역학관계(『고구려의 남진경영사연구』 1995)
70 신형식, 역사속에서 본 천도 고대서를 중심으로 (『향토서울』 65, 2005)

포기는 국가 쇠약과 패멸(국가의 흥망성쇠)과 직결된다'는 견해는 큰 의미가 있다.[71] 이에 대해 신라는 끝까지 수도(경주)를 지켰으며 그에 따른 국가적·지역적 차별은 5소경으로 보완함으로써 3국 간의 국민적 통합과 수도 이전에 따른 지역적 갈등을 초래하지 않은 사실이 신라장수의 비결인 것이다. 그러므로 신라는 한강 유역(신주)확보를 계기로 북진과 통일의 첫 단계를 마련할 수 있었다. 그러므로 현재 남북의 분단기에 있어서 한강 유역은 '저울대의 축'으로 남북 간의 융합과 통일의 바탕을 이룩할 수 있는 역사적 바탕을 이룩한 신라와 고려와 같이 한국의 위상은 그 의미를 확보한 사실을 잊어서는 안 될 것이다.

이와 같이 수도는 국가의 중심지로서 당시 사회의 정치·문화 중심지가 되었다. 특히 조선왕조 이후 태조 3년(1394)에 한양(서울)으로 서울을 옮기고 종묘·사직·궁전·4대문·4소문등 수도시설을 마련하였다. 4대문은 동대문(흥인지문)·서대문(돈의문)·남대문(숭례문)·북대문(숙정문)을 지었는데 현재는 동대문과 남대문만 남아있다. 4소문은 홍화문(동북)·광희문(동남)·소덕문(서남)·창의문(서북)을 말한다.

---

71 이병도 「두계잡필」(1956) p.52

[5] 골품제도가 지닌 문제점은

　골품제도는 신라시대의 신분제도로 신라사회를 상징하는 대명사로서 신라인의 정치·사회(생활규정·혼인·의복·가옥규모)·문화전반의 규범을 결정하는 제도이다. 따라서 골품제도는 신라가 국가적인 성장과정에 따라 지배계급이 형성되면서 그들의 지배체제가 확립된 6세기 초 법흥왕의 율령제정(520)으로 그 기준이 마련되었다고 보인다. 고대국가인 신라가 철저한 신분사회로서 지배층 위주의 정치가 유지되었지만 지나친 진골위주의 계급질서의식은 대부분의 하위층 귀족이나 백성들(일반인)의 불만으로 확대되었으며, 특히 9세기 이후 숙위학생으로 대표되는 6두품세력의 반발로 신라 멸망과 함께 소멸되었다.

　이러한 엄격한 신분제도인 골품제는 일반인에게는 너무나 큰 차별을 갖게 하였으므로 7세기 중국(당)으로 망명하여 당태종의 고구려침입에 참여한 설계두(薛罽頭)가 남긴 다음과 같은 글에서

◆ ◆ ◆

신라에서는 사람을 등용하는데 골품을 따지기 때문에 진실로 그 족속
이 아니면, 비록 큰 재주와 뛰어난 공이 있어도 그 한계를 넘을 수가
없다. 나는 원컨대 서쪽 중국(당)으로 가서 특별한 지략을 드날려 커
다란 공을 세워 스스로의 힘으로 영광스런 관직에 올라 의관을 차려
입고 칼을 차고 천자의 측근에 출입하면 만족하겠다. (「삼국사기」 권
47, 열권7 설계두)

와 같이 지나친 계급차별에 고생하던 설계두는 스스로 본국을 떠나 고
구려 정벌전쟁(645)에 참여한 것을 볼 때 일반인들(하급귀족 포함)의 불
만이 얼마나 심각하였는가를 이해할 수 있다. 결국 이러한 제도는 신
라시대에 있어서 신분제의 차별(중앙귀족의 우위성)을 실제로 보여 준
기록으로 본다. 따라서 골품제도는 신라사가 지닌 가장 큰 문제점의
하나였다.

　골품제도는 왕족을 대상으로 한 骨制(성골·진골)와 일반 귀족을 위한
頭品制(6·5·4두품)을 기반으로 신라의 국가 성장 과정에서 그 바탕을
이루어졌으며[72], 일반 백성들(3·2·1두품으로 이해)은 구분이 없이 관등

---

72 골제는 박·석·김의 3성 집단으로 지배족으로 골족이 구성되었고, 두품제는 복속부족장
　세력의 후손으로 골족 지배체제편입되었다는 연구 성과가 있다.(신동하, 신라골품제의 형
　성과정 「한국사론」 5, 1979)

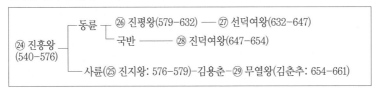

②④ 진흥왕　　　── 동륜 ── ㉖ 진평왕(579~632) ── ㉗ 선덕여왕(632~647)
(540~576)　　　　　　　└ 국반 ──── ㉘ 진덕여왕(647~654)
　　　　　　　└ 사륜 ㉕ 진지왕: 576~579)-김용춘-㉙ 무열왕(김춘추: 654~661)

진출이 불가능하였다, 왕족인
성골은 김씨왕족 중에 왕이 될
수 있는 최고의 신분으로 내물
계의 마지막 직계왕인 진덕여
왕(647-654: 上代)을 끝으로 없
어졌다. 이에 대해서 진골은 성
골이 소멸되면서 무열왕(김춘
추: 654-661)부터 무열계로 왕
위를 이어 혜공왕(765-785: 中
代)까지 이어졌다가[73] 선덕왕
(780-785)부터 下代는 다시 내
물계로 왕위가 바꾸었다(실제
는 원성왕 이후). 다만 53대 신
덕왕(912-917)과 54대(경명왕:

▷ 각 신분의 관직과 색복 ◁

골품				복색	관등
진골	6두품	5두품	4두품		
				자색	1. 이벌찬
					2. 이찬
					3. 잡찬
					4. 파진찬
					5. 대아찬
				비색	6. 아찬
					7. 일길찬
					8. 사찬
					9. 급벌찬
				청색	10. 대내마
					11. 나마
				황색	12. 대사
					13. 사지
					14. 길사
					15. 대오
					16. 소오
					17. 조위

917-924)·55대 경애왕(924-927)의 3대는 다시 박씨왕통이 계승되었
다. 마지막인 경순왕(김부)은 견훤의 추대로 왕위에 올랐다. 그러나 견
훤이 자신이 신라왕을 처형하고도 왕위를 양보한 사실에 대해서 견훤이

---

[73] 김춘추(무열왕)로부터 무열계로 규정하지만 실제로 무열왕은 내물계인 진흥왕의 차남인
舍輪(진지왕)의 손자이기 때문에 크게는 내물왕계이다. 다만 내물왕계의 적통(장남계)인
진흥왕의 장남인 銅輪이 일찍 죽었으므로 그 장남(白淨: 뒤에 진평왕)이 어려서 차남이
진지왕이 되었으나 그도 4년 만에 죽었기 때문에 장남(진평왕)이 왕위를 회복하였으며,
그도 아들이 없어서 맏딸(德曼)이 선덕여왕이 되었는데 6년 만에 왕이 죽자 역시 아들이
없어서 진평왕의 동생(國飯)의 딸(선덕여왕의 4촌 동생)인 승만(勝曼)이 진덕여왕이 되었
으나 역시 아들이 없었다. 그러나 당시의 실권자인 김춘추는 김유신의 도움을 받아 왕위
를 계승하였다.

김씨왕족과의 합의(동조)로 가능했다는 견해도 있다.[74]

이러한 골품제도의 신분체제가 갖고있는 한계에 부딪힌 결과 각 신분(진골 이하)의 상한선에 중위제(重位制)가 나타났다. 각 신분은 하한선은 없지만, 진골출신은 [표]에서 보는 바와 같이 대아천(5위) 이상 진출할 수 있으나, 6두품은 6위(아찬)·5두품은 10위(대나마), 4두품은 12위(대사)까지 진급할 수가 있었다.

따라서 6두품은 4중아찬, 5두품은 9중나마까지 진출할 수 있는 보완 관등을 마련하여 그들의 불만을 완화시키기도 하였다. 진골계층은 많은 관직이 있어 그 해소책이 마련되었지만, 선덕여왕 이후 왕위 등장과 국내외정치, 그리고 군사 활동(통일전쟁)에 주도적인 역할을 한 김유신의 경우 김춘추의 딸(智照)을 부인으로 맞았으며 최고 관등인 어벌찬(角干)에서 태대각간을 수여받았다. 더구나 혜공왕 6년(770)에 김유신계는 김융의 난에 가담까지 하였으나 그 후 신원이 회복되어 김유신을 흥무대왕이라고까지 일컬었다.

골품제도에서 가장 문제가 된 것은 각 신분 간의 의복의 색깔(色服), 수레의 제목(車材), 사용하는 그릇(器用), 집의 크기(屋舍)를 달리했다는 사실이다. 우선 각 신분의 모자(幞頭)·겉옷(表衣)·등걸이(半臂)·바지(袴)·목도리(裱)·허리띠(腰帶)·신발(靴)·버선(襪)·속옷(內衣)까지 신분(6·5·4두품)의 남녀규정이 정해져 있어 외형적으로 노출되었으므로 계급의 차이가 지나치게 나타나 있어 국민 간의 갈등이 심각한 것은 사실이다. 결국 중앙의 장관(令) 이상이나 도지사(都督), 5소경장(仕臣) 등 고

---

74 신호철, 신라의 멸망과 견훤(「충북사학」 2, 1989)

143

위관직은 진골만이 될 수 있었으며 6두품이 될 수 있는 최고 관직은 중앙관서의 차관(侍郞), 지방관서의 부지사(州助)와 군태수 뿐이며 5·4두품은 최하위직만 될 수 있었다.

여기서 9세기 이후 신라사회의 혼란이 심각해지자 중국(당)에서 유학을 마친 숙위학생들은 거의가 6두품이어서 이에 대한 반론과 저항이 시작된 것이다.[75] 이러한 숙위학생을 대표하는 최치원(857-?)은 12세(868-경문왕 8)에 입당하여 18세에 빈공과(賓貢科: 해외유학생들이 보는 과거)에 합격 溧水縣(강소성 강녕현)의 縣尉(종9품)에 임명되었고 19세 때 (875) 황소의 난이 일어나자 고변(高騈) 휘하에서 「격황소서」를 쓴 이후 29세 때(885: 현강왕 11) 귀국하였다. 그러나 그는 6두품 신분이었으므로 태산군(전북 정읍시와 부성군(충남 서산시)의 太守(6위: 아찬)로 임명된 후 많은 저술을 쓴 뒤 38세 때(894)에 진성여왕에게 「시무 10여조」를 바쳤으며 42세 때(898) 가야산에 들어가(여러 사찰 방문) 더 많은 저술활동을 하였으나 그 후의 행적을 알 수가 없다.

다만 그는 당나라에서 황소 난을 직접 겪으면서 「격황소서」에서 왕권 강화(안정)의 필요성을 강소하면서 강상(綱常)의 도리(3강 5륜)의 중요성과 국가의 안정을 부각시킨 것을 보면 신라말의 정치·사회적 혼란에 대한 비판의 자세가 분명한 것으로 보인다. 무엇보다도 신라왕권의 추락과 사회혼란 극복을 위한 인사행정의 혁신, 지나친 계급사회의 극복, 3교의 통합에 의한 왕도정치구현을 통해 당 나말의 시대전환기(A time of trouble-Interegnum)에 있어서 다수의 지배계층(Ruling mejority)에 대

---

75 신형식, 숙위학생의 수학과 활동(「통일신라사」, 심지원, 1998)
  이기동, 신라하대 빈공급제자 (「전해종박사 회갑논총」, 1998)

항해서 소수의 창조적 지적 집단(Creative minority)인 숙위학생들은 중세 말의 Dante가 지향한 단순한 변모(Transfiguration)를 벗어나 초탈(Detachment)과 같이 고려 건국의 방향을 제시한 것이다.[76] 따라서 「보한집」(권1. 성종 15년 8월조)에 보이는 鷄林黃葉(신라 멸망) 鵠嶺靑松(고려 건국)의 최치원 견해는 신라사회를 벗어나 새로운 사회건설(고려)의 방향을 제시한 주인공임을 보여준 내용이 된다. 이러한 사실은 골품제도의 극복으로 새로운 정치변화(왕권 강화·중앙집권체제 수립)를 추구한 새 왕조건설에 따르면 사회변화의 필요성(災爲福始 小往大來, 「계원필경」 권7)을 제시한 것이다.

결국 골품제도는 신라의 신분사회조직을 상징하는 제도로 신라사회의 발전과 번영에 기여하였겠지만, 그것이 지닌 문제점(한계)으로 신라 멸망의 한 바탕이 된 것도 사실이다. 신라는 골품제도로 발전되었으나 그것이 도리어 멸망의 큰 계기를 이룩한 명암의 조직체라고 하겠다. 이와 같이 골품제도가 보여준 정치·사회적인 성격은 한국 고대사회가 지닌 한계로 그 성격을 보여준 결과가 되었다. 따라서 신라 멸망과 함께 골품제는 없어졌지만 그 후(고려, 조선)에도 엄격한 신분제도는 계속되어 정치·사회적 문제로 부각되었다.

---

76 이재운, 고운의 생애와 정치활동 「최치원 연구」 pp.36~39)

신형식, 고려 건국이념을 제시한 최치원(「신라통사」 주류성, 2004) pp.598~602

_____, 최치원과 Dante의 대결적 비교(「한국고대사의 새로운 이해」 주류성, 2009) pp.548~552

김세윤, 신라하대의 도당유학생에 대하여(「한국사 연구」 37, 1982)

장일규, 「최치원의 사회사상 연구」(신서원, 2008)

[6] 「삼국사기」에서 잘못된 기록은

「삼국사기」는 현존 우리나라의 최고문헌(1145년 편찬)으로 삼국시대
사실을 처음으로 기록한 책으로 그 존재가치는 절대적이다. 다만 서술방
법이 중국 문헌에서 비롯된 紀傳體로 되어있으나, 중국 문헌은 열전 위
주로 되어있지만, 「삼국사기」는 중국 문헌에서 보여주는 황제의 역사인
본기중심으로 되어 우리나라 정치사건(왕의 활동)에 치중한 것은 큰 의
미가 있다.[77] 따라서 이 책이 없었다면 우리나라 고대의 정치·사회·문
화상을 알 수가 없었기 때문에 그 후의 모든 문헌이 비판 없이 「삼국사
기」 내용(잡지)에서 정치제도(관직내용), 사회상(복식·수레·그릇·가옥)이
나 인물상(열전)이 거의가 비판 없이 계승하고 있어 문제가 크다.

　　그러나 각 왕조의 존속기간을 생각할 때 신라(12권-992년: B.C.57-

77 신형식, 삼국사기의 성격(「삼국사기의 종합적 연구」 경인문화사, 2011) p.689

935)와 고구려(10권-705년: B.C.37-668)를 비교해보면 본기내용이 신라위주가 아니었다는 사실을 알 수 있다. 이러한 본기의 기록은 왕의 위상부각으로 「삼국사기」 편찬 당시 금(여진: 1113-1234)의 군사적 위협에 대응하는데 필요한 왕권 강화를 위한 의도라고 생각된다.

「삼국사기」 내용에서 가장 먼저 문제점(오류)으로 지적할 사실은 포석정이 오락시설이었다는 기록이다. 다음에는 태조왕(53-146)과 그 전후 왕(차대왕·신대왕)의 년령기록 문제이며, 끝으로 박제상이 「삼국유사」에는 김제상으로 되어있는 문제이다.

안압지와 포석정

■ 포석정은 그 규모나 모습에서 볼 때 유흥장이 될 수 없다. 신라의 공식적인 유흥장으로서 임해전(안압지)은 효소왕 6년(697)에 왕이 신하들과 잔치를 베풀었으며 경순왕 5년(931)에 경주를 방문한 왕건 일파를 임해전에서 잔치를 베풀었다는 사실에서도 알 수 있다. 이러한 포석정이 유흥장이었다라는 기록은 「삼국사기」·「삼국유사」 이후 「동국통감」·「동사강목」 등에서도 이 사실을 그대로 인정하여 문제가 있었다.

「삼국사기」(권12, 경애왕 4년)에 왕이 그해 11월에 포석정에서 잔치를 베풀다가 피살되었으며, 이러한 포석정 환락은 신라 멸망의 큰 계기(원인)가 되었다는 것이 「삼국사기」 내용의 골자이다. 이러한 포석정오락의 사실은 「삼국유사」(권2, 김부대왕-王與妃嬪宗戚 遊鮑石亭宴娛)를 이어 「동국통감」(권12, 王與夫人嬪御宗戚出遊 鮑石亭置酒娛樂)과 「동사강목」(권5〈下〉冬十一月 奄入王都 時王與妃嬪宗戚 出遊鮑石亭)으로 이어졌다. 이러한 내용은 그 후에도 변하지 않고 그대로 계속되어 장도빈(「국사강의」 1952, p.509)을 거쳐 이병도(「한국사대관」 1964, p.153)에 이르기까지 포석정은 신라왕실의 유흥터로 결국 신라패망의 비운을 보여준 장소로 설명되어 왔다.

그러나 현재 남아있는 모습과 작은 규모로 보아 이곳에서 왕의 측근 들이 잔치를 베풀 수 없으며 그것이 유흥장소가 될 수 없다는 사실이 밝혀진 현실에서 우리는 포석정이 지닌 의미를 재조명할 필요가 있다.[78] 무엇보다도 견훤의 군사적 침입을 알고 왕권에게 군사요청을 한 경애왕 이 물놀이(유상곡수)를 할 수 없는 추운 겨울(음력 11월)에 측근(왕비·후 궁·친척·공경대부의 부부)을 데리고 연회(宴會)를 베풀었다는 기록을 믿을 수 있을까? 전통사회에서는 왕족(고관 포함)은 술잔을 돌리면서 술을 먹고 돌아가면서 시를 쓰고 노는 유상곡수(流觴曲水)의 풍속이 있었다. 현재 수로 길이가 22m(깊이 30m)의 크기로 돌아가면서 한잔하고 시를 쓸 수 없는 유적이어서 공식 놀이터가 있기 때문에 포석정이 놀이터가 될 수 없어 제천장소가 분명하다.

당시에 국가적 공식 연회장(안압지의 임해전)이 엄연히 따로 있었기 때 문에 국가의 안전을 비는 제단 또는 종교행사〈팔관회〉를 개최하는 성지 이었기 때문에 경애왕은 견훤의 침략을 막아달라는 기원의 행사라고 한 이종욱의 견해가 옳다고 봐야 할 것이다. 따라서 필자도 포석정은 국가 의 안녕과 태평을 기원하는 종교적 성지였지만, 고려의 입장으로는 신라

---

78 강동구, 포석정은 제천사지였다(「신라멸망과 마의태자의 광복운동」 신라사연구소, 1999) p.6
　　이종욱, 포석사(「화랑세기로 본 신라인의 이야기」 김영사, 2000) pp.340~342
　　이종호, 포석정(「과학삼국유사」 동아시아, 2011) pp.41~56

말의 정치적 혼란을 부각시켜 새 왕조 건설의 당위성을 부각시키고 국가적 위기에 대처를 못 한 경애왕에 대한 부정적 입장을 나타내기 위한 조치로 포석정 유흥을 내세웠다고 하겠다.[79]

다음으로 생각해 볼 기록은 고구려의 태조대왕(53-146)과 그를 계승한 두 동생인 차대왕과 신대왕의 연령과 재

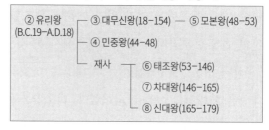

▷ 고구려 초기의 왕계승 과정 ◁

② 유리왕 (B.C.19-A.D.18) ── ③ 대무신왕(18-154) ── ⑤ 모본왕(48-53)
　　　　　　　　　　　　　　├─ ④ 민중왕(44-48)
　　　　　　　　　　　└─ 재사 ┬─ ⑥ 태조왕(53-146)
　　　　　　　　　　　　　　　　├─ ⑦ 차대왕(146-165)
　　　　　　　　　　　　　　　　└─ ⑧ 신대왕(165-179)

위 기간의 문제이다. 삼국시대 왕의 즉위연령과 재위 기간(사망, 찬탈로 인한 변화)은 일정하지 못하였다. 태조왕과 진흥왕은 7세(『삼국유사』에는 15세) 혜공왕과 대무신왕은 각각 8세와 11세로 등장하였는데 그때는 왕을 도와주는 훌륭한 인물(母后나 측근 권력자)이 있기 마련이다. 7세 나이로 왕이 된 태조왕은 94년간 재위한 것으로 되어있다. 우리 역사상 최장기간 재위했으므로 기록대로면 104세가 되는데 장수왕이 사망했을 때 98세라고 되어있어 특히 오래 살았다는 기록을 생각하면 믿어야 할 것이다.

문제는 태조왕을 이은 두 동생(차대왕, 신대왕)의 경우이다. 기이하게도 고구려 초기의 왕위 계승은 형제상속이 빈번하지만, 문제는 태조왕[80]을 계승한 차대왕은 형(태조왕)이 100세라고 했음으로 자신을 76세라

79 신형식, 포석정의 진실은(『새로 밝힌 삼국시대의 역사적 진실』 우리역사연구재단, 2013) p.206

80 『후한서』(권5, 동이전)에는 차대왕을 태조왕의 아들로 되어있다.

고 되어있으며 그가 20년간 재위했으므로 사망 시 나이는 96세가 되는데 기록에는 119세라고 했음으로 실제로 23년의 차이가 난다. 따라서 차대왕을 계승한 신대왕은 기록에 76세라고 되어있는 것은 사실이 될 수가 없으며 90세가 훨씬 넘어야 한다. 그러므로 이러한 연령의 차이를 저술 당시에 몰랐을 리가 없기 때문에 태조왕에 대한 지나친 재위 기간의 연장을 부각시키기 위한 착오에서 온 것으로 보인다. 이에 대해서 「후한서」(권85, 고구려전)에는 차대왕은 태조의 아들로 되어있으며, 신대왕은 차대왕의 아들로 되어있다. 태조왕을 國祖王(「삼국유사」 왕력)으로 새로운 왕통을 시작한 주인공으로 그 재위 연간을 부풀려(확대) 그를 이은 두 동생(차대왕, 신대왕)의 재위 연간을 축소시키는 과정에서 나타난 사실로 보인다. 물론 연령의 문제가 큰 사건은 아니지만, 사실상의 문제로 볼 때 김부식의 착오로 봐서 「삼국사기」의 결정적인 오류라 하겠다.

이어서 박제상(「삼국사기」)이 김제상(「삼국유사」)이 되었다면 어느 기록이 맞는 것이며 왜 姓이 바뀌었는가 하는 문제이다. 내물왕(356~402)을 전후한 시기는 석씨왕시대(흘해왕)가 끝나고 김씨왕이 본격적으로 등장하는 시기지만 같은 김씨인 내물왕과 실성왕(402~417)의 갈등으로 서로 죽음을 초래하는 복잡한 시기로서 박씨는 정치적으로 제외된 때였다.[81] 이러한 복잡한 시기에 실성왕은 정치적 대립자인 내물왕자인

81 내물왕은 당시 정치적 라이벌인 실성을 392년(내물왕 37)에 고구려에 볼모(인질)로 보내서 그 세력을 억제하려하였으며 실성왕의 등장을 석씨족과 고구려 세력의 도움이라는 견해까지 있다.(이종욱, 「신라국가형성사 연구」 1982, p.162 및 이기백·이기동 「한국사강좌」 〈고대편〉1982, p.150)이어 눌지왕은 실성왕의 딸을 왕비로 삼았으며 결국 실성왕을 죽였다는 기록을 볼 때 내물계와 실성계의 갈등이 심했던 시대였다.

150

미사흔을 왜로, 복호(보해)를 고구려로 보내 그 세력을 억제시키려했다. 실성왕을 죽이고 등장된 눌지왕(417-458)은 박제상을 고구려에 보내 (418) 복호를 귀국시키는데 결정적인 역할을 하였다. 이때 박제상은 당시 고구려(장수왕)가 백제 정벌의 욕구(고국원왕 패사: 371)에 치중하고 있었던 시대로 복호와 같은 김씨였음을 내세워 그 석방이 가능했다고 보인다.

그러므로 그가 왜에 건너가 미사흔을 귀국시킬 때 '僕奉將軍如父 豈可獨歸(제가 장군을 아버지처럼 받들었는데 어떻게 혼자서 돌아가겠습니까)' 라고 왜에 보냈을 때 박씨계라고 하였기 때문에 같은 김씨라고 한다면 왜에서 거부했을 가능성이 컸던 것이다. 여기서 박제상은 본명이 김제상일 수 있다고 하겠다.[82] 그 후 고려시대의 왕비 중에서 압도적으로 김씨가 많았으며,[83] 충렬왕은 박제상을 김제상으로 부각시켰던 깃이다. 그러므로 「삼국유사」(권1, 기이1)에는 奈勿王 · 金堤上이라고 쓴 이유를 알 수가 있다. 무엇보다도 「삼국사기」(열전45)의 박제상 설명에 그는 파사왕(8-112)의 5세손이라고 했는데 박제상이 활약한 시기가 실성왕 · 눌지왕 초(402-420)였으므로 그가 파상왕의 5세손이라면 대체로 250년 전후이기 때문에[84] 「삼국사기」 기록은 전혀 맞지 않아 여기서 박제

김철준, 「한국고대사회연구」(지식산업사, 1975)

주보돈, 박세상과 5세기 초 신라의 정치동향(「경북사학」 21.1998)

82 신형식, 박제상이 김제상이 된 이유(「새로 밝힌 삼국시대의 역사적 진실」 우리역사연구재단, 2013) pp.241~244

83 정용숙, 「고려시대의 후비」(민음사, 1992) pp.142~143

84 대체로 한 세대가 고대는 30년 전후이기 때문에 자신의 5대손이라면 150년 후로 추측된다.

상은 박씨왕통이 아니라 김씨왕통이었다.[85]

끝으로 「삼국사기」 기록에서 문제가 된 것은 김유신에 관한 것이다. 김유신은 「삼국사기」에서 특히 훌륭한 인물로 부각시킨 사실 (열전10권에서 3권)은 그의 업적으로 볼 때 인정 할 사항이다. 신채호는 「조선상고사」에서 김유신은 음흉하고 포악한 음모의 인간으로 혹평하였지만, 장도빈은 이와는 달리 「국사개론」에서 國事에 진력한 英傑로 부각시켰다. 김유신은 무엇보다도 김춘추와의 인간적인 우애 (고구려에 구속된 김춘추 구제)와 국가에 대한 멸사봉공(소정방과의 대결·백제 정벌)에 기여한 것은 사실은 큰 의미가 있다.

문제는 백제·고구려 정벌의 공적으로 당시에 없었던 大角干·太大角干의 벼슬을 받은 것은 인정할 수 있으나 흥덕왕 때 난데없이 김유신이 죽은 지 150년 후에 흥무대왕으로 추존된 사실은 아무리 그의 공적이 많다 해도 왕으로 부각시킨 것은 문제가 있어 김부식이 이를 비판했어야 한다.[86] 따라서 「삼국사기」 기록을 그대로 믿고 「동국통감」을 쓴 서거정은 君臣의 명분을 위반한 사건으로 비판하고 있다(권11, 臣等按). 더구나 김유신이 61세가 된 무열왕 2년(655)에 무열왕의 딸인 知照(김유신 동생이 낳은 왕녀)를 부인으로 맞이하였는데 그때까지 총각으로 있었을 리가 없다. 더구나 「삼국사기」 기록에는 문무왕 6년(668)에 김유

---

85 이에 대해서 문경현은 「역주 삼국유사」(2015)에서는 박제상이 맞다고 하였다(p.158). 그리고 최광식·박대제〈역주〉의 「삼국유사」(1. 2014)에는 신라초기에는 왕경과 지방간의 격차가 적었으며 박제상의 후손이 내물왕계 왕실과 혼인을 지속적으로 이어진 사실을 강조하고 있다(p.258). 박제상의 성은 박씨일 가능성을 제시하였다.

86 김유신의 흥무대왕 추존 사실에 대한 구체적 배경과 문제에 대해서 다음 장 (제5장)에서 구체적 설명이 있다.

신의 큰아들인 三光이 당나라로 宿衛로 파견되었다고 하였는데 그가 지조부인의 아들이라면 그때 나이가 10여 세가 될 텐데 김부식이 이러한 사실에 문제를 제기했어야 했을 것이다. 「화랑세기」에는 김유신의 원부인 이름이 令毛라는 기록이 있다는 사실은 무시 못 할 내용인 것이다.[87]

더구나 김유신의 둘째 아들이 元述이 672년(문무왕 12)에 당나라와의 싸움(石門전쟁)에 참여했다가[88] 패전하고 죽지 않고 도망갔기 때문에 김유신은 가훈을 저버렸다고 죽어야 한다고 왕에게 요구한 바가 있었다. 원술은 아버지가 죽고 나서 어머니(지조부인)를 찾았을 때 아들을 만나주지 않았던 지조부인은 그가 친자식이 아닌 사실보다는[89] 김유신 가문의 화랑정신에 근본 이유가 있었다고 하겠으니 결국 「삼국사기」를 저술할 때 김부식이 김유신의 첫부인이 있었을 것을 모를 리 없었을 것이어서 「삼국사기」 기록의 문제점을 인정할 때가 되었다.

무엇보다도 고대 왕족들은 자기끼리 결혼하는 것이 통례였던 것은 사실이다. 그러므로 김유신이 자신의 동생이 낳은 조카(지조부인)와 혼인한 것은 당시 권력 구조로 볼 때 인정할 수가 있다. 그러나 누구보다도 화랑정신이 투철한 김유신이 조카를 부인으로 삼을 때 거부하였어야 올바른 자세이며, 이보다도 당시 가장 대표적인 유학자인 김부식이 이런 사실에 대한 비판적인 언급이 있어야 했을 것이다. 여기에 「삼국

---

87 이종욱, 「화랑세기」(소나무, 1999) p.155

88 원술이 지조부인의 아들이 될 수 없는 것은 김유신이 655년(무열왕 2)에 결혼했을 때 61세였으므로 원술은 차남이었음으로 그가 672년(문무왕 12)에 전쟁에 참가했을 때 655년에 출생한 아들은 장남(三光)이며 원술은 많아야 10세 정도이기 때문에 전쟁에 참여할 나이가 될 수 없다.

89 김태식, 김유신과 그 가족(「화랑세기 또 하나의 신라」 김영사, 2002) p.54
신형식, (「새로 밝힌 삼국시대의 역사적 진실」 우리역사연구재단, 2013) p.240

사기」 기록이 지닌 문제가 있다. 동시에 삼광이 활동하던 시기로 볼 때 현실적으로 불가능한 사실을 외면한 김부식의 입장도 비판의 여지가 크다고 보겠다. 다만 지조부인이 전쟁에서 패하고도 살아 돌아온 원술을 만나주지 않고 남편(김유신)이 죽었을 때 곧 승려가 된 사실로 보아 김유신 가족(가문)의 화랑정신만은 굳건했다는 사실을 볼 수가 있으며, 신라인의 정신세계가 지닌 의미를 알 수가 있다. 따라서 김부식도 자신이 「삼국사기」를 저술할 때 김유신에 대한 파격적 서술을 막았어야 할 것이 아닐까 하는 생각이 든다. 여기에 「삼국사기」의 문제점이 있다고 하겠다.

제3장
한국 고대 각 왕조의 비교

백제의 몽촌토성

백제의 첫서울인 위례성은 하북위례성(풍납토성)과 이어서 하남위례성(몽촌토성)으로 보고 있다. 현재 올림픽공원에 있는 몽촌토성은 목책을 세워 옛 모습을 보여주고 있다.

[1] 고구려사의 민족사적 위상은

[2] 백제사가 보여 준 모습은

[3] 신라사가 지닌 가치는

[4] 신라의 통일과정과 그 역사적 의미는

[5] 통일신라의 발전과 변화과정은

[6] 발해사의 실상은

[1] 고구려사의 민족사적 위상은

고구려는 우리 역사상 처음으로 만주를 지배하였고 지리적 불리함(地多大山深谷無原澤 「삼국지」 권79)을 극복하면서 중국의 위협을 물리치고 만주의 주인공으로서 고구려 중심의 세계관을 이룩한 천하대국가이었다.[1] 노래와 춤을 좋아하면서 놀이를 즐긴다는 중국 문헌의 비판 속에서도 그 내면 속에서는 노래(모임)를 통해 국민들의 단합을 잃지 않고 수·당 침입을 막아낸 강국이었으므로 중국은 동북공정에서도 고구려의 위상을 지우려는 역사 왜곡을 시도하고 있는 것이다.

고구려는 700여 년간(B.C.37-668) 중국의 빈번한 침입을 저지하면서 수·당과 맞서서 만주를 지켜온 강국이었다. 무엇보다도 중국의 남북조시대(420-581)를 통일한 수(581-618)의 침략을 당당하게 물리쳤으며

---

1 노태돈, 5세기 금석문에 보이는 고구려인의 천하관(「한국사론」 17, 1979)
  양기석, 4·5세기 고구려왕자의 천하관(「호서사학」 11, 1983)

(612년의 살수대첩-을지문덕) 수나라를 이어 중국을 통일한 대국인 당나라의 침입을 안시성 혈전(보장왕 4년: 645)에서 물리친 세계적인 강국이었다. 그러므로 당태종은 포차·충차 등 새 무기를 동원하면서 고구려를 정벌하겠다는 강한 의지로 침입 직전에 보장왕에게 보낸 교서에

◆ ◆ ◆

지금 천하가 다 평정되었으나, 오직 요동(고구려 지배지역)만 복종하지 않고 있다. 그 후손(고구려왕)이 자기 군사의 강성함을 믿고 우리(당)와 싸움을 유도하고 있으므로 바야흐로 전쟁이 시작되었다. 이에 짐이 친히 그곳을 쟁취하여 후세에 걱정을 없애려 한다. (「신당서」권 220, 동이 〈고려〉)

라고 한 사실은 당나라가 고구려에 대한 강렬한 반발을 보여주고 있었다. 결국 당태종은 안시성 패전으로 물러났으나 고구려는 패전하여 퇴각하는 군대를 그 이상 공격하지 않고 돌려보냈기 때문에 당태종은 안시성주(「열하일기」에 양만춘이 성 위에 올라가 작별인사를 함)에게 고마움을 표시(비단 100필 전달)한 것을 볼 때 고구려인의 예절과 멋을 볼 수가 있었다.[2]

　고구려는 수·당을 물리친 군사적 강국만이 아니라, 우리 역사에서 처음으로 만주를 지배한 대국이다. 동시에 고구려 벽화를 통해볼 때 그 예술적 가치와 문화적 의미가 합쳐진 선진성은 민족사적 우수성을 보여준 우리 역사의 자랑이 될 수 있다고 보인다.

2　신형식, 고구려의 민족사적 위상(「선사와 고대」 28, 2008)
　　_____, 문헌에 나타난 고구려상(「고구려사」 이대출판부, 2003)

고구려 첫서울(오녀산성)의 모습

오녀산성

하고성자성의 잔존성벽

왕궁지(오녀산성)

■ 고구려의 첫서울인 오녀산성(졸본성·흘승골성)은 환인의 동쪽에 있는 오녀산(820m)의 꼭대기에 있으며 여기에는 작은 연못(天池)이 있다. 근래 발굴을 한 결과 왕궁지가 별견되어 고구려의 수도였음이 확인되었다. 그러나 이곳은 높은 산 정상임으로 국민통치에 어려움이 있어 산 아래 혼강 주변에 하고성자성을 두고 평지성으로 활용하여 고구려의 도성체제(평지성과 산성–국내성과 환도산성)가 시작되었다.

국내성의 변화과정

1930년도의 국내성

1990년도의 국내성

현재의 국내성

국내성의 모습

■ 국내성은 유리왕 22년(A.D.3)에 졸본에서 국내성으로 수도를 옮긴 후 장수왕 15년(427)까지 424년간 고구려의 수도로서 고구려의 전성을 이룩한 도시이다. 국내성은 사각형의 석축성으로 6개의 성문이 있으며 그 북방(2.5km)에 있는 환도성과 도성 체제를 이루고 있다. 그러나 현재 아파트가 조성되어 옛성벽이 북방과 서방(남부 1부)의 돌담이 일부 성터(마면)로 남아있다. 특히 북쪽의 환도산성으로 가는 길목에는 부경이 군데 군데 남아있으며 동쪽 2km지점에는 벽화가 있는 고분(무용총·각저총)이 많이 남아있다.

고구려는 중국의 시조가 보여준 것 같이 朱蒙은 단군과 같은 하늘의 아들이며 광개토왕은 永樂大王이라는 독자적인 연호를 사용한 당당한 나라이었으므로 중국의 東進에 방애물이 되었음으로 중국의 東北工程도 고구려의 삭제를 제1차 목표로 세운 것이었다.[3] 따라

---

3 여호규, 중국의 동북공정과 고구려사 의식세계(「한국사 연구」 26. 2004)
　윤명철, 「역사전쟁」(안그라픽스, 2004)
　최광식, 「중국의 고구려사 왜곡」(살림, 2004)
　송기호, 「동아시아의 역사분쟁」(솔출판사, 2007)
　신형식, 동북공정의 실상과 그 비판(「한국고대사의 새로운 이해」, 주류성, 2009)

부경

■ 부경은 본채 옆에 둔 2층의 곳간이다. 굵은 기둥을 6~8개를 두고 통나무를 촘촘히 붙여 바닥을 깔아 만든다. 사다리를 놓은 윗층은 옥수수 등 잡곡창고, 아래층은 외양간(소·말)과 큰 물건 보관으로 사용되고 벽에는 잡곡(콩·깨·팥)을 걸어놓고 말린다. 현재 집안시 일대는 여러 가지로 변형된 모습으로 남아있다.

서 광개토왕(391-413)·장수왕(413-491)·문자왕(491-519) 시기의 고구려는 만주(동방)의 주인공으로서 남북조시대 중국의 대표적인 나라인 北魏(386-535)와 80여 회의 외교관계(朝貢)을 통해 동북아시아 세력권을 형성할 수 있었다.[4] 이와 같이 고구려는 요하를 방파제로 만주의 주인공으로서 고조선과 부여의 전통을 계승한 천자의 나라로서 고구려 중심의 천하관을 끝까지 지켜온 나라였다.

이러한 고구려인의 자강의식은 매년 초에 군신과 백성들이 함께 즐기는 패수의 물놀이를 한다든가,[5] 3월 3일에 낙랑언덕에서 사냥(왕·신

신형식, 최규성(편), 「고구려는 중국사인가」(백산자료원, 2004)

4 신형식, 나당 간의 조공에 대하여(「역사교육」10, 1963)

_____, 조공기사의 재검토(「삼국사기의 종합적 연구」경인문화사, 2011) pp.326~398

5 「수서」권81, 열전46 동이전(고구려)

하·병사)을 통해 국민적 화합을 꾀하면서 다른 나라에 없는 씨름을 통한 경쟁과 불굴의 투지로서 외세침략에 대항하는 국력이 되었다.[6]

더구나 장기간의 전쟁과 기나긴 추운 겨울을 극복하기 위해서 고구려인들은 다락식 2층 창고인 桴京을 지어 곡식을 저장(2층)하고, 소·말의 외양간(아래층)과 큰 물건의 보관소로 사용하는 지혜를 보이고 있다.[7] 무엇보다도 고구려인들은 수많은 외침 속에서도 국가의식을 바탕으로 낙천적인 여유와 학문적 기질을 잃지 않고 있었던 슬기로운 자세를 갖고 있었다. 고구려인들은 오랜 전쟁과 추위를 극복하면서 부경에 곡식을 보관하면서 그 시련을 극복한 자세는 그 나라가 장기 지속할 수 있었던 바탕이 된 것이다.

고구려의 麗자는 나라 이름일 때는 리로 발음하고 아름다운(형용사) 뜻에는 려자 임으로 나라 이름으로 읽을 때는 고구리가 맞다. 그러므로 고구려의 의미는 험한(높은) 산 위에 세운 나라이며 글씨대로 한다면 고씨성을 지닌 세운 나라라는 뜻도 있다.

◆ ◆ ◆

이 나라 풍습은 책읽기를 좋아하고 시골 벽촌(문지기·말먹이 집이 있는)까지 거리마다 큰 집을 지어 扃堂(경당)이라 불렀다. 이곳에서 미혼 청년들이 독서와 활쏘기를 익히는데 이때 익히는 책은 「5경」·「한서」·「후한서」·「옥편」 등이며 특히 「문선」을 중히 여긴다. (「구당서」 권199, 〈상〉, 열전149, 고려)

6 신형식, 고구려인의 삶과 의식세계(「고구려사」 이대출판부, 2003) p.266
7 신영훈, 고구려부경고(「이광로 교수 정년기념논총」 1992) pp.299~300
   주남철, 부경고(「민족문화연구」 27, 1994) pp.223~227

라는 기록으로 볼 때 고구려인들이 노래와 춤만을 즐기는 사람들이 아니라 책읽기를 좋아해서 유교가 지닌 충효 사상을 중시한 사실로 보아을지문덕의 승리가 곧 유교의 융성에서 나온 결과(위국충절)라는 견해가 주목된다.[8] 중국인들은 고구려 사람들이 모여서 춤추고 노는 것을 단순한 놀이로 생각하고 있으나 실은 그러한 행위를 통해서 국민들이 단결하고 합심하는 국민적 숨은 자세를 모르고 있었다. 무엇보다도 활쏘기를 좋아하는 국민적 소양은 현재까지 그대로 이어져 우리 선수들이 올림픽에서의 탁월한 성적을 이룩할 수 있었을 것이다.

고구려는 국초이래 중국세력과의 계속된 변경지역(소국)의 위협을 극복하기 위해 수도시설과 변방의 산성 조성이 불가피하였다. 우선 서울(수도)을 평지성과 산성의 이중구조의 都城體制로 만들어 586년(평원왕 28)에 장안성으로 서울을 옮길 때까지 약 600년간(3-586) 유지되었다. 첫 서울인 졸본성(오녀산성·흘승골성)은 산꼭대기에 있었으므로 외적 방어에는 유리하였으나 주민통치가 어려워 졸본성의 서남쪽(10km 지점)에 하고 성자에 평지성을 두어 도성 체제(평지성과 산성)의 시원이되었다.

고구려는 제2대 유리왕 22년(A.D.3)에 수도를 국내성(집안 평지상)으로 옮겼으며, 그 북방(2.5km)에 있는 환도산성(위나암성: 산성)을 두어 본격적인 도성 체제를 마련하였다. 국내성은 남쪽에 압록강이 있고 서북쪽으로 통구하(압록강 지류)를 건너 환도산성이 국내성을 지켜주고 있다.

그 후 장수왕 15년(427)에 서울을 다시 평양으로 옮겼으며 평지성(안

신형식, 부경의 사회적 의미(「고구려사」) pp.250~259
8 「대고구려사」(「산운장도빈전집」 2, 1982, 산운기념사업회) p.261

학궁)과 산성(대성산성)으로 구
성되어 고구려의 전성기를 이
룩하였다. 그러나 도성 체제
는 그 운영과 유지에 어려움
이 있어 평원왕 28년(586에
장안성)으로 옮겼으며 도성 체
제를 피하였으나, 실제로는
대동강과 보통강(대동강 지류)

무용총의 무인도

사이에 성으로 둘러쌓아 수나라의 침입에 대항하는 조치였다. 그러나
실제로 도성 체제는 아니지만, 대동강(남·북)과 새로운 성곽으로 보호
하는 모습을 보이고 있다. 고구려의 성격에서 빠질 수 없는 것을 성곽
의 나라였다는 사실로 余昊奎 교수의 설명에서 알 수가 있다.[9]

이러한 산성은 성문·옹성·치(馬面)·적대(敵臺)·각루·암문·여장(女
牆)·수원지·점장대 등 특수한 구조물을 갖추고 있다.[10] 이러한 산성
의 존재는 험한 자연지세를 이용한 군사적 주요시설(因山臨水 四面絶險:
「구당서」 권199)로 특히 수·당의 침입을 극복한 고구려의 유적이다.[11]
이러한 산성을 대표하는 존재는 천리장성이어서 제4장에서 구체적인
설명을 하고 있다.

---

9 여호규, 「고구려 성」I·II (국방군사 연구소, 1998, 1999)

10 성문은 성의 출입구(정문), 옹성은 성을 지키는 시설물, 그리고 치는 성벽과 성문사이에
둔 방어시설이다. 적대는 성문가까이 둔 망대, 각루는 성의 모소리 방어시설로 전투보조
지휘소이며 암문은 비밀통로이다. 여장은 성벽위에 둔 사격대(발사대)로 성가퀴(雉葉)이
다. 그 외 수원지는 장기항전에 필수요건으로 우물(못)이며, 점장대는 성 높은 곳에 둔 전
투지휘소를 말한다. (여호규, 「고구려성」I, pp.28~37)

11 신형식, 고구려의 석조문화(「고구려사」 이대출판부, 2003) pp.292~330

163

고구려사의 위상에서 주목될 수 있는 것은 석조유적으로 장군총과 광개토왕비, 그리고 중원고구려비이다. 장군총은 무덤의 주인공은 불투명하지만 그 규모나 구조상의 특성으로서 고구려 석총으로 의미는 크다. 높이가 13m가 되는 7층의 돌무덤으로 그랭이법(자연석의 모습인정)과 되물려 쌓기의 공법으로 되어있으며, 5층의 내부에는 무덤칸(石室)이 있고 무덤 주인공(광개토왕·장수왕 설)의 무덤바침(棺床臺)이 남아있다.[12] 특히 꼭대기에는 잔디밭이 있고 주변에 돌난간이 있으며 그 중앙의 건물지(향당)는 하늘과 조상에 제사를 지낸 유지로 생각된다.[13] 장군총은 시대가 지나면서 옛 모습이 달라졌으며, 철제사다리를 두어 그 모양이 바뀌었고 최근에는 그 앞에 상점이 생겨 밖에서는 보이지 않게 되었다.

그리고 광개토왕비는 장수왕이 아버지(광개토왕)의 업적을 부각시키기 위해 세운 고구려의 위상이 나타난 석비이며,[14] 중원고구려비는 장수왕(413-491)이 5세기 후반까지 충주지역을 지배하던 시기에 고구려왕이 신라왕(寐錦)에게 친선을 요구(의복을 내리고 친선부탁)한 내용으로 되어있다.[15]

---

12 신형식, 광개토왕비와 장군총(「다시 찾은 한국고대사 해외부적」주류성, 2012) pp.77~84

13 이형구, 고구려의 향당(「동방학지」32, 1982) p.15

14 광개토왕비문의 내용(1775)은 3부분으로 되어 있는데 첫 부분은 고주몽(天帝의 아들) 이후 광개토왕(19대)까지의 왕계표, 두 번째 부분은 왕의 정복과정(거란·백제·신라·숙신·왜·부여), 세번째는 능지기(국연〈원고구려지역인〉·간연〈점령지역인〉)규정으로 되어있다. 중원고구려비는 충주시(가금면)에 있고 비문내용은 고구려왕(相王公)이 신라왕(寐錦)에게 친선을 요구하는 敎를 내린다는 것이다.
　서영수, 광개토대왕릉 비문의 정복기사 재검토〈상·하〉(「역사학보」96〈1982〉·119〈1983〉)
　노태돈, 광개토왕릉비(「역주 한국고대금석문」, 한국고대사회연구소, 1992)
　李進熙, 「廣開土王碑의 探求」(이기동 역, 1982)
　朴眞奭, 「고구려호태왕비 연구」(연변대학교, 1999)

15 정영호, 중원고구려비의 발견조사와 연구전망(「사학지」13, 1979)

고구려사에서 큰 비중을 갖고 있는 내용은 거대한 석조물과 함께 화려한 고분벽화이다. 현재 남아있는 고분벽화는 110여 개가 넘는데 단순한 그림이 아니라 고구려인의 예술적 감각과 의식(사상)세계를 반영한 세계문화유산으로 그 가치가 크다. 이에 대한 내용도 제5장에서 자세히 설명하고자 한다.[16]

고구려에 대한 역사적 인식은 신채호가 단군의 世系가 우리 민족의 주족으로서 부여·고구려 계통으로 계승된다는 사실을 강조하여 고구려사가 지닌 민족사적 위상을 부각시킨 이후[17] 장도빈도 대고구려사라고 하여

◆ ◆ ◆

엄격한 법률, 무기, 기마사궁(騎馬射弓), 용검투창(用劍投槍)의 교육, 국민의 단결심, 기사수렵의 풍속, 정의, 근면의 국민성, 강건한 애국심, 그리고 남녀의 상무정신(대고구려사「대한역사」1959, p.102)

을 강조한 후 고구려를 제외하면 우리 역사가 가치가 없다고 하여 고구려인의 국가의식(殺牛者를 노비로, 投降者와 패전자는 피살「주서」권49)을 강조하였으며, 북방의 중국 세력 저지에 방파제가 되어 제·려의 발전에

변태섭, 중원고구려비의 내용과 연대에 대한 검토(상동)
신형식, 중원고구려비에 대한 고찰(상동)
서영대, 중원고구려비(「역주 한국고대 금석문」1, 한국고대사회연구소, 1992)
이도학, 고구려사에서의 國原城(「백산학보」67, 2003)
16 신형식, 고구려벽화의 예술적 가치(「고구려사」이대 출판부, 2003)
_____, 만주에 남아있는 고구려 문화유산(「다시찾은 한국고대사 해외유적」주류성, 2012)
17 이만열, 단재의 고대사인식(「단재 신채호의 역사학연구」문학과 지성사 1990) pp.231~232
신용하, 「단재 신채호 전집」제3권〈해제〉(독립기념관, 2009) pp.1~16

장군총의 변화과정

1930년대 장군총

1990년의 장군총

철제사다리 속의 장군총

장군총 앞에 설치한 상점

시간과 공간을 제공한 나라였다고 하였다.[18]

◆ ◆ ◆

장군총은 현재 남아있는 가장 큰 고구려왕릉(주인공에 대한 광개토왕 또는 장수왕릉설)으로 한국의 피라미드이다. 기단부의 저변이 32m가 되는 사다리꼴의 7층(13m)으로 그랭이 공법(자연석의 튀어나온 부분을 그대로 살리는 것)과 22층을 퇴물려 쌓기(위로 올라갈수록 들려 쌓는 것)로 되어있으며 맨 아래의 각 변에는 큰 호분석(2m), 5층에는 묘실(주인공 부부의 무덤 칸)이 있다. 꼭대기에는 하늘과 조상에게 제사 지내는 향당이 있으며 그 후에 철제 사다리가 가설되어 있었다. 최근에는 장군총 앞에 상점을 두어 밖에서는 장군총이 보이지 않게 되어있다.

이러한 고구려는 부여계통의 계루부인 주몽이 남하하여 비류수(혼강) 일대의 졸본에서 기존의 소노부 세력을 장악하고 나라를 세웠다는 것이다. 이러한 고구려가 6대 태조왕(「삼국유사」에는 國祖王: 53-146) 때 나라의 기틀을 잡아 국가로의 발전이 이룩되었다.[19] 그러나 이종욱 교수는 고구려 초기의 200년간의 왕계보(「삼국사기」의 내용으로 유리왕은 주몽의 아들, 태조왕이 유리왕의 손자, 차대왕과 신대왕은 태조왕의 형제)는 조작된 것으로 주장하고 있으며 그 내용이 4세기 이후에 만들어졌다고 보고 있다.[20] 따라서 고구려 초기의 왕계나 그 시기 문제에 어려움이 있으며, 시조 동명왕을 태조라는 명칭 대신에 聖王이라고 하고 6대 왕을 太祖大王(「삼국유사」에서는 國朝王)을 쓴 사실에 대해서 왕의 특출한 업적과 함께 새로운 왕통(정통이 아닌)의 시작으로서 그 위상을 높인 결과로 생각할 수 있다.[21]

---

18 신형식, 고구려의 성장과 영역(「백산학보」 47, 1996) p.253

19 노태돈, 주몽설화와 계루부의 기원(「고구려사 연구」 사계절, 1999) pp.27~62

20 이종욱, 고구려 초기의 왕제(「주몽에서 태조대왕까지」 서강대 출판부, 2008) pp.110~122

21 태조왕은 특이하게도 재위 기간이 94년(53-146)이나 되어 우리나라 역사상 최장기간을 보이고 있다. 왕의 활동은 대부분 정벌기사(옥저·갈사국·요동·현도·요서)가 압도적으로 많고 외교(한·부여)와 축성기사가 주목된다. 태조왕을 國朝王(「삼국유사」)이라고 한 것은 특별한 의미가 있을 것이다. 고구려 제2대 왕인 유리왕은 6왕자가 있었다. 그중에 셋째 아들이 3대 대무신왕이며 왕이 죽었을 때 태자(5대 모본왕)가 어려서 동생인 閔中王(4대) 추대되었다고 되어 있으나(「삼국사기」, 「삼국유사」에는 대모신왕의 아들로 되어 있어 혼란이 있게 된다. 다만 「삼국사기」에 따르면 동명왕의 직계왕손은 모본왕(「삼국유사」에는 민중왕의 형)에서 끝나게 된다. 따라서 태조왕은 유리왕의 마지막 아들인 再思의 아들로 고구려의 새로운 왕통의 시도가 된다. 그러므로 이종욱 교수의 견해로 태조왕을 이은 차대왕(7대)·신대왕(8대)은 동생이 아니라 태조왕의 손자·증손이 된다는 견해로 보아 태조왕이 유리왕의 손자가 될 수 없어 국초의 계보 조정이 있었을 것으로 보고 있다. 결국 태조왕이 유리왕의 손자가 아니더라도 국초의 왕 계통에 새로운 계보(직계가 아닌)의 첫 왕이라고 할 수 있다. 여기서 태조왕이 국조왕으로서 새로운 계통으로 태조왕이 되었을 가능성이 있다.(신형식, 고구려 제6대 왕이 왜 태조인가 (「새로 밝힌 삼국시대의 역사

　무엇보다도 고구려는 그 성장과정 속에서 그 나라의 성격을 찾을 수 있기 때문에 중국과의 충돌, 대외관계(중국·주변소국·백제·신라) 그리고 다수민족을 지배하는 어려움 속에서 그 영토와 인구문제를 살펴볼 필요가 있다. 고구려는 705년간(B.C.37-A.D.668)에 연 20개국과 145회

고구려의 최대영역도

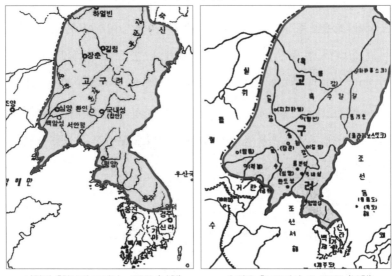

신형식, 「한국의 고대사」, 122쪽 〈남한〉　　　　손영종, 「고구려사」 2, 120쪽 〈북한〉

의 전쟁기록을 갖고 있는 것은 고구려가 북방세력과의 투쟁 속에서 성장했음을 보여 주는 동시에 주변세력(비류국·행인국·선비·양맥·개마국·구다국·낙랑국)의 정복 과정에서 확대되었음을 알 수 있다. 그러나 고구려의 영역은 시대에 따라 변화가 있었으나 5세기의 전성기(410년의 동

적 진실」 우리역사연구재단, 2013) pp.61~64

부여 점령)에는 만주(80
만km²)의 3분지 1정도의
25만km²와 한반도의 3
분지 2인 15만km²을 합
친 40만km²(한반도의 2
배)로 추측된다.[22] 이에
대해서 북한의 경우(손영
종의 「고구려사」)는 지도
에서 볼 때 요서지역과

고구려의 최대영역

러시아 동남부를 차지하고 있어 문제가 있다.

그러나 당시의 영역에서 검토할 것은 고구려가 점령한 지역 정체가
영토(징세·징병지역-직접지배 'Territory)가 아니고 주권은 행사할 수 있
었지만, 통치권이 직접 미치지 못하는 영역(간접지배지역: Frontier)이 있
으며, 끝으로 정치적 영향을 미치는 문화권이 있기 마련이다. 따라서
만주의 북방은 변경지역으로 문화권일 가능성이 크다.[23] 동시에 당시
전성기의 호구 수가 69만 7천 호(「구당서」 권199, 열전149)라면 인 구수
는 350여 만이 되었지만, 7세기 이후 계속된 전란으로 70여 만이 감소

---

22 김정배, 고구려와 신라의 영역문제(「한국사 연구」 61.62, 1988)
정운용, 5세기 고구려세력권 남한(「사총」 35.1989)
서영일, 5-6세기 고구려 동남경 고찰(「사학지」 24.1991)
공석구, 「고구려 영토확장사 연구」(서경문화사, 1998)
노태돈, 「고구려사 연구」(사계절, 1999)
윤명철, 「고구려 해양사 연구」(사계절, 2003)
김현숙, 「고구려의 영역지배방식 연구」(모시는 사람들, 2005)
23 신형식, 고구려의 성장과 영역(「백산학보」 47.1996)

되었음으로 실제로 고구려 고지에 살고 있는 주민은 130만 전후로 크게 감소되었다고 생각된다. 이들 유민은 그 후 대당 항쟁에 참여하였으며 상당수는 신라에 귀화한 안승을 비롯한 일부 왕족은 귀족 대우를 받았으며 신라관 등(황금서당·벽금서당)을 수용하여 민족융합에 기여하였다.[24]

그러나 무엇보다도 최초의 만주지배국가인 고구려사에서 대부분의 우리들이 외면하고 있는 잊어서는 안 될 사항은 수도를 남쪽(평양)으로 옮김으로써 만주 상실의 계기를 이룩한 역사의 과오라는 사실이다. 북방진출은 반도 국가로서 국가 성장의 바탕인데 이를 오해하고 남방진출은 결국 민족약소화의 기틀이 되어 고구려의 강대국이 약소국으로 전락하게 된 비극이 시작으로 생각된다. 이 사실은 고구려사와 신라사가 우리에게 준 위대한 교훈이다.

---

24 신형식, 고구려의 멸망과 유민의 동향(「고구려사」 이대출판부, 2003)

[2] 백제사가 보여 준 모습은

백제(B.C.18-A.D.660)는 3국 중 가장 늦게 건국되었으나 제일 먼저 멸망한 국가지만 한강(하류) 유역의 유리한 자연환경을 바탕으로 일찍 국가를 이룩한 나라였다. 무엇보다도 백제는 한강 유역의 비옥한 바탕과 서해안 해상환경을 이용하여 바다로 진출하였으며 남방의 마한의 문화를 흡수하여 일찍 발전된 나라였으나, 신라와 고구려와의 계속된 충돌 속에서 초기부터 어려움을 벗어나기 위해 일본과 연결되어 그 문화를 일본에 전수한 역사적 위상을 갖고 있었다.

◆ ◆ ◆

㉮ 온조왕 14년 2월에 왕이 부락을 순행하여 농사를 권장하였다. (「삼국사기」 권23)

㉯ 온조왕 38년 3월에 사신을 보내 農桑을 권장하였으며 不急之事로 백성을 괴롭히지 못하게 하였다. (상동)

171

ⓣ 구수왕 9년 2월에 관청에 명하여 제방을 수리케 하였고, 권농의 令을 내렸다. (상동 권24)

이상의 기록을 볼 때 백제는 한강 유역의 비옥한 평원의 이점으로 일찍부터 수리시설과 권농책을 중시한 사실로 보아 주민들의 생활안정을 꾀하였으며 동시에 한강 유역의 보호를 위한 적극적인 정책으로 국가체제를 비교적 일찍 갖추어 국가의 발전을 꾀하였다.[25]

백제는 '百家가 바다를 건너왔다고 해서 국호를 백제라 하였다'라는 기록 (「수서」 권81, 열전46)과 같이 바다와 깊은 관련

■ 온조왕이 나라를 세웠을 때 서울은 하북위례성 (풍납토성: 상)이었고, 이어 하남위례성(몽촌토성- 월드컵공원: 하)으로 이원화 되었다. 몽촌토성에는 최근에 세운 목책이 남아있다.

속에서 고구려와 신라와의 갈등(위협)을 극복하기 위해서 서해로의 진출은 불가피하였다. 그러므로 고이왕 13년(246: 동천왕 20)에 관구검(毌

25 신형식, 백제사의 성격(「백제사」 이대출판부, 1992) p.53
이도학, 「살아있는 백제사」(휴머니스트, 2003)

丘儉: 魏)이 고구려를 공격하는 틈을 이용하여 고이왕이 낙랑을 공략한 것도 바다를 통한 침략으로 보여 진다. 이를 바탕으로 근초고왕 26년 (371)의 평양성 공격도 해상진출의 결과였으며, 백제의 대외관계를 상징하는 遼西進出로 나타났다.[26]

이러한 요서진출에 대해서 오히려 중국 문헌(「양서」·「구당서」·「송서」)에 그 내용(위치)이 서술되어있다. 특히 「흠정만주원료고」(1777, 청나라 한림원)에는 여러 문헌을 소개한 후, 그 위치를 晉平(당나라의 柳城)은 조양, 北平(북경 부근) 사이라고 하였다. (남주성, 「흠정만주류고」 번역서, 글모아, 2010. pp.103~105) 백제는 수도를 두 번이나 바꾸는 과정에서 그에 따르면 정치 사회의 변화가 커서 국가의 발전에 큰 제약이 되었다. 신라가 끝까지 수도를 바꾸지 않은 사실과 비교할 때 고대사회에 있어서 수도의 위상(위치)이 지닌 의미를 외면할 수가 없었다.[27]

백제사는 크게 3시기로 나눌 수 있다. 이러한 구분은 결국 수도 위치와 일치하게 된다. 첫째 한성시대(B.C.18-475)의 493년간은 백제가 국가적 성장을 하면서 한강, 금강, 영산강 유역으로 그 지배권이 확대된

26 백제의 해양진출은 이미 隋書(권81, 열전46)에 나타난 '百家濟海 因號百濟'라는 표현에서와같이 지형적으로 북방(고구려), 동방(신라)의 어려움으로 남으로 馬韓을 흡수하고 서쪽으로 (바다)진출할 수밖에 없었다. 그러므로 고이왕 3년과 진사왕 7년의 西海大島에 수렵, 분서왕 7년의 낙랑서현 점령과 같이 백제는 서해와 깊은 관계로 성장하였다. 결국 백제 서해안 진출의 관문은 關彌城(오두산성)이었으므로 광개토왕이 이곳을 먼저 점령하여 남진정책을 추진한 것이다.
유원재, 백제 略有遼西記事의 분석(「백제연구」20, 1989)
이도학, 영락6년 광개토왕의 정복과 국원성(「손보기박사 정년논총」 1989)
신형식, 백제의 요서진출문제(「백제사」 이대출판부, 1992
_____, 「백제의 대외관계」(주류성, 2005)
윤명철, 「고구려 산성과 해양방어체제연구」(백산자료원, 2000)
27 신형식, 역사속에서 본 천도(「향토서울」 65, 2005)

시기이다. 이 시기를 대표하는 왕은 고이왕(234-286)과 근초고왕(346-375)이다. 고이왕은 온조왕의 직계가 아닌 최초의 왕으로서 국가체제(6좌평, 율령 반포)를 갖춘 왕이며, 온조왕의 직계인 근초고왕은 영토를 영산강 유역까지 확대(마한 정복)하면서 고구려를 공격하여 고국원왕을 패사 시켰으며 바다를 통한 해외 진출의 의욕에서 요서진출을 통해 산동지방(요서)과 일본(북구주)지역까지 세력권을 확대하여 백제전성기를 이룩하였다.

둘째 웅진시기(475-538)로 고구려(장수왕)의 침입으로 한성이 함락(개로왕 피살: 475)되어 문주왕이 웅진(공주)으로 천도하여 성왕 16년(538)에 사비(부여)로 천도할 때까지이다. 다만 성왕의 경우 초기(원년~15년)는 웅진시대였지만 후기(16~32: 538~554)는 그 자신이 수도를 옮겼으므로 전체로 볼 때 그는 사비시대로 본다. 웅진시대 63년간은 5왕(문주왕~성왕)의 시기로 고구려는 전성기(장수왕-문자왕)로 그 군사적 위협이 계속되었고, 신라도 큰 발전기(지증왕-법흥왕: 500-540)여서 백제는 양측의 도전과 백제 내부의 반발(문주왕, 동성왕 피살)로 큰 시련을 받고 있었다. 다만 이 시기에 왕이 된 무녕왕(501-523)은 구주(일본)의 외딴섬(加唐島)에서 태어난 인물로 그 계보가 복잡하지만,[28] 재위 기간

---

28 무녕왕에 대해서 「삼국사기」(권26)에는 牟大王(동성왕)의 둘째아들로 되어있다. 그러나 「일본서기」에는 이와 다른 내용 동성왕의 아들로 되어있어, 곤지(개로왕자)의 아들, 개로왕자 등 여러 견해가 있다. 대부분의 견해는 곤지의 아들로 보지만, 소진철선생은 개로왕의 아들로 본다.(「백제무녕왕의 세계」 주류성, 2010, p.18) 또한 「일본서기」(권14, 웅략천황 5년, 개로왕 7년: 461)에는 개로왕이 동생(軍君: 昆支)에게 자기부인을 주면서 해산할 달이 되었으니 도중에 아이를 낳으면 돌려보내고 왜에 가서 천황을 모시라고 되어있다. 현재 구주 서북쪽 가카라섬 (加唐島)에는 무녕왕릉 탄생지가 남아있다. (신형식, 「다시찾은 한국 고대사 해외유적」주류성, 2012, p.174)

가당도(일본)에 남아있는 무녕왕 탄생지

■ 무녕왕이 태어난 가당도(加唐島)는 일본 북구주 당진(唐津) 북쪽 앞바다에 있는 작은 섬으로 현재 동굴에 탄생지의 비석(무녕왕의 생탄지)이 남아있다. 「일본서기」에는 개로왕(가수리군)이 동생(군지)에게 자기 부인을 주면서 해산할 때라 애를 낳으면 돌려보내라고 한 점으로 보아 곤지의 아들이라고 추측된다.

에 고구려변경을 공략하였고(일시적이지만 한강 하류지역 확보가능)양나라와 외교관계를 통해 국력을 회복하였다.

셋째 사비시대(538-660)는 무녕왕을 이은 성왕 16년(538년)부터 멸망할 때까지의 122년이지만 천도의 주인공인 성왕이 신라(진흥왕 15년 554: 관산성 전투)에게 패사됨으로서 계속된 두 나라 간의 싸움으로 국력이 크게 약화되었다. 따라서 성왕을 계승한 위덕왕(554-598)은 려·라의 위협을 벗어나기 위해 陳(557-589), 北齊(550-577), 수(581-619) 등 중국과 친선을 꾀했으나 신라의 위협을 극복할 수 없었다. 마지막 왕인 의자왕(641-660)은 당나라(618-907)에 접근하면서 신라를 공략하다가 대야성(합천) 싸움에서(642년: 선덕여왕 11) 성주 김품석 부부(김춘추의 사위와 딸) 살해하였다.

신라는 대야성 비극을 계기로 적극적인 친당책을 추진하여 김춘추는 당나라에 들어가 군대요청(나당연합군 요구)을 한 후 계속해서 648년(의

자왕 8: 진덕여왕 2)에는 김춘추가 아들인 문왕을 데리고 당나라와 군사협정이 이룩되어 당나라는 안시성패전(645) 이후 신라의 요구를 받아 적극적인 백제정벌을 추진하게 되었다.

결국 한성시대(전기)는 국가성장기로서 활발한 해외 진출(요서진출)로 국가적 위상을 높였고, 웅진시대(중기)는 려·제의 위협 속에서 국가위축기로서 일본(왜)과 접근으로 시련극복을 꾀한 시기였다. 마지막 사비시대(후기)는 신라와의 대립으로 위기가 시작되어 외교적 탈출(진·북제·왜)을 모색하였으나 나·당 연합세력에 밀려 멸망되고 말았다.

결국 한성시대(전기)는 국가성장기로서 활발한 해외 진출(요서진출)로 국가적 위상을 높였고, 웅진시대(중기)는 려·제의 위협 속에서 국가위축기로서 일본(왜)과의 접근으로 시련 극복을 꾀한 시기였다. 마지막 사비시대(후기)는 신라와의 대립으로 위기가 시작되어 외교적 탈출(진·북제·왜)을 모색하였으나 나·당 연합세력에 밀려 멸망되고 말았다.

백제사에서 빠질 수 없는 것은 발달한 불교·유학을 비롯하여 다양한 사회개발과 예술문화를 개발한 선진국이었다는 사실이다. 그러나 백제는 이러한 선진문화를 그대로 일본에 전해주어 일본의 고대문화를 개발시킨 훌륭한 나라였다. 백제는 고구려와 신라에 대항하기 위해 친일정책 (당시는 일본이 아니라 倭)을 써서 아신왕 6년(397)에는 왜국과 우호를 맺고 태자인 腆支를 볼모(人質)로 보냈으며 사신을 보내 백제 특산물을 보내기도 하였다. 또한 일본문헌(「日本書記」)에도 백제의 학자·스승의 파견기록이 빈번하게 나와 있다.[29]

---

29 이병도, 백제학술 및 기술의 일본전파 (「한국고대사연구」, 1996)
　　田村圓澄, 삼국유사와 불교(「삼국유사의 종합적 검토」, 1987)

◆ ◆ ◆

㉮ 응신천황 14년(403: 아신왕 12) 2월에 백제왕이 재봉기술자(縫
   衣工女: 眞毛津)를 바쳤는데 일본의복기술의 시조이다. (「일본서
   기」권10)

㉯ 응신천황 15년 8월에 백제왕이 阿直岐를 보내 良馬 2필을 바쳤
   다.(중략) 아직기는 경전에 능통하여 태자(菟道稚郞子)의 스승으
   로 삼았다. 천황이 아직기에 묻기를 너보다 훌륭한 박사가 있느냐
   고 물었다. 이에 왕인이라는 사람이 우수하다고 대답했다. (중략)
   그래서 왕인을 모셔오게 하였다. (상동)

㉰ 숭준천황 원년(588: 위덕왕 35)에 백제에서 사신과 승려 惠聰 · 令
   斤 · 惠寔들을 보내어 불사리를 바쳤다. (상동 권21 숭준천황 원년)

위의 기록 외에도 아직기 이후 많은 백제의 유학자들과 흠명 1년(552:
성왕 30)의 노리사치계 이후에 수많은 백제 고승들이 일본에 건너가 그
나라 불교계를 주도하였다. 무엇보다도 6세기 중엽의 노리사치계 이후
7세기 말까지 백제고승 23명이 일본에 건너가 고구려(14명)와 신라(4
명)와 비교할 때 백제 불교의 역할을 이해할 수 있다.[30]
   일본에 건너간 인물에는 그 외 법률가(律師), 사찰건조 기술자(寺工), 박

이도학, 백제문화의 일본열도 전파 (「살아있는 백제사」)
신형식, 백제사의 성격 (「백제사」 이대출판부, 1992) (「백제의 대외관계」 주류성, 2005)
30 아직기(404) 이후 일본에 건너간 유학자는 王仁(405), 단양이(513), 고안무(516) 등 9명
   이며, 고승으로는 아직기(404) 이후 노리사치계(552) 이후 담혜(554), 혜총 · 영근 · 도엄
   (588), 관륵(602), 도흔(609), 도장(683) 등 23명이다. 신형식, (「백제의 대외관계」 주류
   성, 2005-p.169)

사, 기와공, 화공(畵工), 약사 등 다양한 기술자들이어서 이들의 역할을 짐작할 수 있다. 이와 같이 백제는 일본 고대문화를 이룩하였기 때문에 (일본 고대문화개발자) 백제 멸망 후 부흥운동을 지원한 이유를 알 수가 있다.

백제문화도 려·라와 같이 불교와 유학(특히 漢學)이 발달하였으며, 예술문화(미륵사지탑·정림사지 5층 석탑·서산 마애석불·능산리와 송산리 고분벽화·무령왕릉과 출토유물)도 큰 유적을 남기고 있다.

이와 같이 백제는 불운의 역사를 이어온 나라였으나 불교와 유학이 발달하였으며 예술 문화의 큰 족적을 남겨 문화 대국으로서의 위상을 잃지 않았다. 백제는 어려운 시련 속에서도 바다를 통해 해외로 진출하였으며, 발달된 백제문화를 빠짐없이 일본에 전수하여 일본 고대문화의 바탕을 이루게 한 사실은 큰 의미가 있다. 비록 나라는 멸망하였지만, 백제는 그 자신의 문화를 일본에 전해줌으로써 한국 고대 문화의 모습을

백제왕신사(百濟王神社) 정문   왕인박사묘(히라카타)

■ 백제를 숭상하는 백제왕씨를 신봉하는 뜻에서 만든 백제왕신사는 오사카에 남아있다. 현재 전라남도(영암군)에는(405—응신천왕 16년: 전지왕 1년) 아직기의 추천으로 일본에 건너간 왕인석상이 있으며, 현재 일본 대판과 경도의 중간인 히라카타(枚方)에 전왕인묘가 있다(오른쪽).

볼 수 있게 한 나라였다. 이러한 사실은 「일본서기」에도 알 수 있으며, 많이 남아있는 백제유적이 이를 증명하고 있다.

백제사의 위상은 정치·군사적인 입장에서는 고구려·신라와 비교될 수 없었으나, 한강 유역의 유리한 환경과 호남지역의 풍부한 농산물을 기반으로 나라를 일찍 발전시켰으나 북방(고구려)·동방(신라)진출이 어려웠다. 그러나 일찍부터 서해안으로 진출하여 해양강국으로서 조선술, 항해술로 해외에 눈을 뜬 나라였다. 이를 바탕으로 일본에 백제문화(불교·유교·천문·의술·건축술)를 전파하여 아스카(飛鳥) 문화와 같은 일본 고대문화개발에 적극적으로 기여한 나라였다는 사실이다.[31]

백제유적에 대한 또 하나의 중심지는 북구주지방의 미야자키(宮崎)의

남향촌(南鄕村)에는 백제의 마을(百濟の里)의 표지판이 있으며 고구려의 부경과 똑같은 높은 건물(西正倉院)과 백제의 집(百濟の館)이 남아있다. 여기서는 12월 18일(음력)에는 백제왕을 모시는 축제(師走祭)가 열리고 있다.

남향촌의 백제의 마을(표지판)

---

31 신형식, 백제는 왜와 어떤 관계를 가졌는가 「백제의 대외관계」(주류성, 2005)

[3] 신라사가 지닌 가치는

　신라는 약 천 년간 (B.C.57~935) 계속된 한국 사상 최장기 왕조로서 최초로 우리 민족의 통일을 달성한 나라이다.[32] 한 왕조가 1000년에 가까운 시기를 유지한 경우는 동·서양을 통해서 볼 수 없는 것은 사실이다.[33] 신라는 초기부터 주변국가(특히 倭와 백제)의 계속된 위협과 려·

---

32 신라 천 년 역사는 초기에는 박씨왕통(1대 혁거세~8대 아달라왕: B.C.57-184)이 241년이지만 그 사이에 탈해왕(4대: 57~80)은 빼고 말기에 3왕(신덕왕, 경애왕: 912-927)은 합치면 233년간이 된다. 석씨왕통(9대 벌휴왕~16대 흘해왕: 184~356)이 172년이지만 앞서 탈해왕(23년간)을 합치면 172년이 된다. 김씨왕통은 내물왕(356~402)부터 시작되었지만 앞뒤의 변화가 있어 실제는 586년간으로 약 600년간이 된다. 결국 신라는 김씨왕조라고 해도 무리가 없다. 국가의 출발인 4세기 내물왕(356-402)과 국가성장기(5세기: 법흥왕·진흥왕)는 내물계, 통일준비기(7세기: 무열왕·문무왕)와 전성기(전제왕권 수립기: 8세기-선덕왕·경덕왕)는 무열계였으나 멸망기(9-10세기: 진성여왕·경순왕)는 다시 내물계였다.

33 중국의 경우 漢민족의 대표적인 漢王朝도 전후한을 합해서 400여 년에 불과하였고 唐(618-907)·元(1260-1370)·明(1368-1644)·淸(1616-1912)왕조 등도 길어야 300년 전후에 불과하다. 그러나 우리나라는 고구려(B.C.37-668)·백제(B.C.18-660)·고려(918-

제와의 갈등 속에서도 이를 극복하고 장수를 누릴 수 있는 것은 정치적 안정과 국민의 국가(국왕)에 대한 믿음(국민적 단결력)이 있었기 때문으로 생각된다. 무엇보다도 삼국 간의 치열한 싸움을 승리로 이끌면서 통일을 달성하는 과정 속에서 보여준 爲國忠節·殺身成仁의 화랑정신에 따른 국가의식은 잊지 못할 신라사가 우리에게 주는 교훈이다.[34] 무열왕 7년(660)에 백제 정벌전에서 金庾信 동생인 金欽春이 자기 아들(盤屈)에 준 마지막 말인

◆ ◆ ◆

신하가 되려면 충성을 다함과 같은 것이 없고 자식이 되려면 효성을 다하는 것과 같은 것이 없다. 국가의 위급을 보고 목숨을 다하는 것은 충효를 함께하는 것이다. (「삼국사기」 권5 무열왕 7년조)

라는 사실에서 그 깊은 뜻을 알 수가 있다. 이러한 정신은 김유신이 '위태로움을 보고 목숨을 마치며 어려움을 당하면 자신을 잊는 자세를 내세워 전쟁의 승부는 숫자의 대소에 있는 것이 아니라 정신(人心)에 있다'[35]는 말이 김유신 개인의 생각이 아니라 신라인의 한결같은 자세였다고 하겠다.

신라의 성격에서 가장 큰 의미는 삼국 중 가장 후진 국가였던 나라가 당

1392)·조선(1392-1910)은 거의 500~600년의 장기지속을 하였다.

34 「삼국사기」(권41~50: 열전)에 실린 신라인 56명 중에 절반이 7세기에 국가를 위해 죽은 사람의 기록이다. (고구려·백제인도 거의 같은 시기 인물이다.) 결국 열전은 盡己盡心의 국가를 위한 실천행동으로서 충성과 인간으로서의 信義를 부각시킨 의미를 보이고 있다. (신형식, 삼국사기 열전의 분석, 「삼국사기 연구」 일조각, 1981: 「삼국사기의 종합적 연구」 경인문화사, 2011: pp.601~648)

35 「삼국사기」 권41 열전1〈김유신: 상〉

나라의 힘을 이용하여 제·려
양국을 정벌한 후, 영토적 야
욕을 나타낸 당나라를 끝까지
한반도에서 축출하여 최초로
민족통일을 달성했다는 사실
이다. 비록 영토의 축소와 외
세의존을 반민족적 행위로 신
라통일을 부인한 신채호(丹齋)
의 견해는 있으나[36] 이와 달리
장도빈(汕耘)은 김춘추, 김유신
을 탁월한 영걸로 보고 화랑도
가 지닌 武力, 애국심, 단결력
으로 우리 강토가 보존되었지
만 사대주의적 모화사상 때문
에 민족이 쇠퇴한 것으로 보았

진흥왕순수비   유지비

■ 진흥왕순수비는 551년 단양 점령 이후
553년에 한강 유역의 점령을 기념한 비석
(높이 165cm·240여 자 비문)으로 왕이 金
武力(김유신 조부) 등을 대동하고 북진을 하
늘에 빈 내용이다. 김정희가 발견한 후에
1972년에 경복궁으로 이전하고 그 자리에
유지비를 세웠으며 1986년에 현재 중앙 박
물관으로 옮겼다.

지만 결국 통일의 의미를 부각시켰다.[37]

　그 후 민족주의 사가들의 통일론의 견해를 이어받아 이병도가 신라
의 통일이 지역적으로는 완전한 의미는 되지 못하여 불만족지만 한
반도의 민중이 비로소 한 정부, 한 법속의 단일 국민으로서의 문화를
가질 수 있는 것은 큰 의의를 가질 수 있다고 하였다.[38] 이러한 이병도

---

36 신채호, 「조선 상고사」(1948) 11편 김춘추의 외교와 김유신의 음모

37 신형식, 산운 장도빈의 신라사관(「산문사학」 3, 1989)
　장도빈, 신라사연구(「국사개론」 1959, 「산운 장도빈 전집」 2, 1982) p.558

의 시각을 이어 이기백(『한국사신론』, 1967)·변태섭(『한국사통론』, 1986) 등의 제2세대 서술의 바탕이 되어 신라통일은 1980년대 이후 본격적인 연구 성과로 역사적 위상을 갖게 되었다.[39]

신라의 통일은 영토상 문제점을 갖고 있지만, 우리 민족이 비로소 한 정부 밑에서 정치·사회·문화를 시작하고 유지할 수 있었으며 고려·조 선으로 그 전통을 계승할 수 있게 되었다.[40] 다만 통일과정에 대해서는 구체적인 기록으로 확인할 수는 없지만 많은 시련과 복잡한 과정을 거 쳐 정치·외교적 의미와 함께 국민적 융합(제·려 국민의 협조)과 문화적 행사(사찰·탑파조성)를 보이면서 이룩되었다는 사실을 잊어서는 안 될 것이다(구체적 사실은 후술).

신라는 한반도 모퉁이에서 출발한 나라로 제·려에 비해서 늦게 발 전되었으나 4세기 내물왕(356-402) 때에 국가체제를 갖추면서 5세기 에 려·제의 갈등기에 국가적 발전이 이룩되었다. 특히 법흥왕(514- 540)과 진흥왕(540-578)의 제도정비와 화랑도 공인 등 국가 전성기를 맞아 백제의 침체(웅진 천도·사비 천도)를 틈타 적극적인 북진 정책으 로(고구려 세력을 피해 동방로 이용) 한강 유역(하류)을 확보(신주·553)로 북진의 바탕을 마련하고(기념물-북한산 순수비: 555) 함경도로 진출하여 통일의 첫 단계가 되었다.[41]

38 이병도, 신라통일시대(『한국사대관』, 보문각, 1964) p.124

39 이호영, 신라통일에 대한 재검토(『사학지』 15, 1981)
　　김상현, 신라삼국통일의 역사적 의의(『통일기의 신라사회연구』, 신라문화연구소, 1989)
　　신형식, 신라통일의 역사적 성격(『한국사 연구』 61·62, 1988)

40 우선 정치제도로 볼 때 신라의 位和府는 고려시대의 吏部로 이어졌고, 조선시대의 吏曹 가 되었으며 현재의 내무부가 된 것이다. 오늘날 국무총리에 해당하는 명칭은 侍中(신 라)-門下侍中(고려)-領議政(조선)으로 계승되었다.

진흥왕을 이은 진평왕(579-632) 시기는 제·려의 국내적 시련 속에서 신라에 대한 군사적 위협이 줄어들었으며 수나라의 고구려침입(612 살수대첩으로 패배)과 당의 등장으로 신라의 친당정책이 적극화되었다. 이어 선덕여왕(632-647)·진덕여왕(647-654)을 거쳐 무열왕(김춘추: 654-661)이 등장하면서 신라는 김유신 세력(신김씨로 금관가야 마지막 왕인의 후손)이 새로운 세력으로 등장하였고 안시성 패배(645: 선덕여왕 14)로 나당 간의 군사적 동맹이 추진되어 백제정벌을 꾀할 수 있었다.

무열왕은 내물왕의 직계가 진덕여왕으로 끝나고 진흥왕의 차남인 진지왕(576-579)의 아들인 김용춘의 아들로서 김유신의 도움으로 왕이 된 후 새로운 왕통(무열계)을 이룩하여 중대사회의 첫 왕이 된 것이다, 이미 김춘추와 김유신은 새로운 세력으로 등장하여 선덕·진덕여왕 때 이미 정치의 주도층이 되어 두 여왕을 뒷받침하였고 당과의 친선관계를 유지하여 중대(무열왕~혜공왕: 654-785) 왕권을 이룩하였다.

통일신라가 완성되기 전의 마지막 왕인 무열왕(654-661)은 백제정벌 하고(660) 고구려 정벌도 추진하였으나 도중에 사망하고 그를 이은 문무왕(661-681)은 고구려 정벌(668)과 당나라의 영토야욕을 극복하여 (매소성 전투〈675〉, 기벌포 해전〈676〉) 신주설치(553) 이후 123년간의 시련(553-676)을 이겨내면서 통일을 완성하고 민족융합의 계기를 마련할 수 있었다.

무엇보다도 신라는 초기에 백제·왜·일본의 군사적 위협 속에서 어려움을 겪었으므로 이를 극복하기 위한 시련이 오히려 국민적 단합을

---

41 신형식, 신라의 영토화장과 북한산주(「향토서울」 66, 2005)

이끌었으며 그 속에서 국민적 단합이 강화된 것은 사실이다. 여기에 불교와 유교의 덕목이 큰 역할을 하였으며,

◆ ◆ ◆

신하는 충성을 다하는 것이며 자식은 효도를 다하는 것이 도리이다.
나라가 위급할 때는 목숨을 바치는 것은 충효를 함께 하는 것이다.
(「삼국사기」 권5 무열왕 7년조)

라는 것은 곧 신라사회를 이끌어 준 교훈(화랑정신)이었다. 그러므로 '전쟁의 승패는 숫자에 있는 것이 아니라 마음(정신)의 여하에 달려있는 것이다'라는 김유신의 표현은 곧 신라인의 정신적 바탕을 보여준 것으로 생각된다. 여기서 주목할 사항은 신라는 진흥왕 이후 반도국가의 그 한계 극복을 위한 북방진출로 영토 확장을 통해 고구려 지배하에 있던 함경도 지방을 신라 영토로 편입하고 그 국민을 하나의 민족으로 통합시킨 것은 큰 의미가 있다.

그러므로 무엇보다도 주목할 사항은 신라는 진흥왕 때 '北上의 역사'를 시작하여 한강 유역을 확보함으로써 한반도의 주인공이 될 바탕을 마련하였고 이를 계기로 함경도 지역까지 영토를 확장시켰으나 고구려와 달리 수도 이전을 외면하고 경주를 끝까지 수도로 지킨 사실은 신라사의 위대한 성격인 것이다. 수도를 옮기는 것은 나라를 망치는 것이며 한강 유역 북부를 우리 역사의 심장부로 민족사를 지켜준 것은 신라사의 역사적 의미를 보여준 것이다.

이와 같이 신라는 6세기 이전은 국가성장에 주력하였고, 7세기 이후는 무열계의 등장으로 제·려 정벌과 통일달성에 치중하였지만, 그

기간에 불교의 공인, 제도의 정비(관등제 확립·중앙제도 정비)는 물론 석조예술(분황사 모전석탑·첨성대)과 금속공예(금관)의 발달로 신라문화의 위상을 볼 수가 있다. 신라문화에서 오늘날까지 그 의미를 잃지 않고 있는 것은 불교가 주는 국가의식과 인간의 도리(世俗五戒), 그리고 14개 향가가 지니고 있는 악곡과 가요는 한국 전통음악의 특징을 보여주고 있다.[42]

신라사의 성격을 보여주는 다음과 같은 기록을 볼 때

◆ ◆ ◆

㉮ 신라는 그 왕이 어질어 백성을 사랑했고 신하는 충성으로서 나라를 받들고 아랫사람은 윗사람을 친 부형같이 섬기고 있다. 따라서 비록 작은 나라라도 함부로 도모할 수 없어 정벌하지 못했읍니다 (「삼국사기」 권42, 열전② 김유신)

㉯ 신라가 고구려·백제를 攻함은 곧 두 나라가 망한 후에 그 토지를 통일하려함이요 (중략) 6년간 대소 백여 전쟁에 이를 대파하여 그 영토가 조선 반도의 대부분을 통일하였고 이때 신라는 인재의 배출·인민의 富庶, 교학의 융성·예술의 우미 등 다 찬란을 극하여 당시 우려한 신라문명을 착출하니라 (장도빈, 신라의 전성과 발해의 역사)

㉮는 백제정벌 후 소정방에게 고종이 신라정벌을 못 한 이유를 설

42 황패강, 신라향가연구 (「단국대국문학논집」 708, 1975)
김완진, 「향가 해독법 연구」(서울대출판부, 1980)

명케 할 때 소정방이 대답한 내용이다. ㉔는 고구려 위주의 견해를 가진 장도빈도 신라인의 성격을 통해 통일을 달성한 이유를 소개한 것이다. 특히 신라는 고구려·백제의 군사적 위협 속에서 국방의 의미를 알게 되었고, 그 속에서 인민의 의용심과 단결심을 통해서 최초로 민족통일을 이룩한 나라로써 정치·사회·문화면에서 오늘날 우리 민족문화의 전통성을 이룩한 사실에서 신라사을 알 수가 있다. 따라서 우리는 나라의 흥망은 국가의 대소에 있는 것이 아니라 오직 국민의 정의·애국정신에 있다고 한 것이다.[43]

신라는 우리나라 역사상 1천 년에 가까운 가장 장기간 존속한 나라(B.C.57-935)였다. 이처럼 장기간 유지된 나라는 동서고금을 통해 많지 않다. 이러한 사실은 국민들의 국가의식이 강하여 화랑도와 같은 위국충절의 정신이 있었기 때문이며, 신라 때 이룩된 정치·사회제도는 고려·조선으로 이어진 한국전통사회의 모습인 것이다. 동시에 수도를 한번도 바꾸지 않았으며 반도 국가로서 북방의 진출을 보여 우리 민족의 발전 방향을 보여준 나라였다. 동시에 제·려 국민을 하나로 융합시켜 민족국가로서의 자세를 보여준 사실은 통일신라로 이어졌으며 불교·유교를 결합시켜 화쟁사상(원효)을 바탕으로 새로운 민족문화의 기준을 마련한 것은 신라사의 역사적 위상이 될 것이다.

43 신형식, 산운 장도빈의 신라사관(「산운사학」 3, 1989)

[4] 신라의 통일과정과 그 역사적 의미는

① 신라통일의 필요성과 배경

신라는 경상도 동남부 귀퉁이(경주)에서 출발한 나라로서 처음부터 일본(당시 이름은 倭)과 백제로부터 시달리면서 성장하여 외국에 대한 불안감을 갖고 있었으므로 국가에 대한 애착심이 강했던 것은 사실이다. 따라서 신라는 한반도의 중부지방으로 진출하는 것이 이러한 외침의 위협으로 벗어나서 국가발전으로 생각하였지만 한강(하류) 유역의 유리한 환경을 기반으로 남쪽의 마한을 정복하면서 성장한 백제의 견제로 많은 어려움이 있었다.

이 시기에 북방의 고구려가 중국세력과의 마찰로 시련을 겪을 때 백제의 근초고왕(346-375)은 고구려를 공격하여 고국원왕을 피살하여 (371) 양국 간의 갈등이 커지게 되었다. 이어 고구려는 광개토왕(391-413) 이후 강국으로 발전되어 장수왕(413-491)은 백제에 대한 보복을 시작하였다.

이러한 고구려의 위협을 느낀 백제는 433년(비유왕 7: 눌지왕 17)에 신라와 동맹을 맺고 고구려의 남하에 대응하려 했지만 두 나라 간의 이해가 맞지 않아 큰 효과는 없었다. 신라는 이를 이용하여 왜와 고구려와의 친선(402년에 미사흔을 왜, 412년에 복호를 고구려에 인질로 파견)을 취하면서 국력보강에 노력하기 시작하였다. 그 후 고구려는 475년(장수왕 31)에 백제에 대한 원한(증조부인 고국원왕 피살)의 보복으로 개로왕을 죽이는 사태(475)가 벌어져 백제(문주왕)는 서울을 웅진(공주)으로 옮기게 되었다.

신라는 이와 같은 제·려의 갈등을 틈타 지증왕(500-514)은 국가체제를 갖추고 고구려 세력이 미치지 않는 동해안(우산국 정복: 512)으로 진출하였고, 법흥왕(514-540)은 정치제도를 정비(兵部설치와 율령공포) 하였으며 이어 진흥왕(540-576)은 화랑도의 정신(爲

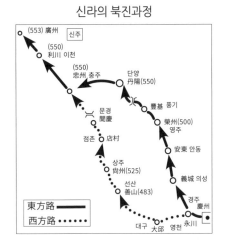

신라의 북진과정

國忠節)을 바탕으로 한 북진(고구려의 세력을 피하여)은 東方路를 통하여 조령을 넘어 丹陽(단양 적성비)을 점령한 후[44] 忠州(당시 國原城)를 차지하여 북진의 거점으로 삼고 한강 유역(북부)을 차지하여 新州를 건설하

---

[44] 신형식, 신라의 영토확장과 북한산주(「향토서울」 66, 2005)

게 되었다(553). 이러한 신주의 설치(557년에 북한산주로 개편)는 신라통일의 제1단계로 곧이어 「북한산순수비」를 세워 북진의 의지를 하늘에 신고하였다.[45]

삼국의 성립과 발전은 3국의 갈등으로 얼룩진 700년간의 분열로 민족의 비극을 초래한 것은 사실이다. 같은 민족으로서의 대립은 정치·사회·문화의 발전을 저해한 결과만 낳고 말았기 때문에 수·당의 등장은 분열에 휩싸였던 우리나라에도 통일의 필요성을 보여준 결과가 되었다. 신라가 통일을 준비하고 주도한 것은 무엇보다도 한반도의 중심지인 한강 유역(하류)을 확보함으로써 이를 바탕으로 그 필요성과 가능성(바탕)을 가질 수 있었기 때문이다.[46]

◆ ◆ ◆

우리 민족이 남북으로 대립·투쟁하고 있을 때 한강 유역은 반드시 그들 사이의 다투는 보배와 구슬같이 되었다. 그리하여 이를 손아귀에 오래 지닌 자는 성하고 강해져서 결국 통일의 패업을 이루었으며 반대로 이를 잃는 쪽은 쇠약과 혹은 패멸을 면치 못하였다. 한강 유역의 득실은 국가의 흥망성쇠이자 지대한 관계를 가졌던 것이다. (이병도 「두계잡필」 1950, p.52)

---

45 단양적성비는 이사부와 金武力(김유신의 조부) 등의 노력으로 단양지역을 점령한 기념비로서 당시 그 지방 출신인 也尒次의 공로가 표시되어있다. 중원 고구려비는 장수왕이 충주지역을 점령하고(장수왕 69년: 481) 세운 비석으로 고구려왕이 신라왕(寐錦)에게 형제와 같이 지내기 위해 의복을 주고 친선을 요구한 내용이 들어있다.
주보돈, 북한산 진흥왕 순수비(「역주 고대한국 금석문」② 한국고대사연구소, 1992)
정영호, 중원 고구려비의 발견과 연구전망(「사학지」 13, 1979)
변태섭, 중원 고구려비의 내용과 연대에 대한 검토(상동)
신형식, 중원 고구려비의 성격(상동)
서영대, 중원 고구려비(「역주 한국고대금석문」 권1, 1992)

라는 이병도의 지적은 한강 유역의 의미(한강의 힘과 북한산의 정기가 보여진 天地之意)를 확보한 신라는 민족통일의 필요성과 가능성을 보이는 계기가 되어 화랑도가 지닌 滅死奉公 爲國忠節의 정신을 바탕으로 오랜 시련(제·려의 위협)을 극복할 수 있는 바탕이 된 것이다.

무엇보다도 신라통일의 배경에서 빠질 수 없는 것은 외교(친당정책)의 성공이다. 고구려는 수·당과의 전쟁에서 승리하였으므로 양국관계가 극도로 악화되었고, 백제는 웅진 천도(475)·사비 천도(538) 이후 신라와의 관계가 극히 나빠졌기 때문에 신라는 이를 계기로 친당정책을 추진하였다. 무엇보다도 642년(선덕여왕 11)의 대야성 함락 이후 김춘추의 친당외교로 군사협조가 이룩됨으로써 나당 간의 제·려 정벌을 거쳐 통일이 성공할 수 있었다.[47]

이상에서 살펴본 바와 같이 대내외의 시련에 시달리던 신라는 제려의 갈등을 이용하여 6세기 법흥왕·진흥왕 이후 국가적 발전을 바탕으로 민족통일의 필요성을 느끼게 되었다. 신라는 백제가 계속된 수도의 이전에 따른 사회적 분열과 수·당과의 전쟁에서 패배한 당나라는 신라와의 군사적 협조가 필요하였다. 따라서 신라의 대당접근은 외세활용이라는 비판적 시각이지만 당나라는 나름대로 자신의 세력을 반도에 유입시키기 위해 신라의 요구를 수용하였고 신라는 능동적 외세 이용을 통해 한반도의 분열을 극복하기 위한 민족적 필요성을 보여준 것이다.

---

46 신형식, 신라통일의 현대사적의의(『신라사학보』 32, 2014) p.4
47 신형식, 신라의 대당교섭상의 숙위(『역사교육』 9, 1966)
_____, 숙위외교의 추진과 통일의 완성(『신라통사』 주류성, 2004) pp.390~437

② 신라통일의 과정과 그 의의

역사적 사건은 그 사건 당시의 사실로 매듭되는 것이 아니라 그 사건의 전후과정의 결과이기 때문에, 신라의 통일도 제·려의 멸망으로 완성된 것이 아니라 오랜 준비과정(왕권안정·북진정책 대당군사협정)과 제·려 정벌 이후의 정리(매듭) 끝에 이룩되었음을 주목할 필요가 있다. 무엇보다도 피나는 준비과정과 당나라 군사와의 협조, 그리고 배척을 거쳐 제·려 유민의 협조를 통한 민족융합의 결과를 함께 생각해야 한다는 것이다. 동시에 이러한 통일 과정을 성공시킬 수 있는 신라국민의 철저한 위국충절(滅私奉公)의 정신자세가 뒷받침된 것이기 때문에 남북통일을 앞둔 우리 입장에서는 신라통일의 정신을 냉정히 지켜봐야 할 것이다.

여기서 우리는 신라의 통일과정이 제·려 정벌로 끝난 것이 아니며 법흥왕(514-540)과 진흥왕(540-578)의 정치적 안정과 왕권의 강화를 바탕으로 힘들었던 북방진출의 시작으로부터 통일의 과정을 이해해야 할 것이다. 진흥왕은 국력의 강화를 바탕으로 동방로(경주-영천-안동-풍기-단양〈단양적성비: 551〉)을 통해 고구려 세력 하에 있던 충주를 거쳐 한강북부지역을 장악하여 신주를 세우고(진흥왕 14년: 553) 북진의 바탕을 마련하여 그 기념으로 황룡사를 세우고(553) 이를 바탕으로 북한산 순수비(진흥왕 29년: 568)를 세운 후 적극적인 북진으로 함경도 지역까지 진출하여 황초령비와 미운령비를 세우면서[48] 통일의 첫 단계를 이룩하였다.

---

48 노중국, 북한산진흥왕순수비(「역주 한국고대금석문」 2, 1992)
　　노영필, 「신라진흥왕순수비 연구」(일조각, 1995)

황룡사지와 황룡사 9층 탑(복원도)

이어 통일의 제2단계는 선덕여왕 11년(642)에 백제의 침략으로 대야성(현재 합천)이 함락되어 성주(도독)인 김품석 부부(김춘추의 사위와 딸)가 피살되자 김춘추의 외교(고구려·왜)가 시작되면서 친당외교가 본격화되어[49] 제·려 정벌의 필요성이 절실하게 되어 문무왕 14년(645)에 황룡사 9층 탑을 세워 주변국가의 병합을 위한 통일완성을 기원하였으며 이어 안압지를 만들어 3국민의 통합을 꾀하였다.[50]

황룡사는 진흥왕이 북진을 시작하여 한강북부지역(신주)을 점령하여 통일을 기원하는 기념으로 진흥왕 14년(553)에 짓기 시작하여 왕 30년(569)에 완성하였다. 그 후 나당친선이 이룩된 선덕여왕 14년(645)에 자장의 건의로 주변제국의 통합을 기원하는 황룡사 9층 탑을 세웠다. 황룡사 안에는 장육존상(금동삼존불상: 574)과 황룡사종(754년: 경덕왕

---

49 신형식, 신라통일의 현대사적 의의(「신라사학보」 32, 2014)

50 황룡사 9층 탑은 慈藏의 건의로 龍春(김춘추〈무열왕〉의 아버지)이 주관하고 백제기술자(阿非知)가 완성한 탑으로 1층은 일본, 2층은 중화(중국), 3층은 오월, 4층은 탁라, 5층은 응유(중국 강소성에 있는 섬–백제를 지칭), 제 6층은 말갈, 제 7층은 거란, 제 8층은 여진(女狄), 제 9층은 예맥(고구려를 지칭)이라고 하였다. 「삼국유사」에는 이를 조성하면 九韓來貢으로 이웃나라가 항복할 것이라고 되어있어 3국통일(九韓一統)의 뜻을 지닌 당시 신라의 친당정책을 나타낸 것이다.

13)이 있었는데 고종 25년(1238)에 몽고침입으로 소실되고 현재는 황룡사목탑지(동서남북 8개씩 64개)의 돌받침(목탑지)만 남아있으며 중앙에 장육존상이 있던 자리에 대좌만 남아있다.

신라통일의 제3단계는 나당연합으로 백제(660)와 고구려(668)가 멸망하였으나, 당의 영토적 야심이 노골화되어 고구려 정벌 후 나당 간의 8년간의 전쟁(668-676)이 계속되었다. 여기서 신라는 제·려 국민의 협조와 국민적 저항으로 매소성전투(양주: 문무왕 15년〈675〉)와 기벌포(서천: 문무왕 16년〈676〉)에서 당군을 물리치고 통일을 완성할 수 있었다. 문무왕은 의상의 뜻을 받들어 부석사를 세우면서 당군축출을 기원하였고(676) 이어 당군을 축출하고 통일의 은덕을 빌어주는 사천왕사(문무왕 19년: 679)를 지었다.

이와 같이 통일전쟁은 진흥왕이 북진을 시작한 553년(진흥왕 14)부터 당군을 한반도에서 쫓아낸 문무왕 16년(676)까지 123년이 걸렸지만 당군이 물러갔다고 해서 통일의 뒤처리가 끝난 것은 아니었다. 이미 문무왕 14년(674)에 안압지를 만들어 3국통합을 꾀하였고,[51] 고구려 왕족이던 안승을 보덕국왕으로 봉하여 하나의 민족의식을 보여주었다. 그리고 신문왕 5년(685)에는 전국을 9주 5소경으로 3국을 하나로 만들었기 때문에 청주 雲泉洞寺蹟碑(686)에도 민족의통일, 나라의 안녕(國泰民安)을 기원하였으며[52] 백제·신라의 전성기를 보여주는 불국사 창건(경덕왕

---

[51] 안압지안에 3개의 섬(山)이 있는데 이것은 도교에서 말하는 三神山(봉래, 방장, 영주)을 말하지만 이것은 3국민의 융합을 의미하는 것이다.(신형식, 신라통일의 현대사적 의의 「신라사학보」32, 2014, p.13)

[52] 차용걸, 청주 운천동고비 조사기(「호서문화연구」3, 1983)
김정숙, 청주 운천동 사적비(「역주 한국고대금석문」2, 1992)

10년: 751)으로 나타날 수 있었다.

이상에서 본 바와 같이 신라의 통일은 진흥왕 14년(553)의 신주설치 (한강북부유역확보)에서 그 첫단계가 시작된 이후 그 기념으로 568년에 북한산 순수비를 세워 북방진출이 시작되었으며 선덕여왕 11년(642: 대야성 함락)의 계기로 당나라의 친선외교(군사동맹 시작)를 통해 적극적인 북방진출을 통한 두 번째 단계가 이룩되면서 황룡사 9층 탑을 세워 (645) 그 결의를 나타내었다.

이를 바탕으로 제·려의 정치적 혼란과 수·당과의 전쟁에서 패배한 당을 이용하여 제·려의 정복(660-668)으로 제3단계를 이룩한 후, 당나라의 영토야욕으로 나당 간의 전쟁이 시작되었으나 제·려 국민의 협조와 당의 국내적 시련(토번·돌궐의 위협)을 이용하여 당군을 축출함으로써 123년(553-676)에 통일을 완성하였다. 이러한 통일 과정에서 특기할 사항은 복잡한 통일과정(군사적 활동)에는 항상 그것을 상징(기념·축하)하는 문화적(불교 중심) 행사로서 황룡사·부석사·사천왕사·안압지 등 각각 사찰 등을 세워 뒷받침한 사실이 큰 의미가 있다. 이로써 우리나라는 민족·문화가 하나로 통합되어 민족사상 첫 통일을 이룩하게 되었다. 이러한 통일과정과 결과는 분단기로 어려움을 겪는 현재의 우리나라에는 큰 교훈이 될 것이다.[53]

이상의 신라통일과정(553-676)을 이해하기 위해 그 내용을 정리하면 아래와 같다.

---

[53] 김정배, 통일신라 문화의 역사적 의미와 우수성(「신라문화의 역사적 가치 재조명」 2014)
신형식, 신라통일의 현대사적 의의(「신라학보」 32, 2014)

통일과정	구체적 사실과 그에 따른 문화적 행사
제1단계 (553-568)	한강 북부지역 확보(신주설치: 553)-황룡사 조성(553-566)·북한산순수비 (568)·마운령비·황초령비(568)
제2단계 (645)	나당 친선확보·백제정벌 의욕확립(645)-황룡사 9층 탑 조성(645) 김춘추·김유신의 활동(대야성 비극으로 백제정벌 추진<642>)
제3단계 (660-676)	통일 완성(백제 정벌, 고구려 정벌-당군 축출<676>) 안압지(674)·부석사(676)·사천왕사(679)조성

이러한 과정을 통해 통일을 성취한 신라는 삼국민의 화합(융합)을 위하여 신문왕 5년(685)에 9주(3국 영토를 각각 3주): 5소경(3국 고토에 2소경씩-신라는 수도가 있어 금관경 하나)을 두어 균형을 이루었으며 신문왕 6년(686)에는 중앙관부를 14부를 두어 중앙집권체제를 완성하였으며 제·려인에게도 신라군대에 참여시켜 한국민으로서의 민족융합(3한 일가)에 계기를 마련하였다. 이어 등장한 성덕왕(702-737)은 당나라와의 친선관계를 회복하였으며(703) 전제왕권을 확립하여 경덕왕(742-765) 때 정치적 안정과 민족의 융합을 보여주는 불국사조성(경덕왕 10년: 751)으로 보여주었다.

따라서 신라의 통일은 민족통합의 계기를 이룩한 사실과 함께 우리 나라의 정치·문화발달에 결정적인 계기를 이루었다는 의미를 잊어서는 안 될 것이다. 이러한 사실은 불국사의 조성과정에서 신라통일의 적극화가 이룩되기 시작한 법흥왕 15년(528)에 그 모친(迎帝夫人)이 창건이 시작된 후 진흥왕 35년(574)에 역시 진흥왕 모친이 중건을 이룩하면서 문무왕 때 그 규모가 완성된 후 신라전성기를 뒷받침하는 경덕왕의 불국사조성(751)이라고 하였다. 이와 같이 정치적 사건은 단순히 완결된 당시의 결과만 가지고 설명할 것이 아니라 그를 위한 오랜 피나는 과정의 매듭이라는 사실이 중요하다.

무엇보다도 신라의 통일은 비록 영토와 인민의 축소는 있었지만, 우리 민족이 비로소 하나로 통합되어 새로운 민족사가 시작되었으며 신라인의 한결같은 국가 의식을 바탕으로 통일을 이룩하였으며 통일신라의 정치·사회·문화는 고려·조선으로 이어져 한국사 체계화의 계기가 되었음으로 신라통일의 역사적 의의가 보인다.

[5] 통일신라의 발전과 변화과정은

백제를 멸망시키고 고구려 정벌을 준비하던 무열왕(654-661)이 죽고 그 아들인 문무왕(661-681)은 고구려를 정복하고(668) 이어 영토야욕의 당나라 군대를 압록강 이북으로 축출(평양에 있던 안동도호부는 요양으로 이전: 676)하여 통일을 완성하게 되었다. 문무왕은 674년(문무왕 14)에 안압지를 만들어 그 안에 있는 3산이 의미하는 3국민 융합을 보여주었으며 고구려 왕족인 安勝을 보덕국왕으로 추대하여 고구려 국민들의 호응을 받게 되었다. 이어 당군축출을 기념하기 위해 浮石寺와 四天王寺를 조성하였으며 다음과 같은 유조(遺詔)를 남겼다.

◆ ◆ ◆

과인은 나라의 운이 어지럽고 서로 싸움을 당했지만 서쪽을 정벌하고 북쪽을 토벌하여 영토를 안정시켰고 (중략) 위로는 조상들의 염려를 안심시켰고 아래로는 부자의 오랜 원수를 갚았으며 (중략) 벼슬을 터

대왕암(문무왕릉)

■ 신라통일을 완성한 문무왕(661~681)은 죽을 때 유언에 자기가 죽으면 화장한 뒤 바다에 묻어달라고 하여 화장 후에 수습된 신골을 조그만 석관을 만들어 가운데 큰 바위돌 아래에 묻은 해중릉이다. 이 바다릉은 그 아들인 신문왕이 감은사와 함께 만들었다. 감은사 동쪽에 있는 대왕암 밑에 묻었다.

서 중앙과 지방의 사람들에게 균등하게 하였다. 무기를 녹여 농기구를 만들었으며 세금을 가볍게 하고 요역을 덜어주니 집집이 넉넉하고 백성들이 풍요하며 민생은 안정되고 나라 안에 근심이 없게 되었다. 곳간에는 곡식들이 산언덕처럼 쌓여있고 감옥은 풀이 무성하게 되니 신과 인간 모두에게 부끄럽지 않고 관리와 백성의 뜻을 저버리지 않았다고 말 할만하다. (중략) 세금 징수는 긴요한 것이 아니면 마땅히 모두 폐지하고 율령격식에 불편한 것이 있으면 곧 폐지토록 하라. 멀고 가까운 곳에 널리 알려 이 뜻을 알도록 할 것이며 주관하는 이는 시행하도록 하라. (「삼국사기」 권7, 문무왕〈하〉21년 유조)

이 유조는 문무왕 자신의 자랑과 같은 내용소개이지만, 이제 통일된 나라가 되었으니 정치·사회의 안정이 시작되었다는 사실이 나타나 있다. 문무왕은 당과의 피나는 전쟁을 정리함으로써 통일을 완성한 주인공으로써 통일신라 중대 왕권의 정착과 안정을 통하여 통일신라의 번영과 민족융합을 이룩함으로서 후손에게 큰 교훈을 남겨주었다. 그러나 당과의 관계가 큰 과제로 남게 되었다.

문무왕을 계승한 神文王(681-692)은 선왕의 업적을 계승하여 미처 정리하지 못한 내용을 차분히 완성하기 시작하였다. 그 첫 번째 업적은 법흥왕 3년(516)에 시작된 중앙관제(병부)가 그 후 여러 왕을 거치면서 정리되면서 드디어 신문왕 6년(686)에 例作府를 설치하면서 14관부가 완성되었다. 이보다 앞선 685년에는 지방제도인 9주 5소경제를 실시하여 제·려 입장을 생각해서 구 영토에 3주씩 두었고 소경도 2개씩(신라 지역엔 수도〈경주〉와 금관경) 배당하여 국민화합(융합)에 노력하였다.[54]

옆 표에서 알 수 있듯이 신라통일과정이 120여 년이 걸린 것처럼 신라의 중앙관제가 법흥왕 3년(516)부터 신문왕 6년(686)까지 170년이 흐르면서 완성된 사실은 이러한 관제완성에도 6왕의 노력(시련) 끝에 이룩된 결과임을 주목할 필요가 있다. 동시에 주목될 사항은 신라의 강력한 왕권(전제왕권)이 이룩되면서도 장·차관(슈·卿)은 거의가 복수제로 한 사실은 국민통합(또는 왕권견제)의 뜻이 포함된 것으로 주목된다.

---

54 전국을 넓이와 관계없이 3국의 구토에 3주씩 9주씩 (고구려 땅에 한산주〈한주〉·수양주〈삭주〉·하서주〈명주〉를 두었고, 백제구토에는 청주(강주)·웅주(공주)·무주(광주)를 두었으며 신라구토에는 사벌주(상주)·삼양주(양주)·한산주(한주)를 두었다. 그리고 5소경도 고구려 땅에 중원경(충주)과 북원경(원주), 백제 땅에 서원경(청주)·남원경을 두었으며, 신라 본토에는 수도(경주)와 금관경(김해)를 두어 옛 땅에 골고루 두었다.

▷ 통일신라 14관부의 구성 ◁

관부 \ 관요	설치연대	직능	令	卿	大舍	舍知	史	小司兵	총수
병 부	516(법흥왕 3)	내외병마사	3	3	2	1	17	1	27
사정부	544(진흥왕 5)	감찰	1	3	2	2	15		23
위화부	581(진평왕 3)	인사	3	3	2		8		16
조 부	584(진평왕 6)	공부	2	3	2	1	10		18
승 부	584(진평왕 6)	거마·교통	2	3	2	1	12		20
예 부	586(진평왕 8)	예의·교육	2	3	2	1	11		19
영객부	621(진평왕 43)	외교	2	3	2	1	8		16
집사부	651(진덕왕 5)	기밀사무	1	2	2		20		27
창 부	651(진덕왕 5)	재정	2	3	2	1	30		38
좌이방부	651(진덕왕 5)	형사	2	3	2	2	15		24
우이방부	667(문무왕 7)	형사	2	2	2	2	10		18
선 부	678(문무왕 18)	선박·수군	1	3	2	1	10	2	19
공장부	682(신문왕 2)	공장·제사		1	2		4		7
예작부	686(신문왕 6)	토목·건설	1	2	6	2	8		19
합 계			24	37	32	17	178	3	291

통일신라의 정치·사회·외교상 전성기(안정)를 이룩한 때는 8세기의 성덕왕(702-737)과 경덕왕(742-765)의 시기였다. 무엇보다도 성덕왕은 고구려 정벌 후(668) 대당관계가 단절되어 대립관계가 이어졌기 때문에 당나라 쪽에서 오히려 외교 교섭을 요구까지 있었으나 정상적인 관계가 성립되지 않았으나 성덕왕 2년(703)에 양국관계가 정상화됨으로 나당친선이 시작되어 문물교환과 문화교류가 빈번해짐으로써 새로

운 신라사회 발전의 계기가 되었다.[55] 이러한 사실 또한 왕권의 강화도 많은 시련과정의 결과라는 점을 보여준다고 하겠다.

　성덕왕 때의 정치적 안정과 왕권의 전제화가 이룩된 후 효성왕(737-742)을 거쳐 경덕왕에 이르러 통일신라의 전성기를 이룩하게 되었다. 경덕왕은 재위 24년간 (742-765)에 정치적 안정(제도의 정비 · 최고 관직자 상대등의 수시교체)과 대당친선(대일본외교 거부)으로 통일신라의 전제 왕권을 유지하였다.[56] 그러나 경덕왕을 계승한 혜공왕(765~780) 이후 전보다 빈번하게 천재지변이 계속되고 반란이 이어졌으며 그를 이은 원성왕(785-798)도 내물계로서 下代가 계속되어 원성왕의 후손이 왕통을 계속하다가 53대 신덕왕(912-917) 이후 54대(경영왕)와 55대 경애왕(924-927)까지 박씨왕이 이어졌으며 다시 56대 경순왕(927-935)은

---

55 고구려 정벌 이후 나당 간에는 국교가 단절되어 양국은 거의 통로가 열리지 않았다. 신문왕 6년(686)에 측천무후의 섭정을 축하한다는 명분으로 문장요청(예기와 문장)은 있었으나 상호교류는 없었고, 오히려 신문왕 12년(692)에는 당(중종)이 먼저 사절을 보내었으나 (太宗묘호사용 개정요청) 그 반대 답변뿐이었다. 그 후 효소왕 8년(699)에 당나라에 정식 사신을 보냈으며, 성덕왕 원년(705)에 당이 먼저 사신을 보내어(효소왕 사망의 애도) 결국 성덕왕 2년(703)정식으로 사신이 왕래하여 고구려 멸망 후 35년만에(668-703) 국교가 정상화되어 성덕왕은 재위 36년간에 45회의 조공사를 파견하여 통일신라의 전성기임을 보이고 있다. (신형식, 삼국사기의 종합적 연구《경인문화사》 2011〉 pp.326~398)

56 신라의 전제왕권설은 필자가 「신라사」(1985)에서 제시한 이래 이기백 등 신라사전공자들의 지원을 받은 바 있다. 다만 필자는 전제왕권이 Wittfogel · Frazer · Eberhard 등이 제시한 서구의 Oriental despotism과 비교한 것은 아니었으며 무조건 왕권이 전제화(절대화)가 아니라 불교와 유교사상이 결합된 이상세계의 천하관을 내세웠으며 특히 화백이나 귀족 및 관료제의 견제가 있지만 마땅한 명칭이 없어 사용한 것이다. 특히 최고 관부의 수장(令)을 복수로 하여 상호견제와 왕권에 대한 제한적 의미도 한번 생각할 문제이다. 근자 하일식 (『신라 집권 관료제 연구』) 이영호(『신라중대의 정치와 권력구조』) 교수 등의 강한 비판을 받고 있지만, 적절한 대체용어가 없어 일부에서는 그대로 사용하고 있으며, 이러한 제도가 고려 · 조선으로 이어진 것은 사실이다. (신형식, 신라 중대 전제왕권의 특질 「통일신라사 연구」, 삼지원, 1990 pp.151~180)

김씨계통이었으나 고려에 귀순하여 신라는 역사에서 사라졌다.

통일신라의 하대는 원성왕의 두 아들(仁謙과 禮英)의 계통간의 갈등이 이어져 왕위계승이 복잡하였으며 9세기 말 이래 10세기 이후 후백제(892-936), 태봉(901-918)의 등장 등으로 정치적 분열이 시작되었고 골품제의 붕괴에 따른 6두품 계열의 반발과 장보고의 반란과 각 지방의 초적·호족 등장에 따른 정치혼란으로 신라는 큰 위기에 빠지게 되었다. 특히 6두품 계열 중에 최치원을 대표로 하는 숙위학생들은 당시 지배층(Ruling majority)과는 달리 소수의 지적집단(Creative minority)으로 시대전환의 입장에서 당시의 시대혼란(A time of trouble)을 극복하려는 새로운 사회건설을 제시한 것이다. 따라서 이들의 사회개혁 의지는 단순한 변모(Transfiguration)이 아니라 미래의 사회건설을 위한 초탈(Detachment)로써 고려 건국의 방향을 제시한 것이다.[57] 왕조교체기(신라·고려·조선)에 보여준 새로운 사상과 세력의 등장은 이러한 사회 변화의 첫걸음이 되는 것이다.

여기서 우리는 신라의 멸망이 진성여왕 이후 역대 왕의 실정에서 나타난 결과라고만 할 것이 아니라 Spengler의 생명체의 운명관(소년-청년-장년-노년: Life cycle)이나 문화발전단계(봄-여름-가을-겨울)와 함께 Toynbee의 문명의 순환설(탄생-성공-붕괴-해체)에 따른 분열과 고난의 시각으로 볼 수 있다.[58]

---

57 신형식, 최치원과 Dante의 대결적 비교(『한국고대사의 새로운 이해』 주류성, 2004) p.551
58 쉬펭글러와 토인비의 순환사관(박성수, 「새로운 역사학」 삼영사 2005) pp.416~432

[6] 발해사의 실상은

남북조 시대의 의미는

발해는 우리 역사상 고구려를 이어 만주를 지배한 두 번째 국가로서 698년(신라 효소왕 7년)에 大祚榮이 건국한 이후 926년(신라 경애왕 3년)까지 229년간 계속된 나라이다. 그러므로 발해가 고구려의 후손이었으므로 신라와의 관계가 거의 없었지만 우리 민족이 세운 국가임에는 틀림이 없다.[59]

특히 유득공의 「발해고」(1784)에서 남북국 시대를 쓴 이후 장도빈의 「국사」(1916)에서도 남북국시대라는 공식명칭을 사용하였고, 변태섭의

[59] 김정배·유재신〈편〉, 「발해사」(정음사, 1988)
송기호, 「발해정치사 연구」(일조각, 1995)
조이옥, 「통일신라의 북방진출 연구」(서경문화사, 2000)
[60] 한규철, 「발해의 대외관계사─남북국의 형성과 전개」(신서원, 1994, pp.95~103)

「한국사통론」(1986)에서도 공식적으로 민족의 통일과 남북국가라는 제목이 사용되었으며 한규철의 주장이나[60] 교과서에서도 나타나 있다. 그러므로 남북국시대는 분명히 존재한 것은 사실이다.

그러나 당나라와 일본과는 관계가 빈번하였으나 두 나라 사이에는 공식적인 관계가 없어 문제가 있다. 최치원의 謝不許北國居上表(당나라가 숙위학생의 순위를 발해가 신라보다 상위에 앉는 것을 반대한 사실에 감사)에 대조영에게 신라(효소왕 9년: 700)에서 대아찬의 벼슬을 주

동모산성 앞에서

■ 대조영이 나라를 세울 때는 동모산(돈화성산자산성)이었으나 이어 서울을 구국(영승유적)으로 옮긴 후 다시 중경(서고성: 742-755)으로 이동하였다. 그 후 문왕이 서울을 상경(흑룡강성 동경성)으로 이동한 후 다시 동경(흔춘시 팔련성)으로 갔다가 선왕때(794) 다시 상경으로 옮겨서 여기서 발해는 멸망하였다.

었다고 되어있으나[61] 이러한 기록은 어디에서도 찾을 수 없다. 그 후 신라에서는 원성왕 6년(790)에 白魚를 헌덕왕 4년(812)에 崇情을 北國에 사신을 보낸 기록(「삼국사기」)이 있으나 발해 쪽에서는 사신을 보낸 기록이 없다. 무엇보다도 당나라는 737년(성덕왕 32)에 발해가 당나라(산동성 登州)를 공격하자 신라외교관(宿衛: 김사란)을 귀국시켜[62] 발해를 공격하게 하여 신라는 발해 남방을 쳐들어갔으나 천재(大雪)로 실패한 사

61 최준옥 편, 「역국 고운선생문집」〈하〉表(1973) p.101
62 신형식, 신라의 숙위외교(「한국고대사의 신연구」 일조각, 1984) p.370

실은 동일민족으로서는 문제가 있다.

대조영은 고구려가 망한 뒤에 營州(현재의 조양) 지방으로 옮겨 살고 있었는데 거란인 李盡忠이 돌궐족을 이끌고 반란을 일으키자 그는 걸사비우(말갈족)와 함께 고구려 유민을 이끌고 동쪽으로 이동하는 과정에서 걸사비우는 전사(천문령전투)하였으나 동쪽으로 가서 동모산성(성산자산성: 길림성 돈화)에서 발해(처음 이름은 震國)를 세웠다. 대조영(699~718)을 이은 武王(719~737)은 국가체제를 갖추고 영토를 확장하여 만주의 중·동부지역과 고구려의 옛 땅을 확보하게 되었다. 이러한 발해의 발전은 신라를 외면하고 대외관계에서도 일본과 통교하면서 국제적으로 알려지게 되었다.

◆ ◆ ◆

고려의 옛 땅을 회복하고 부여의 예속을 잇게 되었습니다. 그러나 멀리 떨어져 길이 막혔으나 (중략) 오늘에야 비로소 옛날의 예에 맞추어 선린을 도모하고자 영원장군 高仁義 등 24인을 보내게 되었습니다. (속일본기 권10, 성무천황 5년 정월조)

여기서 볼 때 발해는 성무천황 5년(728: 무왕 10)에 신라는 외면하고 일본과 교섭을 시작하고 있었다. 신라는 발해의 확장에 대항하여 이미 718년(성덕왕 17)에 북방(한산주) 북방에 성을 쌓고 북방경계를 한 것을 보면 당시 신라와 발해 관계를 엿볼 수 있다.[63]

---

63 신라는 성덕왕 17년(718)에 한산주에 여러 성을 쌓은 이후 20년(721)에 함경도 남쪽(영흥과 정평의 경계)에 長成을 쌓았으며, 경덕왕 21년(762)에는 6성(오곡·휴암 등 예성강 이북 대동강 이남의 황해도 일대)을 쌓아 발해를 의식한 정책으로 생각된다.

또한 신라와 발해 사이의 관계에서 동일민족 국가의 성격을 느낄 수 없는 것은 중앙정치제도의 내용에서도 분명히 보이고 있다. 신라는 당나라의 친선과 문물 교류를 통하였지만 중앙정치제도의 경우 중국의 전통적인 중앙행정조직인 3성 6부를 거부하고 집사부(侍中)를 비롯한 14관부를 두었으나, 발해는 3성 6부로 그 명칭만 바꾸었지만 그 내용은 당나라의 제도를 그대로 계승하고 있다.[64]

끝으로 발해는 일본과 34회의 사신을 파견하여 친선관계를 유지(신라 협공계속)하였으나 신라와는 거의 교섭이 없었다. 그러나 당과는 100여 차례의 교섭이 있었으나 내면적으로는 전쟁으로 이어지기도 하였다.[65] 이러한 관계 속에서 신라와 발해의 갈등은 당나라 유학생(宿衛學生)의 순위 다툼에서도 나타나고 있어 양국 간의 동족의식은 실제로 보여 지지 않은 것은 사실이다. 그러나 발해는 고구려를 이은 나라여서 그 주민과 생활환경은 동일민족으로서의 위상은 부인할 수가 없다.

◆ ◆ ◆

서리 내리는 늦가을 밤 은하수는 밝은데 (霜天月照夜河明)

타향의 나그네 고향생각 달랠 길 없어라 (客子思歸別有情)

긴긴밤 뜬눈으로 잠 못이루는데 (厭坐長霄愁欲死)

홀연히 들려오는 다듬이 소리 (忽聞隣女擣衣聲)

바람결에 끊겼다 이어지는 구나 (聲來斷續因風止)

고국을 떠나 처음듣는 이 소리가 (自從別國不相聞)

고향의 다듬이 소리와 흡사하구나 (今在他鄕聽相似)

楊泰師의 밤에 듣는 다듬이소리 (「經國集」)

이러한 양태사의 일본에서 듣는 다듬이 소리로 볼 때 당시 발해와 일본 간의 빈번한 교류를 느낄 수 있다.

발해사에서 우리가 주목할 사항은 빈번한 수도의 이전이다. 고대사회에 있어서 수도의 이전은 신·구 수도지역 주민의 반발과 국가체제의 동요에 따른 국가쇠퇴의 바탕이 된다는 사실은 발해사에서 엿볼 수 있다.[66] 대조영이 첫 수도로 동모산(돈화시 성산자촌: 목단강 지류인 대석하 근처)에 정했으나 얼마 후에 구국(동모산 북쪽 영승유적: ?~742)으로 수도를 옮겼다. 이어 문왕 6년(742)에 당나라에 위협에 대비하여 목단강 하류 지역의 중경(현덕부 화룡의 서고성)으로 옮겼다.

그 후 문왕 19년(755)에 다시 서울을 상경(용천부-서고성 북방: 흑룡강성의 동경성)으로 옮겼으며, 문왕 49년(785)에는 다시 동경(용원부-길림성 훈춘 팔련성)으로 이전한 후 선왕 1년(794)에는 다시 상경으로 옮겼다. 이와 같은 빈번한 수도 이전은 당(서방)·거란족(북방)에 대응하고 친일외교(동경 천도)를 위한 조치였지만 고구려·백제의 경우에서 보듯이 지역 간의 갈등과 정치혼란으로 국가쇠퇴(결국은 멸망)의 단초가 되었다. 이상에서 볼 때 발해와 통일신라는 분명히 우리 민족이 이룩하고 지켜온 나라임에는 틀림이 없다. 그러나 발해는 신라가 고구려를 멸망시킨 나라이므로 신라에 대한 적대감으로 일본과의 친선에 주력한 나라였다. 더구나 당의 요구로 발해를 공격한 사실에 대한 발해의 감정은

64 3성의 명칭만 달랐고, 6부의 경우 발해는 忠(吏)·仁(戶)·義(禮)·智(兵)·禮(刑)·信(工) 표기만 다르지만 내용은 당의 제도를 그대로 따르고 있다.
65 한규철, 발해의 대외관계(「한국사」 10, 국사편찬위, 1996)
66 신형식, 한국 고대사에서 본 천도(「향토서울」 65, 2005)

신라가 北國으로 사신을 보냈지만 외면하고 있었다. 이러한 두 나라 간의 갈등(대립관계)은 우리 역사상 가장 큰 문제점이라고 하겠다. 따라서 우리는 두 나라사이의 문제가 있기 때문에 남북국시대라는 표현도 문제는 있지만 두 나라가 우리 민족이 이룩한 나라(동일한 혈통)이므로 남북국시대라는 사실에 공감을 가질 필요가 있다.

최근에 김정배 교수가 저술한 저서에서도 「구당서」·「신당서」 내용을 비교·검토하여 「신당서」의 기록을 바탕으로 발해가 고구려유민이 국가 지도층의 상층부를 구성하여 고구려를 계승한 우리 민족이 주체가 된 나라임을 밝히고 있다. 이러한 사실은 「속일본기」에서도 확인될 수 있는 내용임을 확인하고 있다.[67]

---

67 김정배, 발해사는 한국사인가 중국사인가(「한국과 중국의 북방사 인식」 세창출판사, 2018) p.53

제4장
삼국시대 정치·사회상의 이면상

대왕암

경주시 봉길리(양북면) 앞바다에 있는 바위로 문무왕의 유언에 따라 화장한 후에 여기에 유골을 묻은 산골처이다. 이 왕릉 중앙에 넓적한 큰 돌이 있는 데 그 아래에 유골을 보관한 것으로 보인다. 따라서 이것은 우리나라에서 유일한 海中陵이다.

[1] 삼국시대 왕의 참 모습은

[2] 삼국시대 정치제도의 차이와 문제점은

[3] 통일신라 전제왕권의 실상은

[4] 신라 여왕이 정치에서 얻은 교훈은

[5] 통일신라 대당외교의 실상과 의미는

[6] 통일신라 대당유학생(宿衛學生)의 역할은

[7] 신라 멸망의 진실은

[1] 삼국시대 왕의 참 모습은

삼국시대는 철저한 계급사회로서 정치의 주인공은 왕이었다. 그러나 실제 권력을 행사한 주변의 지배 귀족들의 명단은 거의 나타나지 않지만, 일부의 역할이 당시의 정치에 실제 주역이었다. 그러나 삼국시대의 정치주인공은 물론 왕이었지만 정치적 변천기(왕의 교체기나 권력 쟁탈기, 그리고 전쟁기)에는 왕을 둘러싼 소수의 지배층이 실제 권력자들이었다. 이러한 사실은 5세기 이전에는 왕의 독주시대로서 특히 3국과 통일신라의 전성기(백제 근초고왕시기 〈4세기〉, 고구려 광개토대왕, 장수왕시기 〈5세기〉와 신라 전제왕권기 성덕왕, 경덕왕 〈8세기〉)에는 활동한 인물이 거의 나타나지 않는다. 그러나 영토 확장기(전쟁기)에는 신라(6세기-법흥왕·진흥왕, 7세기-선덕왕·진덕왕·무열왕·문무왕), 고구려(7세기-영류왕·보장왕)의 경우 활동 인물(주역)의 명단이 나타나 있다.

다시 말하면 백제 전성기인 근초고왕 때는 왕후의 친척인 眞淨의 명단뿐이며, 고구려 전성기인 광개토왕·장수왕 시기는 권세를 부린 인물 명단이 없다. 그리고 통일신라기인 신문왕·성덕왕 때 역시 왕을 제치고 전권을 행사한 인물이 없었다. 그러나 정복사업을 추진하던 법흥왕 (514-538) 때는 나라 일을 총괄한 哲夫가 등장하였고 진흥왕(538-576) 대는 이사부·사다함·김무력 등 다수인이 보이고 있다. 특히 7세기의 제·라 전쟁과 통일과정에서는 김용춘·김춘추 부자, 김서현·김유신 부자, 자장과 원광, 비담, 알천 등 수많은 인물이 등장하고 있다. 동시에 7세기의 고구려 시대는 을지문덕·연개소문이, 백제는 복신·계백·성충 등이 나타나고 있다.

따라서 삼국시대의 왕은 전성기(백제는 4세기, 고구려는 5세기, 신라는 8세기)를 제외하면 왕의 일반적 독재는 불가능했다고 보인다. 이러한 사실을 통해서 볼 때 삼국시대의 왕은 전성기를 제하면 정권안정, 영토 확보, 방어시설의 확보, 권력투쟁으로부터의 갈등을 극복하기 위해서 힘들고 외로운 싸움으로부터의 공포에 따른 외로운 존재(Loneliness created by fears)였으므로 善君과 暴君이 되기가 어려웠다는 것이다.[1] 이때 복종과 충성을 한 자에게는 후한 보상을 주는 선군(Benevolent despot)이 되지만, 반대자에게는 무자비한 폭군(Cruel tyrant)이 될 수 있었으므로 자신의 권위를 위해 장엄한 궁궐과 거대한 방어시설, 그리고 호화로운 신전(神殿)과 분묘 등을 조성하는 것이 통례라고 보인다.[2]

---

[1] W.Eberhard의 The Political Function of Astronomy and Astronomers in Han China (Fairbank〈ed〉「Chinese Thought and Institution, 1957」와 Karl A. Wittfogel 의 「Oriental Despotism」 Yale Univ.Press, 1957)에서는 고대(서양, 중국)에 있어서 왕은 일부의 제한(군신귀족층의 견제)은 있었으나 전제적 권력(Despotic power)을 행사하기 위해 복종과 충성을 강요하였으므로 끊임없는 반발(도전)과 공포가 있었다고 하였다.

　삼국시대 왕의 성격을 이해하기 위해서는 3국의 시조가 보여주는 내용과 그 외 역대 왕의 활동을 참고할 필요가 있다. 먼저 3국 시조의 기록을 비교함으로써 시조의 역할과 위상을 살펴볼 수가 있다. 시조는 천손임으로 그의 기록에는 거의 예외 없이 천재지변(일식·용·살별〈星孛〉·우뢰·가뭄)이 나타나고 있으며 하늘(天帝)과의 관계를 보이고 있어 시조의 위대성을 부각시키고 있다. 따라서 박혁거세와 고주몽의 탄생에 큰 알(大卵)에서 태어난 사실을 보여주고 있다. 다음에서와같이 시조들의 활동은 비슷한 모습을 보이고 있다.

◆ ◆ ◆

㉮ 〈1〉 혁거세 8년 왜인이 침범했으나 시조의 위대성(덕)을 알고 되돌아갔다.

〈2〉 17년 왕이 6부를 순행하면서 농상(農桑)을 독려하였다.

〈3〉 21년 성을 쌓고 金城이라 하였다.

〈4〉 26년 정월에 금성에 궁궐을 지었다.

〈5〉 38년 호공을 마한에 보내 예방하였다.

㉯ 〈1〉 동명왕 2년 8월에 송양이 항복해왔으며 그를 그곳(다물도)의 우두머리로 삼았다.

〈2〉 4년에 성곽과 궁실을 지었다.

〈3〉 6년 행인국을 치고 그 땅을 빼앗았다.

〈4〉 10년 북옥저를 정벌하였다.

〈5〉 14년 왕의 어머니(유화)가 죽었다. 이에 신묘를 세웠다.

2　신형식, 삼국시대 왕들의 참 모습(「새로 밝힌 삼국시대의 역사적 진실」 우리역사연구재단, 2013) p.65

㉓ 〈1〉 온조왕 동명왕묘를 세웠다.

〈2〉 3년 침입한 말갈을 격퇴시켰다.

〈3〉 4년 낙랑에 사신을 보내 우호를 닦았다.

〈4〉 5년 변방을 순행하고 백성을 위무하였다.

〈5〉 8년 침입한 말갈을 축출하고 마수성을 쌓고 병산책을 세웠다.

〈6〉 11년 독산책 · 구천책을 세웠다.

〈7〉 13년 궁성과 대궐을 세웠다

〈8〉 14년 수도를 옮겼으며 한성 서북쪽에 성을 쌓았다.

〈9〉 15년 궁실을 지었다.

〈10〉 17년 사당을 짓고 국모에게 제사 지냈다.

이러한 내용은 「삼국사기」에 나타난 3국 시조의 활동 내용으로 시조의 기록은 너무나 흡사하였다. 시조들은 예외 없이 수도확정 이후 궁궐과 성책조성, 대외관계(정복과 외교), 순행(지방시찰), 그리고 신묘를 통한 제사를 하고 있었다. 이러한 시조의 활동(업적)은 그대로 다음 왕에게 이어졌으며 특히 순행을 통해 백성을 위무하는 전통을 보여주었다.[3] 여기서 우리는 「삼국사기」에 나타난 왕의 활동으로서 정치(관리임명·축성·순행·제의 등)·天災대응·외교·전쟁으로 설명(기록)하고 있는 사실을 확인할 수가 있다.[4] 그 후 삼국시대의 역대 왕에 대한 활동은 다음 기록에서와같이 시조와는 다르지만 비슷한 모습을 보이고 있다. 삼국시대에 대

---

3 신형식, 순행을 통하여 본 삼국시대의 왕(「한국학보」 25, 1981)
　　　, 삼국시대왕의 성격과 지위(「한국고대사의 신연구」 1984)
4 신형식, 「삼국사기 연구」(일조각, 1981: 수정판, 「삼국사기의 종합적 연구」 경인문화사, 2011)

표적인 왕의 업적(기록, 「삼국사기」)을 보면 아래와 같다.

◆ ◆ ◆

㉮ 〈1〉 고이왕 3년 왕이 서해의 큰 섬에서 사냥하였다

〈2〉 5년 천지에 제사를 지냈으며 2월에는 부산에서 사냥하였다.

〈3〉 7년 신라를 공격하고 眞忠을 좌장으로 임명하였다.

〈4〉 27년에 6좌평을 두었다.

〈5〉 33년 · 39년 · 45년 신라를 공격하였다.

〈6〉 53년 신라에 사신을 보내 화친을 청하였다.

㉯ 〈1〉 광개토왕 1년 백제를 정벌하였다.

〈2〉 9년 왕은 연나라에 사신을 보내 조공하였다.

〈3〉 16년 궁궐을 증축 · 수리하였다.

〈4〉 18년 왕이 남쪽으로 순행하였다.

㉰ 〈1〉 진흥왕 1년 크게 사면하고 문·무관의 관직을 한 등급씩 올렸다.

〈2〉 2년 이사부를 병부령으로 삼고 군사권(兵部令)을 맡게 하였다.

〈3〉 9년 백제의 요청을 받아 고구려군을 격퇴하였다.

〈4〉 12년 왕이 낭성에 순행하여 우륵을 불러 하림성에서 음악을
연주케 하였다.

〈5〉 14년 월성 동쪽에 새 궁궐을 짓게 하였다.

〈6〉 15년 명활성을 수리하고 김무력이 백제를 공략하여 왕(성왕)
을 죽였다.

〈7〉 18년 국원을 小京으로 삼고 북한산주를 설치하였다.

〈8〉 25년 북제에 사신을 보내 조공하였다.

〈9〉 35년 황룡사의 장륙상을 주조하였다.

이 글은 3국의 대표적인 왕(고이왕·광개토왕·진흥왕)의 업적을 정리한 것으로 이들은 다 같이 하늘(天神)에 제사, 지방 순시(巡幸), 관직 설치와 고위직 임명, 대외전쟁(영토 확장), 대중국 외교(조공), 궁궐과 축성 등 한결같은 활동을 하고 있어 당시 왕의 모습을 이해할 수가 있었다.

그러므로 왕의 위상을 높이기 위해 신체적 특징과 지혜를 부각시켰으며,[5] 즉위 연령이나 사망 연령도 일반인과 구별한 경우가 많았다.[6] 다만 왕의 계승방법이 장남(또는 차남, 또는 근친)이 중심이 아니었고 세습 이외에 찬탈·추대 등 다양한 방법이 있었다.[7] 특히 왕비의 경우는 가까운 친척이나 실력자의 딸이 대부분이어서 철저한 계급사회의 모습을 알 수 있으며, 여러 가지 문제(귀족 간의 갈등)로 재위 년간이 왕 자신의 입장(재위 기간)이 지켜질 수가 없었다.[8]

---

5 왕의 대부분이 아니라 특정 왕에 대한 내용이 보인다. 진평왕은 키가 11척으로 거동할 때 돌사다리를 밟으면 돌 두개가 한꺼번에 부러졌다(『삼국유사』 권1, 기이)라든가 무열왕은 아침·저녁에 쌀 6말·술 6말·꿩 10마리를 먹었다(『삼국유사』 권1)라고 되어있으며 많은 왕들이 활을 잘 쏘는 특기가 있었다고 하였다.(신형식, 삼국시대 왕들의 참 모습 「새로 밝힌 삼국시대의 역사적 진실」, 우리역사연구재단, 2013, p.67)

6 시조의 경우는 예외이지만 7세(태조왕·진흥왕), 8세(혜공왕), 11세(대문신왕)에 등극하였고, 76세가 넘어서 등장한 왕(신대왕·차대왕)도 있었다. 특히 장수한 왕은 재위 기간이 94년(태조왕)과 79년(장수왕)으로 나타났으나 태조왕은 아들이 없어 동생(차대왕)이 76세에 등장하였으며, 장수왕은 장남(助多)가 일찍 죽었음으로 손자(문자왕)가 이어진 것이다.

7 세습의 경우 신라는 56왕 중에서 세습된 왕은 18명(차남·동생·손자 포함) 뿐이고 고구려는 28왕 중에서 20명(동생 3인 포함) 이었으며, 백제는 31왕 중에서 비교적 많은 23명이었다. 특히 신라는 추대가 31명, 고구려는 8명, 백제는 7명이었고 찬탈된 경우는 신라가 6명, 고구려는 5명, 백제는 4명이었으며 왕의 교체기에는 예외 없이 천재지변(가뭄·홍수·일식·별의 변화)이 있어 천재지변은 왕위교체 등 삼국시대가 복잡한 정치적 변화의 전조(예상)를 보이고 있었다.

8 왕비의 경우 시조는 정상적인 관계가 아니라 하늘과 연결되었으나 그 후의 왕비는 가까운 왕족이나 세력자의 딸이었다. 4대 탈해왕비는 유리왕(3대)의 딸이며 8대 아달라왕비는 지마왕(6대)의 딸이다. 17대 내물왕비는 미추왕(13대)의 딸이며 19대 눌지왕비는 같은 김씨로 실성왕(18대)의 딸이었다. 이와 같이 초기의 신라 왕은 박씨·성씨·김씨계의 왕녀로

다만 통일신라가 왕권이 강화되고 정치상황이 안정된 신문왕(681-692) 이후는 왕의 활동기록은 관제개혁·고관임명·대외관계(대당외교)·대민정책(사면·순행)에 중심이었고 왕의 교체기에는 예외 없이 천재지변 기사가 큰 비중을 갖고 있었다. 그러나 9세기 이후 신라 후반기에는 권력투쟁으로의 왕권쟁탈전과 진성여왕(887-897) 이후는 천재지변 기사와 정치적 혼란(권력투쟁과 호족의 등장 그리고 후삼국의 전개) 기사가 압도적으로 많았으며 정상적으로 왕의 정치운영이 불가능했음을 보이고 있다. 결국 왕은 영토 확장기에는 전쟁기록이 압도적으로 많으며 정치적 안정에 따라 정상적인 정치운영이 가능했음을 보여주고 있다.

따라서 신라의 멸망은 인간의 노년기의 모습과 같이 Spengler와 Toynbee의 시대 전환기 모습은 이미 그보다 앞서 장도빈의 서술에서 보여지고 있어 오랜 전성기가 지나면 반드시 쇠퇴기가 이어진다는 사실과 비슷한 현상이라 하겠다. 그러므로 새로 등장하는 신세력(인간의 경우 자식이나 반대집단)과 사상의 변화는 왕조의 교체로 이어진다는 사실이다. 그러나 「삼국사기」의 기록에서 결정적인 오류를 범한 것은 포석정이 놀이(잔치)의 장소라는 사실로 신라 멸망의 원인으로 지적한 것이다.[9] 그러나 신라의 멸망은 천 년을 이어오면서 Spengler와 Toynbee의 지적과 같이 전성기를 지나면 쇠퇴기(Breakdown)와 붕괴(Disintegration)가 오기 마련임으로 이러한 사회변화에 따른 문제(정치분열·지방세력 등

귀족 간의 타협을 꾀하였다. 그러나 무열계로 출발한 무열왕(29대)의 어머니(천명부인)는 내물계인 진평왕 딸(선덕여왕 동생)이며, 그 후 무열왕은 자신의 딸(智照)을 김유신에게 시집보내고 있다.

9 강동구, 표석정은 제천사지였다(「신라멸망과 마의태자의 광복운동」 신라사연구소, 1999, p.6) 신형식, 표석정의 진실은(「새로 밝힌 삼국시대의 역사적 진실」 우리역사재단, 2013)

북한 진흥왕 순수비(유지비)　　　　　　광개토왕비

■ 북한산 순수비는 진흥왕이 한강북부지역(신주)을 점령한 기념으로 김무력(김유신 조부) 등을 데리고 568년에 북진(통일)과 순수를 통한 민심의 안정을 비는 내용이다. 현재 순수비(A-1,550m)의 보호를 위해 1972년에 경복궁으로 옮겼으며 그 자리에는 비슷한 모습의 유지비(우측)를 두었고 1986년에는 국립박물관에 보존하고 있다. 이러한 순수비는 함경도로 북진하여 황초령비(함흥)와 마운령비(이원군)를 세워 신라가 함경도까지 진출한 것을 일 수 있다.

■ 장수왕이 아버지 광개토왕의 업적을 기념하기 위해 3년(414년)에 만주 집안에 세운 비석(6.4m)으로 1775자의 비문으로 되어있다. 내용은 첫 부분은 고구려역사(주몽~광개토왕), 다음은 정복지역(요서·만주·백제·신라 등) 왕의 7개 방향, 그리고 세 번째는 능직이 규정으로 되어있다.

장·사상의 변화)의 결과라고 봐야 할 것이다. 따라서 일찍이 장도빈은 국사개설서(「조선역사요령」 1923)에서 Spengler나 Toynbee의 영향이 아닌 자신의 서술에서 우리 역사의 전개과정(창립-강성-전성-외구(外寇)-멸망)으로 신라 멸망을 설명하여 역사의 전환과정을 인간이 노인이 되면 노쇠현상과 같다고 한 사실은 큰 의미가 있다.[10]

---

10 신형식, 장도빈(「한국고대사서술의 정착과정연구」 경인문화사, 2016)

삼국시대 왕의 성격을 파악하기 위해 먼저 재위 기간을 찾아보았다. 고구려(B.C.37-668)는 28왕이 존재하며 평균 재위 기간이 25년이고 백제(B.C.18-660)는 31왕이 존재하여 21.9년이며, 신라(B.C.57-935)는 56왕이 존재하여 17.7년이었다. 신라가 가장 장기지속 했으면서 왕의 재위 기간이 짧은 이유는 9세기 이후 신라의 정치적 갈등(왕위쟁탈전·박씨 왕의 등장)이 큰 원인이 된 것이며 백제 말기도 같은 이유를 통해 재위 기간이 짧을 수밖에 없었다.[11]

이러한 사실로 보아 왕위계승 문제는 많은 시련과 갈등이 계속되는 경우가 많았으며 신라 말에는 왕의 피살사태가 빈번한 것도 고대사회의 문제점의 하나였다. 따라서 신라시대는 세습(차남·동생·손자포함)이 18명뿐이며 그 외 추대(31명)·친탈(7명)이었으며 고구려는 비교적 세습이 20명(동생 포함)·추대가 8명이었으며, 백제는 세습이 23명(추대 7명·피살 4명)이나 되었다. 결국 추대된 왕이 장기집권의 경우가 많아서 고대사회는 정치의 중심인 왕을 둘러싼 갈등이 많았던 것이다.[12]

또한 왕의 즉위 시에 고구려의 태조왕(53-146)과 신라의 진흥왕(540-576)은 7세로 태후의 뒷받침으로 어린 시절의 시련을 극복할 수 있었고 8세에 왕이 된 신라의 혜공왕(765-785)은 태후가 섭정하여 어려움을 벗어날 수가 있었다. 또한 재위 기간이 가장 길었던 태조왕은 그 기간이 94년간(53-146)이나 되었고 장수왕은 79년(413-491)이 되어 태조왕은 동생(次大王)이 왕위를 이어받았으며 장수왕은 아들(助多)은 일찍 죽고

---

11 재위 기간이 1년을 채우지 못한 왕은 백제의 사반왕과 신라의 신무왕이며 2년 이하는 백제의 혜왕·법왕이다. 신라는 민애왕·정강왕이다.

12 신형식, 삼국시대 왕들의 참 모습은(『새로 밝힌 삼국시대의 역사적 진실』 pp.68~70)

손자인 문자왕이 왕통을 계승하였다.

삼국시대의 왕은 영토확장이 가장 큰 업적이었으므로 그 기념을 위한 비석을 세우고 있었다. 그 대표적인 유적이 광개토왕비와 진흥왕순수비이다.

[2] 삼국시대 정치제도의 차이와 문제점은

삼국시대는 엄격한 계급사회였으므로 초기에는 건국의 주역인 왕족중심의 지배계층은 정치의 주인공으로 모든 국가의 주요활동을 장악하였다. 그러나 국가체제가 정비되면서 왕의 가계도 확립되고 국가의 정치조직이 마련되어 귀족중심의 정치제도가 이룩되었으며, 신라는 골품제도가 완성되었다. 따라서 고구려는 태조왕(53-146) 때 왕권이 강화되면서 정치제도가 정비되었지만, 소수림왕(371-384)의 율령공포(373)로 그 윤곽이 이룩된 후 평양 천도(427) 이후에 정치체제가 많은 변화가 있은 후에 완성된 것으로 생각된다.[13]

---

13 이러한 사실은 중국 문헌에 나타난 고구려 정치제도가 일정하지 않고 책마다 그 내용이 다르다는 사실에서 엿볼 수 있다. 즉 최초로 고구려사가 등장한 「후한서」에는 9등급, 「삼국지」(위지)에는 10등급, 「양서」에는 8등급, 「주서」에는 13등급, 「수서」에는 12등급, 「신당서」에는 12등급, 그리고 「한원」(翰苑)에는 14등급으로 되어있어 그 구체적 관등조직을 알 수가 없다.

▷ 삼국의 관등제 비교 ◁

	신라	신분	색깔
1	이벌찬	진골	자색
2	이찬		
3	잡찬		
4	파진찬		
5	대아찬		
6	아찬	6두품	비색
7	일길찬		
8	사찬		
9	급벌찬		
10	다나마	5두품	청색
11	나마		
12	대사	4두품	황색
13	사지		
14	길사		
15	대오		
16	소오		
17	조위		

	백제	관품	색깔
1	좌평		자색
2	달솔		
3	은솔		
4	덕솔		
5	한솔		
6	나솔		
7	장덕		비색
8	시덕		
9	고덕		
10	계덕		
11	대덕		
12	문독		청색
13	무독		
14	좌군		
15	진무		
16	극우		

	고구려(주서)
1	대대로
2	태대형
3	대형
4	소형
5	의후사
6	오졸
7	태대사자
8	대사자
9	소사자
10	욕사
11	예속
12	선인
13	욕살

한편 백제는 비교적 일찍 제도가 정비되어 고이왕 27년(260)에 6좌평은 물론 16관등제가 이룩되었으며 3등급의 복색까지 마련되고 있다. 이러한 계급간의 복색은 신라와 비슷하여 민족적 동질성을 엿볼 수 있다.

이에 대해서 신라는 초기에 왕족 중심의 친족체제로 이벌찬·서불한(舒弗邯·이벌찬·각간의 별칭) 등의 명칭은 보이지만 제도의 정비는 법흥왕 4년(517)의 兵部설치와 7년(520)의 율령반포 이후에 이룩되었다고 보겠다. 그 후 통일 후 왕권의 강화와 제도의 정비로 신문왕 6년(686)에 예작부가 설치되면서 14관부가 완비되어 왕권에 안정에 따라 완성될 수 있었다. 이상에서 볼 때 삼국시대의 관등은 대체로 13-17등급으로 되어 있는 듯하지만 그 명칭이 서로 다르게 되어있어 당시의 정치상황을 엿볼 수 있다.[14]

이상에서 알 수 있듯이 3국의 관등 조직은 약간의 차이점이 있었지만, 고대사회의 제도가 지닌 엄격한 신분제도로써 통일신라의 완성된 모습으로 일단락되었다. 신라의 제도는 법흥왕 3년(516)에 병부가 설치된 이후 진흥왕 때 (사정부)를 거쳐 진평왕 시기에 크게 정비된 후 (위화부·조부·승부·예부·영객부) 신문왕 6년(686)에 예작부가 설치될 때까지 170년을 경과하면서 이룩된 것이다. 이때 수상(侍中) 이하 장·차관(令·卿) 그리고 군사(兵部)·감찰(司正府)·외교(領客府)·인사(位和府)·재정(倉部) 등 관부가 분리되어 고려·조선의 제도에 기원이 되었다. 신라는 제·려와 달리 행정관부 외에 궁정 업무를 관장하는 內省(책임자는 私臣), 왕실 보호기관인 侍衛府, 수도 관할기관으로 京城周作典과 국왕의 시종기관인 洗宅과 御龍省(국왕의 행차관리) 그리고 사찰보호기관(사천왕사성전 외에 7사성전) 등 제·려에는 없는 특수기관이 있었음으로 강력한 왕권유지가 정치제도의 바탕이 되었다.

무엇보다도 신라는 계급의식이 엄격하여 진골신분으로 대아찬 이상만 자주색 옷(紫衣)을 입을 수 있어(백제는 6위 나솔 이상) 각 계층 간의 구분이 엄격하였고 진골만이 牙笏(왕의 명령을 기록하는 판)을 갖게 하였다. 더구나 중앙의 14관부 중에서도 병부·창부·예부·집사부 등 4부만이 部를 쓰고 나머지 10부는 府자를 써 지위의 차별을 보여주었다. 특히 각

---

14 고구려 관등에 대해서 중국 문헌(「주서」·「당서」·「한원」)마다 그 순위가 다르게 되어있어 (울절이 「당서」에는 2위, 「환원」에는 3위) 혼란이 보인다.

신분 간의 격차가 커지면서 그에 대한 6두품 이하 귀족들의 불만을 완화
시키기 위해 6두품의 최고 관등인 아찬을 중아찬부터 4중아찬으로 확장
시켰고 5두품 신분의 대나무는 중나마에서 9중나마까지 나마는 중나마
에서 7중나마까지 그 안에서 급수를 높였다[15]

이러한 시도는 학문적 실력이 있는 6두품 계열의 불만을 완화시키려
는 의도였으나, 관직의 차별이 엄격한 현실에서 큰 의미가 없었다. 그러
므로 6두품 계열은 스스로 당나라에 유학(숙위학생)을 떠나 그곳에서 빈
공과에 합격하여 현실극복의 길을 택했으나 큰 성과는 없었다.

다만 최치원 등 일부 6두품 계열은 귀국하여 새로운 신흥세력(Creative
Minority)으로 등장하여 종교적 변화(삼교 융합)와 사회변동(신라 멸망과
고려 건국)의 주체세력으로 등장하게 되었다.[16]

그러나 통일신라의 14관부는 그 명칭은 달라도 군사부분(兵部), 인사
와 내정사무(위화부), 외교사무(영객부), 재정사무(창부) 등의 전통은 그
대로 고려·조선으로 이어져 한국정치제도사의 바탕이 되었다. 무엇보
다도 통일신라는 제·려 유민을 한민족으로 융합시키기 위해 고구려의
제2위였던 울절(대로·대형)을 신라의 7위(일길찬)으로, 백제의 제2위였
던 말솔이 신라에서는 10위(대나마)로 3위였던 은솔은 11위(나마)를 주

---

15 이러한 귀족 간의 갈등을 완화시키려는 노력은 있었지만 진골 위주의 정치체제는 변함이
없어 중앙·지방·군사제도의 최고 관직은 진골이 독점할 수밖에 없었다. 더구나 김유신
의 경우를 보면 백제 정벌의 대공을 세운 김유신에게는 종래의 최고 관등인 이벌찬(각간)
을 넘어 대각간을 부여하였으며(무열왕 7년: 660), 고구려를 멸망시킨 668년(문무왕 8)
에는 다시 태대각간을 주었다.

16 신형식, 여말선초의 숙위학생(「한국고대사의 신연구」 일조각, 1984)
　　 신형식, 최치원과 Dante의 대결적 비교(「한국고대사의 새로운 이해」 주류성, 2009)
　　 장일규, 「최치원의 사회사상 연구」(신세원, 2008)

어 약간의 차별은 두었으나 한민족으로서의 대우는 해주었다. 여기에 신라(통일)가 지닌 민족사적 의미가 있다.

  이러한 삼국시대의 정치제도는 왕권의 강화과정에 따라 정비되었지만, 초기에는 부족집단의 혈연적 요인이 남아있어 과거수장(족장: 加)의 諸加會議(신라의 화백·백제의 좌평회의·고구려의 나부회의)가 정치적 주도권을 장악하였다. 그러나 왕권이 강화되고 정치제도가 정비되면서 군신회의는 무력화되고 중앙정치조직이 행정의 핵심부가 되었으니 그 대표적인 예는 신라의 14관부이다.

▷ 통일신라의 14관부(차관〈卿〉수) ◁

명칭	설치연대	직능	장관수	총인원
兵部	법흥왕 3(516)	군사	3(3)	27
禮部	진평왕 8(586)	교육	2(3)	19
倉部	진덕왕 5(651)	재정	2(3)	38
執事部	진덕왕 5(651)	총무	1(2)	27
司正府	진흥왕 5(554)	감찰	1(3)	23
位和府	진평왕 3(581)	인사	3(3)	16
調府	진평왕 6(584)		2(3)	18
乘府	진평왕 6(584)	교통	2(3)	20
領客府	진평왕 43(621)	외교	2(3)	16
左理方府	진평왕 5(651)	형사	2(3)	24
右理方府	문무왕 7(667)	형사	2(2)	18
船府	문무왕 18(678)	수군	1(3)	19
工匠府	신문왕 2(682)	제사	1()	7
例作府	신문왕 6(686)	토목	1(2)	19
합계			24	291

신라관부를 부각시킨 것은 제·려의 경우는 구체적인 해명이 없어 신라(통일신라 위주)의 제도를 통해서 고대사회의 정치현상을 파악할 수밖에 없기 때문이다. 고대사회에 있어서 제도의 정비는 당시 사회상을 엿볼 수가 있다. 이러한 신라의 관제는 고려를 거쳐 조선으로 이어져 전통사회의 정치조직(권력구조)에 바탕이 되었다. 신라의 정치의 수반인 侍中(국무총리 격)의 집사부외에 3개의 部(병부·예부·창부)는 장관이 복수제였고 그 외 주요관부도 역시 책임자(장관: 令)는 복수제로 되어있어(차관인 卿은 거의가 복수) 왕권의 전제화와 그 견제하려는 양면적인 의도가 보이고 있다. 이러한 고위층의 복수제는 통일신라에서만 볼 수 있는 제도로서 권력유지를 위한 수단이며, 고위층 귀족들과의 정치적 타협수단이 된다고 하겠다. 또한 법률관계(刑律·法令 관계담당)기관을 하나 더 둔 것(좌·우이방부)은 통일 후에 복잡한 업무량의 다양화에 따른 왕의 전제왕권유지를 위한 조치로 생각된다.

무엇보다도 신라의 중앙행정부가 법흥왕 3년(516)부터 예작부가 설치된 신문왕 6년(686)까지 170년이 걸렸다는 것은 제도의 정비는 왕권의 강화와 같이 많은 시련이 있었다는 것이며 각 부처의 겸직제는 소수의 진골귀족세력과 정치적 타협의 의미가 있었다고 하겠다. 무엇보다도 차관(卿)은 예외 없이 복수제여서 이것이 소수의 진골귀족이 권력독점을 위한 정치적 목적인 것은 분명하지만[17] 상층귀족들의 불만을 어느 정도 보완함으로써 이는 전제왕권을 수행하려는 왕의 정치적 입장인 것이라고도 할 수 있을 것이다.[18] 동시에 신라의 정치체제가 단순한 왕의 전제

---

17 이문기, 신라시대의 겸직제(『대구사학』 26, 1984) pp.53~59
18 신형식, 한국고대국가의 통치체제(『한국의 고대사』 삼영사, 2002) p.394

정치가 아니라, 각 부의 장관이 복수제여서 왕권의 제약이나 각 부처 상
호의 견제적 의미가 있었던 것이 주목된다. 특히 중앙정치·수도행정·
경성주작전·왕실사원(내성·내사정전·어용성) 등의 관련을 통한 정치적
타협의 의미가 컸다고 보인다.

[3] 통일신라 전제왕권의 실상은

통일신라(중대)의 정치적 안정과 강력한 왕권의 확립으로 전제왕권이
라는 표현이 널리 알려진 것은 사실이다.[19] 그러나 최근의 일부 연구자
들에게서 이에 대한 뚜렷한 반론(비판)이 부각되어 그 명칭이나 성격에
혼란이 이어져 보다 건설적인 해명이 요구되고 있다.[20] 저자의 구체적인

19 이기백, 「한국사신론」〈개정판〉(일조각, 1976) p.107
_____, 한국정치사의 전개(「한국사학의 방향」 일조각, 1978)
_____, 전제왕권의 확립(「한국사강좌」〈고대편〉일조각, 1982) p.306
_____, 신라 전제정치의 성립(「한국사전환기의 문제들」 지식산업사, 1993)
이기동, 신라 중대의 관료제와 골품제(「신라골품제 사회와 화랑도」 일조각, 1984) p.116
변태섭, 「한국사통론」(삼영사, 1986) p.127
김수태, 전제왕권과 귀족(「한국사」 9, 국사편찬위원회, 1998) p.95
김영미, 성덕왕대 전제왕권에 대한 일고찰(「이대사원」 22·23, 1988) p.381
이정숙, 신라 진평왕대의 정치적 성격-소위 전제왕권의 성립과 관련하여(「한국사 연구」 52, 1986) p.5
20 신용하 엮음, 「Barry Hindeis & Paul Q Hirst, The Asiatic Mode of Production」 p.247
하일식, 신라 전제 정치의 개념에 관하여(「신라 집권 관료제 연구」혜안, 2006) pp.314~318

해명은 완전한 것은 아니었으나 손진태가 지적한 '왕실 중심의 귀족정
치로서 왕의 독자적인 전제권이 있었다'는 주장 이후[21] 이기백이 제시한
전제왕권이라는 견해에 힘을 얻어[22] 「신라사」(1985)에 처음으로 '신라
의 전제왕권확립'이라고 한 이후에 여러 저서에서 같은 내용(표현)으로
신라 중대사회정치의 모습을 '王權의 專制化'로 부각시킨 바 있었다.[23]

　필자는 처음에 신라의 전제왕권을 제시할 때 그 구체적인 내용설명보
다 성덕왕의 재위 36년간(702-737)과 경덕왕의 재위 24년간(742-764)
의 60년간에 수시로 상대등·시중의 임면에 반대가 없었으며 중앙 고위
층의 반란이 전혀 없었다는 사실과 궁정사무를 보는 內省의 여러 관청
(內司正典·洗宅·東宮官)이 경덕왕 때 이룩된 사실로 보아 왕권의 절대화
라는 뜻에서 전제왕권이라고 썼다.

　동시에 서구의 Oriental despotism(Wittfogel)이나 절대주의(Absolut-
ism) 그리고(Dictato rship) 또는 전체주의(Totalitarianism)와는 다르지만
마땅한 명칭이 없어 전제왕권이라는 명칭을 썼던 것이다. 신라는 분명히
일반적인 독재권을 거부하는 견제기구가 없었으며 독특한 관료제(행적
각부 장관의 복수제·내성제도)를 통한 왕권의 독자성 확보와 유교와 불교

이영호, 중대 전제 왕권 시대 설의 타당성 검토(「신라 중대의 정치와 권력구조」 지식산업
사, 2014) pp.272~289
21 손진태, 「국사대요」(을유문화사, 1949) p.22
22 이기백, 신라 혜공왕대의 정치적 변혁(「사회과학」 2, 1958) pp.246~247
_____, 경덕왕과 단곡사원가 (「한국사상」 5, 1962) p.2
_____, 품주고(이상백박사 회갑논총, 1963) p.15
23 신형식, 신라의 전제왕권확립(「신라사」 이대출판부, 1985) pp.111~121
_____, 통일신라 전제왕권의 특질(「신라통사」 주류성, 2004) pp.485~504
_____, 통일신라 전제왕권의 형태와 그 특징(「한국고대의 새로운 이해」 주류성, 2009)
pp.486~520

의 뒷받침으로 국민적 공감대를 부각시켰던 것이다.[24]

그 후 전제왕권에 대한 비판이 계속되었지만, 필자는 여러 저서(또는 논문)를 통해서 마땅한 명칭이 없어 당의 율령체제(3성 6부제)와도 다르고 Oriental despotism과도 다른 신라의 독특한 정치체제로서 전제정치의 특성을 부각시켜보았다. 무엇보다도 신라의 중앙정치제도는 법흥왕 3년(516)에 兵部가 설치된 후 신문왕 6년(686)에 例作府가 설치되기까지 170년이 걸렸으며 이를 다시 정리한 해가 경덕왕 18년(759)으로 다시 70여 년의 완성은 다양한 관부의 분화와 특이한 장관의 복수제, 그리고 각부 장관〈令〉이 왕과 직결되면서 侍中이 행정수반이 될 수 없는 신라제도의 특성으로 전제정치의 한 특징이 된다는 사실이다. 무엇보다도 다양한 관료제도의 활용(部와 府의 구분, 연좌제의 이용, 겸직제의 응용)은 왕의 전제력을 확대하는 제도가 될 것이다.[25] 무엇보다도 가장 큰 권력을 행사하는 병부의 장(令)이 3인이라는 사실을 비롯하여 각부 장·차관의 복수임명은 상호 간의 갈등 속에서 왕권 전제화의 구체적 수단이 될 수 있었으니 제·려와의 차이는 물론 다른 시기(고려·조선)에도 볼 수 없는 현상이었다.[26]

더욱이 왕권의 절대화에 필요한 수도행정을 관할하는 京城周作典(성덕왕 31년: 732)의 설치와 사찰(왕실사찰)의 관리를 위한 四天王寺成典을

---

24 신형식, 신라의 전제왕권확립(「신라사」) pp.111~114

25 이문기, 신라시대의 겸직제(「대구사학」 26, 1984) pp.53~57

26 兵部의 장인 令은 3인으로 수상으로서 내성의 장인 사신(私臣)을 겸할 수 있어 상호간의 견제가 있었고 차관인 大監은 3인이었다. 장관이 3인인 경우는 그 외 위화부였고 장관이 1인인 경우는 사정부·예작부·선부·공장부였다. 그러나 2인인 경우는 창부·예부·영객부·승부·조부·이방부 등이었다. 이러한 장관의 복수제는 그들간의 견제를 통한 왕의 독자권 행사에 큰 바탕이 되어 고려·조선과 달랐다.

비롯하여 그 아래 6개의 사찰관리 기관을 두는 동시에[27] 통일 후 정치적 복잡화에 따른 법률적 조치로서 이방부를 두 기관으로 나누기까지 하였다. 불교가 왕권의 신성화에 바탕이 되었으며[28] 성덕왕 10년(751)에 불국사를 설치(재건)하여 특히 화엄사상이 왕실과 국가에 기여하는 정신적 바탕이 된 것이다. 여기에 성덕왕과 경덕왕 때 國學을 장려하여 유교의 왕도정치이념을 동시에 강조하여 불교(修身之本)와 유교(理國之源)를 결합시켜 왕의 선정을 보여주어 성덕왕은 재위 36년간에 12회의 대사령(大赦令)을 내려 왕의 위상을 크게 높인 바 있다.[29]

이상에서 본바와 같이 신라는 통일 후 당나라의 정치·사회·문화의 영향을 받았으나 중앙관제도 당의 3성 6부와 전혀 다른 17관부제를 실시하였고 중앙관제외에 수도행정과 사찰행정뿐 아니라 왕실(王室)업무 담당기관(內省)을 두어 왕의 위상을 높여주었으며 이를 뒷받침하기 위해 불교와 유교의 사상을 결합시켜 다른 왕조와 차이를 보이는 왕의 절대권 유지를 나타내 주었다. 이러한 제도는 왕권의 권위를 통해 중국에 대한 자주의식과 국가관을 보여주었다.[30] 이러한 사실은 어쩌면 사비 천도 이후 백제(성왕)의 전제왕권의 확립에서[31] 보인 정치적 영향으로 볼 수가 있을 듯하다. 무엇보다도 신라의 전제왕권은 불교와 유교의 융합에서

27 사천왕사성전외에 奉聖寺成典·感恩寺성전·奉德寺성전·奉恩寺성전·靈廟寺성전·永興寺성전 등이 있었다. 이러한 성전은 사찰감독기관만이 아니라 호국사원으로서 왕의 위상을 높여 왕권수호의 역할도 있었을 것이다.

28 정병삼, 「의상화엄사상 연구」(서울대출판부, 1998) p.243

29 신형식, 통일신라 전제왕권의 특질(「한국고대사의 새로운 이해」 주류성, 2004) pp.517~518

30 신형식, 「신라사」 p.109

31 양기석, 백제왕권과 정치개혁(「백제 정치사의 전개과정」 서경문화사, 2013)

32 신형식, 신라중대 전제왕권의 특질(「통일신라사연구」 p.177

오는 국민적 화합은 결국 君·臣·民을 하나의 동심원으로 융합하여 그
상징적 존재가 군주가 된다는 자세로 인해 행정부와 내성의 존재로 이
룩된 통일신라의 전제정치가 지닌 다양한 제도의 의미가 있었다고 생각
된다.[32]

그러나 전제왕권에 대한 적절한 대체용어가 없기 때문에 왕의 일방적
인 독재는 아니지만, 당시 권력핵심부에 참여한 귀족들의 도전(불만)을
저지하기 위해 최고 행정 조직의 대표자를 복수제로 만들었으며 왕실기
구(내성과 수도행정 및 사찰기구)의 운영은 전제통치의 한 수단이 되었던
것이며 특히 불교와 유교사상을 왕권전제화의 정신적 바탕으로 한 사실
은 분명하였다. 그러므로 그 명칭은 문제가 있어도 고려나 조선시대에
비해서 왕권의 위상은 절대적이었다고 하겠다. 따라서 9세기 신라 후기
의 왕권쟁탈전 과정에서는 권력핵심부에서 제외된 진골 귀족들의 불만
으로 확대되어 결국 전제정치의 붕괴로 이어질 수밖에 없었다. 따라서
이러한 통일신라의 정치적 문제를 이해한 고려·조선시대의 관료제는
무엇보다도 최고 관직자의 단일화와 내정기관의 축소로 나타나게 된 것
이다. 결국 통일신라(중대)의 전제정치는 왕권의 절대화와 신성화에 큰
계기가 되었기 때문에 그 명칭은 오해를 지닌 문제가 있지만 그에 마땅
한 이름이 없어 그대로 사용할 수밖에 없다고 하겠다.

무엇보다도 전제왕권이라고 왕의 일방적인 독재정치가 아니었으며 그
에 따르는 견제기구(귀족 간의 갈등, 각부 장관의 복수제)가 있었음은 주목
할 일이다. 특히 성전사원이 왕실의 조상숭배를 위한 원당이며 국가 불
교계의 통제를 위한 조치였지만[33] 성전사원 7개 중 6개를 경덕왕때 국
가의 기관(寺院)으로 개정한 것은 불교사원(왕실사원)을 왕의 통치권하에

흡수한 것은 왕권의 전제화의 한 조치로 볼 수도 있다.

통일신라전성기를 전제왕권시기로 볼 때 그 대표적인 왕은 성덕왕(702 -737)과 경덕왕(742-765)으로 이 두왕은 비교적 장기간 왕위를 유지하였는데 여기서 주목될 사항은 장기간 재위가 문제가 아니다. 무엇보다도 당시는 수상에 해당하는 侍中이 장기간 근무를 하지 못하여 성덕왕은 재위 36년간에 10명, 경덕왕은 재위 42년간에 7명이 교체되었는데 이들이 사망으로 퇴임한 것이 아니라(사망으로 물러난 경우도 있지만) 거의가 스스로 물러났다는 것이다. 이러한 경우는 왕권에 견제가 될 경우는 바로 교체시킨 것으로 8세기 신라전제왕권의 모습이라고 볼 수가 있다.

안압지

■ 안압지는 문무왕 14년(674)에 궁궐 안에 만든 연못으로 중앙에 잔치를 베푸는 임해전이 있고 그 앞에 도교에서 말하는 3신산(봉래·방장·연주)이 있어 3국민의 화합을 상징하는 의미를 보이고 있다. 당시 신라는 당군을 한반도에서 쫓아내는 마지막 노력을 할 때로서 고구려 왕족인 안승을 보덕국왕으로 봉하고 이어서 675년에는 매소성(양주)전투에서 당나라군(육군)을 격퇴하고 676년에는 기벌포해전(금강 하구)의 승리로 당군을 한반도에서 쫓아내서 3국민을 하나로 뭉쳐 통일을 완성하기 위한 조치로 안압지를 세운 것이다. 그러므로 안압지는 통일을 기원하고 전제왕권의 모습을 보여준 기념물이다.

33 이영호, 신라중대 왕실사원의 관사적 기능(『한국사 연구』 43, 1983)
　채상식, 신라통일기의 성전사원의 구조와 기능(『부산사학』 8, 1984)

[4] 신라 여왕이 정치에서 얻은 교훈은

　우리나라 역사에서 여왕이 정치의 주인공이 된 경우는 신라시대의 3 여왕뿐이다. 선덕여왕(632-647)과 진덕여왕(647-654)은 4촌 형제관계로 삼국통일의 기초를 닦아 준 주인공이지만 진성여왕(887-897)은 9세기 말 국가분열과 신라 멸망에 단초를 제공한 인물로 그 평가가 부정적이어서 우리는 여왕의 존재를 다시 한 번 생각하게 하는 계기를 보게 되었다. 모든 정치의 선악과 업적이 여왕에게만 있는 것은 아니지만 그들의 역할이 준 영향을 고려할 때 역사에 없던 여왕의 의미를 다시 고려해 볼 필요가 있다.

　선덕여왕 〈표〉에서 보듯이 당시 복잡한 계보와 정치적 입장(김춘추와 김유신계의 활동)에서 진평왕이 아들이 없어 큰 딸인 선덕여왕이 등장하였다. 진흥왕이 죽었을 때 장남(동륜)이 일찍 죽어 차남이 진지왕으로 즉위하였으나 그는 4년 만에 죽고 동륜의 큰아들(직계)인 진평왕이 왕위를

235

▷ 선덕·진덕여왕의 계보 ◁

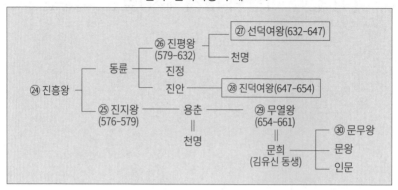

이어갈 수 있었다.[34] 진평왕(579-632)은 아들이 없어 큰 딸인 선덕여왕
이 되었고 둘째 딸인 천명은 진지왕 아들인 용춘에 시집가서 김춘추(무
열왕)의 어머니가 되었다.

선덕여왕은 초기에는 알천에게 군사권을 맡겼으나 점차 김춘추와 김
유신과 같은 인재를 등용하여 외교(김춘추)와 군사권(김유신)을 맡겨 정
치적 조력자(실권자)를 활용하였다. 여왕의 치적은 이와 같은 훌륭한 인
물을 찾아 올바른 정치를 함으로써 「삼국사기」의 사론에서 옛 중국의 복
희(伏羲)와 여치(呂雉)의 예를 들어 이 사회는 음(부드러운 여자)이 양(굳
센 남자)을 지배하는 어지러운 세상이지만 김춘추, 김유신 같은 훌륭한
조력자(대행자)가 있어 다행이라는 사실을 나타내고 있었다. 물론 남자
왕의 경우도 마찬가지이지만 특히 여왕의 경우는 뛰어난 인물을 발탁할

---

34 「삼국사기」에는 진지왕(576-579)에 대한 기록은 거칠부를 상대등에 임명하였고 백제 정
벌과 외교(陳)사실 외에는 거의 없다. 그러나 「삼국유사」에는 주색에 빠져 음란하여 국민
이 폐위시켰다고 되어있다. 왕이 4년 만에 죽었다는 기록은 진흥왕의 정통계보(장남 동륜
의 장남인 진평왕)를 잇기 위한 진평왕계가 진지왕을 추방시킨 것이 아닐까 한다.

수 있느냐 없느냐에서 그 정치의 승패를 가늠할 수 있다는 교훈을 보여
준 것이다.

두 여왕의 정치행각에서 김춘추, 김유신은 빠질 수 없는 존재였다는
사실이다. 선덕왕 11년(642)에 대야성 전투에서 사위(품석)와 딸을 잃은
김춘추는 바로 고구려와 일본에 가서 외교(군사적 협조)를 시작하였고,
김유신은 그를 구출하려고 군대를 동원하였다. 또한 선덕왕 14년(645)
에 백제가 쳐들어 왔을 때 이를 격파하고 귀향하는 길에 다시 백제의 침
입을 당하자 집 앞에서 기다리던 가족들을 돌아보지 않고 전선으로 되
돌아가면서 부하를 시켜 집에 가서 미음(漿水)를 가져오게 하여 마시면
서 우리 물은 '옛 맛 그대로구나'하고 하였다는 기록은 전쟁의 승부는
'군대의 대소에 달린 것이 아니고 인심에 달려있다'는 그의 표현을 잊지
못할 것이다.

이러한 두 사람의 등용은 결국 삼국통일을 이룩할 수 있었고 중대 무
열왕권의 강화에 바탕이 된 것이다. 무엇보다도 선덕·진덕여왕은 재위
기간은 길지 않았으나 당시는 당나라 초창기(618년에 건국한 후 고조·태
종·고종의 재위 기간: 618-683)로서 3국의 갈등기여서 김춘추·김유신의
도움과 특히 친당외교(선덕여왕은 12회, 진덕여왕도 12회)를 통해 3국통일
의 기초를 마련한 주인공이다.

신라의 마지막 여왕은 9세기 말의 진성여왕(887-897)이다. 진성여왕
은 김씨왕통(원성왕의 차남인 예영계〈내물계〉)이 끝날 때가 되었다. 경문
왕(48대)이 죽자 태자인 헌강왕이 계승하여 12년에 죽자 그 동생이 정강
왕으로 이어졌으나 2년 만에 죽고 그 동생인 진성여왕이 등장하였다. 그
러나 왕은 바로 위홍(魏弘)과 더불어 정을 통하면서 여흥을 즐겼으며 그

237

가 죽자 2, 3명의 젊은 미남자들과 어울려 지내서 나라의 기강이 무너지게 되었다고 하였다. 이 시기에 최치원을 대표로 하는 당나라 유학생(숙위학생)들을 중심으로 하는 신지식인(Creative Minority)들의 개혁운동이 일어났으며[35] 한편으로는 궁예, 견훤의 등장으로 후삼국시대로 넘어가는 계기가 시작되었다. 이러한 사회변화는 신라 멸망의 단초가 마련되었음으로 중국의 측천무후(690-705)와 같은 여왕독재정치가 시작된 것은 아니었다.

▷ 하대왕의 계승표 ◁

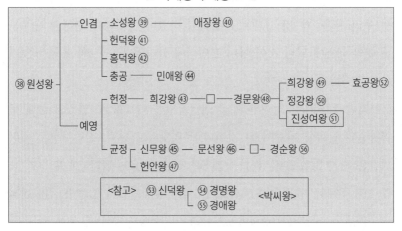

▷ 진성여왕 전후의 왕계표 ◁

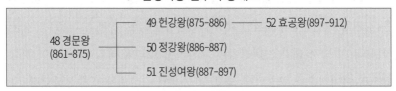

이상에서 볼 때 하대의 왕위계승은 복잡하였다. 선덕 · 진덕여왕도 내물왕통의 마지막 왕계였고, 진성여왕도 원성왕계의 예영파의 마지막으로 곧 박씨왕이 등장하였다.

다만 우리나라(신라)의 경우 여왕은 등장은 정식 왕자가 없어 주위의 추천을 받았으며 여왕을 이어받는 왕은 정통왕계의 남성이었다. 그러나 이들 여왕은 왕위에 욕심을 내지 않았으며 진덕여왕은 자신을 도와준 김춘추(무열왕은 정식 왕자 · 왕녀의 태상)가 왕위를 이어받았으며, 진성여왕은 왕위를 태자(헌강왕의 서자)에게 물려주어 왕위계승이나 재위 시 정치적 갈등은 없었다. 따라서 신라 여왕의 등장은 왕을 계승할 왕자가 없었기 때문에 당시 정치적 상황에서 볼 때 불가피한 현상이었다. 다만 선덕 · 진덕여왕은 훌륭한 보조자(김춘추 · 김유신)를 두어 통일을 준비하였고 신라전성기의 바탕을 마련하였으나, 진성여왕은 훌륭한 조력자를 구하지 못하고 위홍과 불륜관계를 이루어 국가의 쇠퇴를 가져왔다. 신라전성기의 바탕을 이루었으나 진성여왕은 정식왕자(헌강왕자인 효공왕)를 후계자로 삼았으나 전반적인 정치불안과 혼란으로 이어져 신라 멸망의 계기를 이루었다.

---

35 신형식, 숙위학생고(『역사교육』 11 · 12, 1969: 『한국고대사의 신연구』 일조각, 1984) 참조

[5] 통일신라 대당외교의 실상과 의미는

동서고금을 막론하고 한 국가가 주변 나라와의 관계없이 홀로 존재한 나라는 없다. 어느 국가라도 주변국가와의 교섭이나 투쟁을 겪으면서 발전되어 왔기 때문에 「삼국사기」의 내용에서도 외교관계 기사(외교와 전쟁)가 왕의 활동에서 국내정치활동 다음으로 큰 비중을 갖고 있었다. 무엇보다도 외교관계 기사는 국가의 흥망에 큰 비중을 갖고 있으며 신라의 삼국통일(제·려 정벌과 당군의 축출)도 이러한 외교와 밀접한 관계를 갖고 있어 고대뿐 아니라 현재의 정치활동에도 외교는 국가의 발전과 미래에 절대적인 영향을 주고 있다.[36]

우리나라는 지리적 조건으로 중국의 동방에 위치하여 중국의 왕조교

---

36 신형식, 「삼국사기연구」(일조각, 1981, 「삼국사기의 종합적연구」 경인문화사, 2011, pp.372~399)

_____, 한국고대국가의 대외발전과 투쟁(「한국의 고대사」 삼영사, 2002) pp.220~252

체나 영토확장기에는 예외 없이 관계가 있었고 중국이 북방민족(원·청) 지배할 때는 그 정치적·군사적 영향을 외면할 수가 없었다. 그러나 통일신라는 고구려정벌 이후 당의 영토적 야욕으로 대립기(668-676)가 있었으나 그 후 성덕왕 2년(703)에 당나라의 친선관계가 이룩되어 양국 간의 문물교류로 통일신라 문화의 발전과 국제화가 이룩된 사실은 큰 의미가 있었다. 특히 통일신라의 외교관계에서 주목되는 것은 유학생(숙위학생)들의 역할은 나말여초의 사회개혁(신라 멸망과 고려 건국)의 주인공으로서 통일신라의 대당외교가 지닌 역사적 사건을 간과할 수가 없을 것이다.[37]

통일신라의 대당외교실상을 이해하기 위해 한중관계가 공식적으로 이룩된 삼국시대부터 그 활동과 의미를 찾아볼 필요가 있다. 삼국이 처음으로 중국과 연결된 시기는 고구려 대무신왕 15년(A.D.32) 후한(광무제)에 조공한 것이며, 백제는 후한이 망한 후 근초고왕 27년(372)에 동진(簡文帝)에 사신을 보낸 것이 첫 외교교섭이다. 신라는 내물왕 26년(381)에 전진(宣昭帝)에 사신(衛頭)을 보낸 것이 처음이었다. 그러나 당시 중국은 후한(25~220) 이후 삼국시대(220-265), 서진(265-316), 동진(317-420), 5호 16국(316-439)을 지나 북위(후위: 386-534)와 남북조시대(420-589)를 거치는 정치분열기여서 외교관계를 맺기가 쉽지 않았다. 다만 고구려(장수왕)는 당시 북방의 강국인 북위와 43회의 관계를 갖고 있었으나 그것은 군사적 필요성에서 유지된 관계일 뿐이다.[38] 결국 삼국의 대중국 외교는 수나라(581-619) 이후에 본격화되었으나 수나라와

---

37 신형식, 한국고대국가의 대외관계(『한국고대사의 신연구』 일조각 1984) pp.260~289
38 신형식, 고구려본기 내용의분석(『삼국사기연구』 일조각, 1981) p.103

고구려의 군사적 갈등과 수나라의 단기간 존속으로 결국 당(618-907)
이 등장하면서 양국관계가 정상화되었다.[39]

　당나라와 삼국관계는 당의 건국 직후부터 시작되었다. 고구려는 영류
왕 2년(619), 백제는 무왕 22년(621), 신라는 진평왕 43년(621)에 각각
외교관계를 맺은 이후 백제와 고구려가 멸망할 때까지 고구려는 25회,
백제는 22회 그리고 신라는 34회의 사절을 보냈다. 이때의 사절에는 공
식적인 朝貢使이외에 告哀(왕의 사망보고), 進賀(황제 등극축하), 謝恩(책봉
의 답례), 請兵, 謝罪(전쟁 후), 그리고 宿衛(신라에만 존재) 등 각종의 외교
사절이 파견되었다. 그러나 이러한 외교사절이 당과 고구려의 전쟁(안시
성 혈전, 645) 이후는 거의 신라사절만이 대당외교의 주역이 되었다.[40]

　통일신라의 대당외교는 당나라가 안시성전쟁의 패배를 복수하려는
강한 의지를 갖고 있음을 확인한 신라는 이미 앞서서 대야성(합천)전투
(642: 김춘추 사위(품석)와 딸 피살) 직후에 김춘추가 고구려 구원 요청이
실패하자 648년(진덕여왕 2년: 안시성전투 3년 뒤)에 아들(文王)을 데리고
당에 들어가 군사협조를 구하기 위한 숙위외교가 추진되면서 나당 간의
친선이 시작되었다. 그러나 백제와 고구려 정벌(660-668)이 끝나자 당
나라는 영토야욕을 나타내어 나당 간에는 전쟁이 벌어지게 되었다. 다행
히 신라는 제·려 유민들의 협조로 당군을 물리쳐(675년의 매소성전투와
676년의 기벌포 승리) 당의 안동도호부(평양)를 요동으로 축출하여 이른

---

39 3국의 대수외교는 고구려와 백제는 수나라가 등장하자 바로 외교관계(고구려는 평원왕
　23년, 백제는 위덕왕 28년: 581)가 시작되었으며 신라는 수나라가 먼저 외교관계(진평왕
　16년: 594)를 요구하였다. 수나라는 고구려 정벌에 신라의 지원(도움)을 위한 조치로 보
　인다.
40 신형식, 삼국의 대중관계(「한국고대사의 신연구」pp.326~351)

바 통일전쟁을 승리로 매듭질 수 있었다. 이때의 당군 패배에는 당나라 내부요인(토번의 군사적 위협)도 한몫을 하였을 것이다.[41]

그 후 양국 간의 대립을 정리하고 친선관계를 이룩할 수 있었던 것은 신라도 문무왕을 이은 신문왕(681-692)과 효소왕(692-702), 그리고 성덕왕(702-737)에 이르러 정치적 안정이 이룩되었기 때문이다. 당나라도 貞觀의 治(태종: 626-649) 이후 고종(649-683)의 전성기를 맞아 대외정책이 평화적 화합으로 전개되어 신문왕은 오히려 당고종의 친선외교 사절을 맞게 되었고(681) 이어 당의 중종(683-684)이 사신을 보냈으며 신문왕이 죽었을 때 당(측천무후)의 조문사까지 파견할 정도로 당의 적극적인 친선외교가 시작되었다. 이에 효소왕 8년(699)에는 신라 사절이 파견되었으며, 성덕왕 2년(703)에 비로소 정식 사절을 보내 고구려 멸망 후(668) 단절되었던 양국의 친선관계가 이룩되어 성덕왕은 재위 36년간(702-737)에 43회의 사절을 당나라에 보내면서 새로운 한중관계가 시작되었다. 그 후 효공왕(897-912)까지 당나라에 파견된 사절의 회수는 110회나 되어 나당 간의 교류는 어느 시기보다 빈번하여 당나라 문화의 수용뿐 아니라 서역 문화까지 그 국제적 위상이 크게 높아질 수 있었다.[42]

이 시기의 외교사절의 대표는 앞서 지적한 대로 朝貢使는 대체로 관등으로는 아찬 이상, 관직으로는 차관급(侍郎)으로 임명되었고 당에서도 일정한 관직을 부여하였으며 당에서 파견된 사절(持節使)도 대체로 5품

---

41 신형식, 신라대당교섭상의 숙위(「역사교육」 9, 1986: 신라의 숙위외교, 「한국고대사의 신 연구」 일조각, 1984) pp.352-389
42 신형식, 통일신라의 대당관계(「한국고대사의 신연구」) pp.326~351

의 郎中(차관급)이 임명되어 양국 간의 위상을 알 수가 있었다. 그 외 신년인사를 위한 賀正使; 중국의 은전에 대한 답례로서 謝恩使, 왕의 사망을 알려주는 告哀使, 당황제 사망을 위로하는 進香使(陳慰使) 등과 宿衛와 宿衛學生 등이 있다. 무엇보다도 우리 측 외교사절이 중국에 보낸 進貢品은 금·은·동·과하마·인삼·두발·해표피 등이며 회사 품에는 불경·유교경전·의복 등이 대표적이다.

무엇보다도 당으로 보낸 물품 중에 큰 의미를 갖고 있는 인삼·두발·우황중에 두발(어린이 머리카락)은 기침·대소변불통·설사·종기·지혈·전염병·피부병·(무좀·옴·종기)·성병·동상 등에 효험이 커서 중국이 크게 환영한 약재로 유명하다.[43] 또한 조공사로 파견된 인물 중에 왕이 된 사람은 4명이나 되고 侍中이 된 사람은 6명이나 되어 외교사신의 위상을 알 수가 있다.[44]

통일신라의 외교(대당관계)에서 특히 주목될 사항은 숙위(당의 궁중에 머무는 외교관)와 숙위학생(당나라 유학생)의 역할과 성격이다. 숙위는 중국에서는 원래 인질적인 존재로 보지만 신라에서는 왕족을 뽑아 사절의 입장에서 唐廷에 머물면서 활동하는 인물이지만 신라는 통일 직전에는 청병사 역할(김춘추의 두 아들인 文王과 仁問, 김유신 아들인 三光)을 하였고 중대에는 외교사절, 하대에는 단순한 외교관의 성격을 띠고 있었다. 그리고 숙위학생은 주로 6두품 출신의 지식인으로 당에 건너가 賓

---

43 이현숙, 삼국과 통일신라의 의학(『한국의학사』 대한의사협회, 2002) pp.50~75

44 외교사절에서 첫 왕이 된 인물은 무열왕(김춘추)이며 그 후 문무왕(김법민), 소성왕(김준옹), 헌덕왕(김언승) 등 4명이며 6명의 시중이 된 인물은 김문왕·김의충·김은거·김준옹·김언승·김의종이다.(신형식, 통일신라의 대당관계(『한국고대사의 신연구』)

貢科(외국인의 과거시험)에 합격하여 당나라에서 관리로 활약하기도 하였으나 귀국하여 정치적 개혁을 지도한 전환기의 신지식인(Creative Minority)으로 고려 건국의 방향을 제시한 인물이다. 헌덕왕 13년(821)에 金雲卿이 처음으로 빈공과에 합격한 이후 신라인으로는 58명이 합격생으로 명단이 제시되었고 특히 최치원·최신지·박인범·김가기·최승우 등은 사회개혁(실력위주)과 3종교의 융합 등을 내세워 진성여왕에게 시무책(최치원)을 바치기까지 하였다. 이들의 전환기의 개혁사상으로 왕건의 정치개혁(고려 건국)에 바탕이 되었다.[45]

이와 같은 통일신라의 대당외교는 제·려 멸망이라는 민족통일의 과업을 성취한 이후 한동안 대립관계였으나 성덕왕 2년(703)에 정식 외교가 이룩되어 양국은 문물교류와 문화교섭으로 신라는 정치·사회·문화적으로 크게 발전된 나라가 되었다. 여기서 신라는 우리 역사상 최초의 통일국가로 성장하였고 국제화에 눈을 떠 민족문화가 크게 발전되어 고려·조선시대의 바탕이 될 수 있었다. 따라서 외교는 국가 존속의 기본요건으로 그 중요성을 보여주었으며, 분단국가의 현실에서 외교가 지닌 의미를 잊어서는 안 된다는 교훈을 남기게 되었다.

끝으로 통일신라의 대당관계 속에서 8세기에 많은 신라인이 당나라에서 서역의 문화에 접하면서 새로운 변화를 맞게 되었다. 특히 혜초(704~?)가 바다를 통해 서역을 왕래하고(719⟨성덕왕 18⟩~727⟨성덕왕 27⟩ 귀당) 돌아와 쓴 「왕오천축국전」(당시에는 알려지지 않았음)은 신라의 서역과의 관계에 새로운 계기가 되었다. 무엇보다도 장보고(궁복)는 청해

---

45 신형식, 최치원과 Dante의 대결적 비교(「한국고대사의 새로운 이해」 주류성, 2009)

괘릉

■ 괘릉은 신라 38대 왕인 원성왕(785-798)의 릉으로 알려져 있는데 6m 높이의 큰 릉으로 주변에 호석이 설치되어 있고 돌사자·문인석·무인석이 각각 한 쌍씩 서 있다. 특히 무인석은 서역인이어서 이때 신라가 당나라를 통해 서역인의 모습을 이해하고 있었다.

진 설치(흥덕왕 3년: 828)하여 해적을 소탕하고 서해에서의 나·당·일 3국의 중계무역을 독점하였으며 산동성 적산포에 법화원(法花院)을 설치하여 신라인(외교사절단·구법승·유학생)과 일본인의 왕래와 보호를 주도하여 신라인의 의식을 높여주었으며 당나라에서의 서역문화를 접하는 계기가 확대되었다. 이러한 서역의 문화를 받아들인 결과 괘릉(원성왕의 왕릉: 785-798)에 나타난 서역인의 모습(무인상)을 알게 되었으며 신라인의 의식세계에 큰 변화가 일어나게 되었다.[46]

46 (1) 변영섭, 괘릉고(「이대사원」 12, 1975)
　　고병익, 한국과 서역(「동아시아의 전통과 근대사」 삼영사, 1984)
　　무함마드 깐수, 「신라·서역 교류사」(단국대 출판부, 1994)
　　(2) 김정위, 중세중동문헌에 비친 한국상(「한국사 연구」 16, 1977)
　　신형식〈편〉, 「신라인의 Silk Road」(백산자료원, 2002)

장보고는 법화원(중국)과 청해진(신라)을 세워 해적소탕과 무역중계로 9세기의 해상왕으로 뚜렷한 해양개척 정신과 무역입국 정신으로 신라사회의 발전에 기여했으나 후에는 정치(왕권쟁탈전)에 참여하여(민애왕 죽이고 신무왕 즉위) 불행한 최후를 맞게 되었다. 그러나 9세기 이후 신라는 정치적 혼란으로 장보고의 해외 진출 정신을 상실하고 말았다. 그러나 우리는 당시 외교가 당나라에 한하고 있다는 사실의 문제점을 알기 시작하였다.

최광식〈외〉, 「해상왕 장보고」(청아출판사, 2003)
장득진 · 최근영, 「장보고 관련 서술의 종합적 검토」(장보고기념사업회, 2002)
문명대, 돈황에 남아있는 신라인의 족적(신형식 편 「신라인의 Silk Road」 2002)
권영필, 신라문화 속에 남아있는 서역 요소(상동)

[6] 통일신라 대당유학생(宿衛學生)의 역할은

통일신라는 제·려 정벌 후 당나라의 영토야욕으로 양국 간의 충돌기 간(668-676)을 거친 후 성덕왕 2년(703)에 국교가 부활되어 나당관계는 친선이 회복되었으며 그에 따라 다양한 교류가 이어져 당나라 망할 때 (903)까지 두 나라는 우호적인 관계를 유지하였다. 이러한 관계 속에는 기존의 공식적인 외교사절인 朝貢使외에 宿衛 등 여러 종류의 사절이 있 었으며, 우리 역사상 최초의 유학생인 숙위학생이 등장하여 양국 간에 정치·외교·문화상 큰 역할을 남기고 있었다. 신라에서는 당의 선진문 화를 배우려는 뜻에서 문무왕 때 金風訓과 혜공왕 때 金巖(김유신 후손) 이 건너갔지만 당시는 외국인을 위한 과거시험인 빈공과(賓貢科)가 설치 되기 전이어서 공식적인 숙위학생으로 보기 어렵고 일종의 해외연구자 로 귀국했을 뿐이다.

최초의 공식적인 유학생(숙위학생)인 김운경(金雲卿)은 헌덕왕 13년

(821)에 빈공과에 합격한 후에 당의 관직(지방관직-연주도독부司馬·치주 長史)을 받고 바로 귀국하였다. 그 후 신라정부는 간단한 시험을 취했을 것이며(구체적 기록 없음) 이들 실력자들은 대체로 공식 사신을 따라 입 당하여 國學에서 수업을 한 후 빈공과에 합격한 자는 당나라의 낮은 관 직을 받았으며 10년간 체류한 후 귀국하는 것이 원칙이었다. 이러한 숙 위학생들의 명단은 주로 6두품 계층으로 崔氏(최리정·최하·최신지·최광 유·최승우·최치원)와 金氏(김운경·김입지·김가기·김숙정·김무선·김이어· 김원)가 중심으로 朴氏(박계업·박양지·박인범)와 李氏(이동) 등 6두품 출 신자들이다.[47]

중국(당)이 정치적으로 안정되자 태종(627-649)은 국학을 세워 주변 여러 나라의 학자들을 초빙하여 유학을 장려하였으므로 3국의 학자들 도 유학을 한 바 있었으며 8세기 이후 나·당간의 친선이 이룩되자 양 국 간의 교류가 활발해지면서 유학생들이 숫자가 늘어났으며 당에서 빈공과가 설치되어 신라인의 유학활동이 본격화되었다. 신라는 김운경 이후 국내에서 출세의 한계를 느낀 6두품 출신들은 공식적인 사절을 따라 입당하여 당의 國學에서 수업을 받은 후 빈공과에 응시한 후 합격 자는 그 명단이 나타나게 된다. 이때 신라뿐 아니라 발해·일본 등의 유 학생이 보이는데 그중에서 신라인이 가장 많았으며 10년을 한계로 귀

---

47 신형식, 숙위학생고(『역사교육』 11·12, 1969)
　　　, 숙위학생의 수학과 활동(『통일신라사』 삼지원, 1990)
　이기동, 신라하대 빈공급제자의 출현과 나당문인의 교환(『전해종박사화갑논총』 1979)
　최영성, 『최치원의 사상연구』(아세아문화사, 1990)
　이재운, 『최치원 연구』(백산자료원, 1999)
　이구의, 『최치원문학연구』(아세아문화사, 2005)
　장일규, 『최치원의 사회사상연구』(신석원, 2008)

국케 하였다.

최초의 빈공과 합격자인 김운경 이후 당의 관직(하급의 외직)을 받은 경우가 있으며, 일부는 외교사절(冊封使)로 귀국하였으나 가장 활동은 당의 문인(주로 詩人)과 詩友를 맺어 그 명성을 당나라에 남긴 경우도 있다. 이들 숙위학생 중에 가장 큰 활동을 한 인물은 최치원이다. 그는 재당시절에 黃巢의亂(875-884)이 일어나자 그는 반란진압자인 고변(高騈)의 종사관으로 유명한 「황소에게 보내는 격문」(檄黃巢書)을 보냈는데 그 속에 '회오리바람은 하루아침을 가지 못하고 소낙비는 온종일 갈 수 없는 것이니 선악을 분명히 하여 귀순하라'고 하였으며, 황소 죽인 것을 축하한 글(賀殺黃巢表)에도 원흉만 제거할 뿐 싸움을 주로 하지 않는(有征無戰) 왕도사상의 뜻을 내세워 반란자의 정벌을 찬양하고 있었다.

◆ ◆ ◆

㉮ 3외(三畏)는 3귀(三歸)와 비교되며 5常은 5戒와 같은 것이니 왕도를 능히 실현하는 것은 부처님의 뜻(佛心)에 부합되는 일이다 (낭혜화상 백월보광탑비명)

㉯ 여래 석가와 주공(주공과 공자)은 각기 시작되었으나 근본은 한곳으로 귀일한다. 양자를 겸하지 못한 자는 사물의 이치를 이해하지 못한다 (진감선사 대공탑비명)

㉰ 仁心은 곧 佛心이며 부처의 뜻은 유교의 가르침(仁)과 통한다 (지증대사 숙조탑비명)

위와 같은 최치원의 견해는 자신이 철저한 유학자이면서도 유교와 불교를 같은 사상의 결합으로 봄으로서 당시 전환기(Interregnum)에 사회개혁추진의 주인공인 소수의 지적집단(Creative minority)의 대표자로서 그는 단순한 변모(Transfiguration)을 취한 Dante와 달리 적극적인 초탈 (Detachment)을 내세워 골품제 극복과 왕도정치의 부활(고려 건국)을 위해 먼저 사상적 변화로부터 추구한 것이다.[48] 이러한 사실로 보다 그가 진성여왕 8년(894)에 올린 「시무10여조」의 내용도 결국은 골품제타파 (진골중심의 정치체제 극복), 왕권 강화 등의 사회개혁안을 제시한 것으로 보아 새왕조개창(鷄林黃葉鵠嶺靑松)의 필요성을 부각시켰으리라 여긴다.

이러한 최치원의 생각은 단순히 그의 개인적인 견해가 아니며 나말의 숙위학생들의 공통된 생각이었다. 이들은 당나라에 머물면서 그 나라 말기의 혼란을 보면서 왕권 강화의 필요성과 사회변화의 필요성을 느꼈으며 특히 골품제의 한계(신분제의 개혁)를 체험한 주인공이기 때문에 당시의 사상적 변화(선종의 등장과 3교의 융합)를 정치·사회의 변동으로 이끌어 간 것이다.[49] 이러한 대표적인 예는 崔愼之(崔彦撝)의 경우 왕권의 건국 후 그의 측근으로 새로운 왕조의 건설에 기여한 사실(왕권 강화와 과거제도 필요성 제시)에서도 뚜렷하다. 그러므로 우리는 여말선초의 사상적 변화(선종의 부흥과 성리학 수용)에서도 엿볼 수 있다. 결국 숙위학생들이 나말여초의 정치변화기에 그 필요성과 개혁의 주인공이 되었다는 사실은 여말선초의 개혁세력인 士大夫의 성격과 동일한 전환기의

---

48 신형식, 최치원과 Dante의 대결적 비교(「한국고대사의 새로운 이해」 주류성, 2009) p.552
49 김두진, 낭혜와 그의 선사상(「역사학보」 57, 1973)
  최병헌, 나말여초선종의 사회적 성격(「사학연구」 25, 1975)
  신형식, 유교사상의 변화(「한국사」 11, 국사편찬위, 1996)
  최영성, 고운 최치원의 3교관과 그 특질(「동양고전연구」 9, 1997)
  조범한, 「신라선종연구」(일조각, 2001)

소수자(Creative minority)로서 새 왕조개창의 주역이었다는 점과 일치하고 있다.

통일신라의 대당유학생(숙위학생)은 우리나라 역사상 최초의 해외유학생으로 비록 국내에서의 신분적 한계로 본국을 떠났으나 해외에서 공부를 하는 과정에서 국가의식의 중요성을 인식하고 실력위주의 사회개혁필요성을 깨닫게 되었음으로 귀국하여 새로운 국가건설(고려)의 당위성에서 현실비판론을 제기하게 된 것이다. 따라서 해외유학은 좁은 울타리를 벗어나 새로운 사회인식의 당위성을 보여준 선각자로서 새로운 사회건설을 위한 선각자(Creatvie minority)가 된 것이다.

[7] 신라 멸망의 진실은

동서고금을 통해서 국가의 흥망은 비슷한 모습을 보이고 있다. 3국의 건국은 중국처럼 시조의 위대성과 신성함으로 예외 없이 하늘의 자손으로서의 공통점을 띄고 있으며 그 국가의 멸망은 마지막 왕의 실정(타락·반대세력의 등장, 외국의 침입)으로 이해하는 경우가 대부분이다. 그러나 역사는 생명체와 같은 유기체로 어떤 나라도 일정한 시기가 되면 노쇠기가 되어 망하지 않는 나라가 없기 때문에 그러한 과정은 역사적 변화의 한 단계(A Historical Change of Phase)가 된다는 것이다. 여기서 우리는 Spengler(1880-1938)의 「서구의 몰락」과 Toynbee(1889-1975)의 「역사의 연구」를 통해서 역사의 변화과정(순환과정)을 살펴볼 필요가 있다.

Spengler는 「서구의 몰락」(Der Untergang des Abendlandes)에서 역사는 거대한 유기체로서 문화와 같이 일정한 과정을 갖고 있어 출생·

253

성장·성숙·노쇠의 단계를 거치는데 그것은 봄·여름·가을·겨울과 같이 규칙적인 변화를 거친다는 것이다. 따라서 봄·여름·가을은 곧 인생으로 본다면 소년·청년·장년기로서 창조적 활동기가 되지만 겨울은 창조성이 고갈되고 물질적인 안락을 추구하여 정치만능(갈등)과 전쟁이 일어나 새로운 사회로 이전된다는 것이다.[50] 동시에 Toynbee는 「역사의 연구」(A Study of History)에서 역사 이해의 기본 방향은 도전(Challenge)과 응전(Response)의 시각에서 문명의 발생(Genesis)·성장(Growth)·쇠퇴(Breakdown)·해체(Disintegration)의 과정을 거치는 사실을 강조하면서 오랜 고난의 시기(A time of troubles)를 통해서 환경의 불리성(사회분열·지배력의 상실·혼〈사상〉의 변화)으로 자기 결정력의 상실〈혁명, 갈등, 반란〉로 기본지배세력(Ruling majority)으로부터 새로운 신진세력(Creative minority)의 등장으로 나타난 업보(Nemesis)로 문명(사회)은 붕괴되기 때문에 外侵은 쇠망해가는 문명의 결과로 일어나는 것이지 결코 그 문명 멸망의 근본적인 원인은 아니라는 것이다.[51]

이러한 시각에서 볼 때 신라 멸망을 단순히 특정 사건(진성여왕의 실정·포석정의 환락·경순왕의 고려귀순)으로 설명될 것이 아니라 Spengler와 Toynbee의 견해를 바탕으로 한 왕조가 전성기(8세기)를 지나면 이어 인간의 노쇠기와 같이 해체기가 오는 순환론의 입장으로 볼 때 9세기는 고난의 시기로 혁명이나 고질적인 갈등(Enormity)의 문제로 해체기가 된다는 것이다. 기이하게도 중국의 왕조가 길어야 300년을 넘지

---

50 노명식, 쉬펭글러(『서양사학사』 법문사, 1977) pp.394~395
51 노명식, 토인비(『서양사학사』 법문사, 1977) pp.419~428

못한 것처럼[52] 신라의 발전기(내물왕계: 내물왕 이후 진덕여왕까지-356-654)가 300년이었고 전성기(무열왕계: 무열왕 이후 혜공왕까지-654-780)가 130여 년이었으며 해체기(원성왕계: 785-935)가 150여 년이라는 사실을 주목할 수가 있다.

통일신라는 전성기인 8세기(신문왕·성덕왕·경덕왕: 681-765)를 끝으로 무열왕 계통이 끊어지고 원성왕(785-798) 이후는 장남인 仁謙系와 차남인 禮英系와의 갈등이 시작되었으며 9세기 이후 반란이 계속되었으며, 지배층 귀족들의 자기항쟁과 골품제의 붕괴로 신라의 정치는 혼란이 시작되었다. 더구나 지방호족의 등장, 농민의 항쟁, 그리고 사상계의 변화(선종의 대두·유불사상과 풍수도참 사상의 유행)와 특히 최치원을 대표로 하는 숙위학생들의 새로운 신진세력의 등장 등은 당시가 문명의 해체기로서 창조성이 고갈되고 물질적 안락을 추구한 정치 만능의 문명몰락 현상인 겨울이 닥친 것을 의미할 것이다.

◆ ◆ ◆

재앙이 가면 복이 오고 적은 것이 가면 큰 것이 오기 마련이다.

(然而災爲福始 小往大來)　　　　　　　　　　　〈「계원필경」 권7〉

라는 최치원의 견해는 鷄林黃葉 鵠嶺靑松(계림은 누런 잎이고 곡령(송악)은 푸른 소나무이다.「삼국사기」 권46)과 같이 고려왕조의 개창(신라왕조의 붕괴)을 제시한 사실로써 Dante의 「제국론」(De Monarchia)에서 보여

---

[52] 중국의 경우 전한 214년(B.C.206-A.D.8), 후한 195년(25-220), 진〈晋〉 155년(265-420), 후위 198년(386-534), 당 289년(618-907), 송 319년(북·남송: 960-1279), 명 276년(1368-1644), 청 296년(1616-1912)으로 300년 미만이었다.

진 옛 로마의 회귀(피동적인 복고주의: Archaism)와 달리 최치원은 나말의 사회적 개혁추구와 새로운 사상의 변화에 따라 능동적인 미래주의(Futurism)에 따른 초탈(Detachment)을 보여주어 단테와의 차이를 보여주었다.[53] 이러한 견해는 이미 많은 전문가들의 논문에서도 유교적 정치이념(사상의 변화)에 따른 새로운 국가의식으로 집권적인 정치체제의 구현과 사회개혁론을 통해 신라말의 분위기가 고려 건국의 방향을 제시한 것으로 나타나 있다.[54]

근래 신라왕조의 멸망과정에 대한 이종욱 교수의 견해는 위와 같은 사실의 보완으로 생각할 수가 있다. 즉 통일신라의 오랜 평화는 신라왕정의 목표(왕권 강화·지배체제 정비)를 사라지게 되었고 왕정의 쇠락, 사회·정치체제의 붕괴, 그리고 사상적 통제의 실패를 들고 있다.[55] 따라서 신라 멸망의 진실은 포석정연회로부터 시작된 것이 아니라 9세기 이후 신라왕조가 이른바 겨울을 맞아 그 해결책을 찾지 못하고 해체되고 말았다고 하겠다. 여기에 최치원을 대표자로 하는 숙위학생들의 역할 특히 사상적 변화에 초점을 두는 것이 필요하다.

필자는 이 시기에 사상적 변화와 정치·사회적 개혁을 주도한 최치원

---

53 신형식, 최치원과 Dante의 대결적 비교(「한국고대사의 새로운 이해」 주류성, 2009)
54 김세윤, 신라하대 도당유학생에 대하여(「한국사 연구」 37, 1982)
　　최영성, 「최치원의 사상연구」(아시아문화사, 1990)
　　이재운, 최치원의 3교 통합론(「선사와 고대」 9, 1997)
　　＿＿＿, 「최치원 연구」(백산자료원, 1999)
　　김영미, 신라하대 유불일치론과 그 의미(「백산학보」 52, 1999)
　　한국사학회(편), 「신라최고 사상가 최치원 탐구」(주류성, 2001)
　　장일규, 「최치원의 사회사상연구」(신서원, 2008)
55 이종욱, 대신라왕국의 멸망(「신라의 역사」 2)

의 사상을 통해 Dante의 복주의와 다른 미래주의를 이미 제기하였으며 고려 건국의 방향을 단순한 왕조교체가 아니라 사상적인 차원(새로운 사회지향)에서 지적한 것을 재차 강조하고자 한다.

◆ ◆ ◆

㉮ 삼외는 삼귀에 비할만하고 5상은 5계와 같으니 능히 왕도를 실천하는 것은 불심에 부합되는 것이다. (三畏比三歸 伍常均伍戒 能踐王道 是符佛心, 낭혜화상비명)

㉯ 여래와 주공이 출발한 것은 비록 다르지만 돌아가는 바는 한가지이니 지극한 이치에 통달하였다 능히 서로 겸하지 못하는 것은 물(物: 형체)이 두 가지를 받아들이지 못하기 때문이다. (謂如來之與周孔 發致雖殊 所歸一揆 體極 不能兼者 物不能兼受故也, 진감선사비명)

㉰ 인심이 곧 불이니 부처의 생각(佛目)이 유교의 뜻(仁)이 될 수 있는 것은 당연하다. (仁心則佛 佛目能仁則也, 지증대사비명)

이러한 최치원의 견해는 전환기에서 가장 중요한 사상적 변화와 새로운 세력(Creative minority)의 등장에 따른 사회개혁 의지의 표현이다. ㉮에서 보여지는 유교·불교·도교의 통합은 결국 왕도의 실현이 불심에 부합된다는 사실을 여래(석가)와 주공(주자와 공자)의 결합(유교와 불교 일치)으로 본 것은 큰 의미가 있다. 그러므로 ㉯와 ㉰도 결국은 하나가 된다는 것은 나말의 사상적 변화를 단적으로 보여준 것이다.[56] 결국

---

56 신형식, 나말여초의 숙위학생(「한국고대사의 신연구」 일조각, 1984) p.452

고려의 건국(신라의 붕괴)은 이러한 사상적 변화의 결과인 것이다. 그러므로 우리는 고려 초 최승로의 다음과 같은 주장으로 볼 때

◆ ◆ ◆

불교는 수신의 근본이며 유교는 정치(理國)의 바탕이다. 수신은 내세의 바탕이지만 이국은 오늘의 일이다. (「고려사」 권93, 열전6)

이와 같은 양자의 조화가 신라에서 고려로 넘어가는 사상적 이행이라고 하겠다.

여기서 마지막으로 지적할 내용은 김부식이 신라 멸망과정의 서술에서 마치 포석정연회를 개최한 경애왕의 무모한 행위로 강조한 내면을 살펴볼 필요가 있다. 김부식은 경주김씨로 마의 태자와 같은 大將軍 公派로서 그 선조(증조부)인 魏英이 고려 초에 경주의 戶長으로 경순왕과 함께 고려투항에 협조한 정통 김씨가문으로 고려 건국(신라귀순)의 당위성(필연성)을 내세운 주인공으로 보인다.[57] 그러므로 포석정 잔치를 의도적으로 크게 기록하여 박씨왕통(경애왕)의 문제점을 부각시켰을 것이다. 그 자신이 포석정이 유흥장소가 아닌 것을 모를 리 없으며 견훤의 침입을 목전에 둔 현실을 외면할 수도 없는 경애왕의 문제점을 부각시켰다고 보인다. 경순왕 5년(931)에 왕건이 경주에 와서 임해전 잔치를 했을 때 경순왕은 이미 귀순 의도를 밝혔을 것이다. 따라서 경애왕의 포석정연회는 「삼국사기」 기록의 가장 큰 오류라고 생각된다.

따라서 신라 멸망의 진실은 포석정연회로 시작된 것이 아니라 통일

---

[57] 신형식, 김부식의 생애와 사상(「김부식의 삼국사기」 경주김씨 대종친회, 2001)
　　김연옥, 고려시대 경주김씨가계(「숙대사론」 11·12, 1982)

후 200여 년이 지난 9세기 말은 신라사회가 큰 혼란에 빠지기 시작하였다는 사실을 외면해서는 안 될 것이다. 이러한 사회변화과정에 설명은 Spengler의 생물학적 문명관(봄-여름-가을-겨울)이나 Toynbee의 순환론(탄생-성장-쇠퇴-해체)보다[58] 먼저 장도빈의 신라사 전개과정(창립-강성-전성-붕괴)을 제시하여 천 년을 지내 온 신라말기는 결국 인간으로 치면 노쇠현상(각종의 질병은 결국 고칠 수 없음)과 같은 것으로 봐야 한다는 것이다.[59] 따라서 인간이 노인이 되면 여러 가지 질병으로 고생하듯이 노쇠한 신라는 7-8세기에 이미 전성기를 맞았으므로 9-10세기에는 쇠퇴·몰락기로 이어지게 됨으로서 쟁탈전의 진행, 후백제의 건국, 지방세력(호족)의 등장이라는 사회혼란 속에서 6두품 계열(신흥세력으로서 숙위학생들의 활동)의 새로운 종교적 변화로 이제 신라가 멸망기에 빠져들게 되었다고 할 것이다.

여기에 견훤의 후원으로 등장한 경순왕은 내면적으로 왕건에게 접근하여 임해전잔치에서 고려귀순을 결정한 것으로 생각된다. 그러므로 신라 멸망은 이미 경순왕 5년(931)에 끝났다고 할 수 있기 때문에 이에 반대하는 마의태자 중심의 신라전통세력은 경순왕의 고려 귀순 후 신라부흥운동을 펼쳐 홍천-인제 일대(한계산성)에는 多勿里('다물'이라는 뜻은 '잃어버린 땅을 되찾다'는 뜻)·군량리·항병리·갑둔리 등의 유적이 남아있다.[60]

---

58 박성수, 쉬펭글러와 토인비의 순한사관(『새로운 역사학』 삼영사, 2005) pp.416~433

59 신형식, 산운 장도빈의 신라사관(『산운사학』 3, 1989)
　　　, 장도빈(『한국고대사서술의 정착과정』 경인문화사, 2016)

60 신형식, 신라(마의태자)도 부흥운동을 했는가(『새로밝힌 삼국시대의 역사적 진실』 우리역사연구재단, 2013) pp.83~84

제5장
삼국시대를 다시보자

무용총벽화(수렵도)

중국 집안에 남아있는 무용총벽화로 윗그림은 말을 거꾸로 탄 무기사수가 사슴을 쏘는 것이며 아래그림은 개를 앞세우고 호랑이를 잡으려는 그림이다.

[1] 삼국시대 불교가 준 의미는

[2] 김유신 기록에서 생각할 문제는

[3] 고구려 고분벽화가 준 의미는

[4] 국내성의 어제와 오늘은

[5] 발해 상경성의 오늘의 모습은

[1] 삼국시대 불교가 준 의미는

불교는 석가모니를 교주로 하여 부처의 가르침을 신봉하는 종교로 인간 삶의 번뇌에서 해탈을 통한 열반의 세계를 향하는 깨달음을 가르치는 사상체계이다. 불교는 인도를 거쳐 중국(당)에서 크게 번창하였으며, 우리나라(신라-고려-조선)에서도 커다란 교훈과 가르침을 주었으며 특히 통일신라와 고려시대에는 국교로서 정치·사회·문화면 많은 영향을 준 바가 있었다. 특히 원효·의상·의천·휴정·유정 등 명승의 활동은 시대를 떠나 국민의 지도자로서 겨레의 스승으로 존경을 받고있어 불교가 지닌 의미를 알수가 있다.[1] 이러한 불교는 삼국시대의 중앙집권적인 국가의 발전(왕권의 성장) 뿐 아니라 국민정신(국가의식)의 개발에 결정적

---

1 최병헌, 신라불교사상의 전개(「역사도시 경주」 열화당, 1984)
  이기백, 신라초기불교와 귀족세력(「신라사상연구」 일조각, 1988)
  정병삼, 의상불교형성의 사상적배경(「의상 화엄사상연구」 서울대출판부, 1998)

석굴암과 서산마애석불

■ 삼국시대 불교예술을 상징하는 불상은 석굴암(신라)과 서산마애석불(백제)이다. 석굴암 (원 이름은 석불사)은 김대성이 전세의 부모를 위해서 석굴암(현세의 부모를 위해선 불국사)을 만들었다고 하였는데 본존의 석가여래상은 정교하고 장엄한 미를 보여주고 있다. 서산마애석불은 중앙의 본존여래상, 그 좌우에 보살상과 반가좌상이 3존불을 이루어 그 아름다운 모습은 백제예술의 상징적 존재이다.

인 역할을 한바 있었다.

이와 같이 불교는 국가(정치)와 밀접한 관계를 갖고 있어 단순한 외래 종교가 아닌 사실은 신라의 통일과정에서 그 첫 출발인 북진정책의 추진시에는 예외없이 사찰을 조성하고 있는데서 알 수가 있다. 진흥왕 14년(553)에 황룡사 조성은 신라가 북진을 시작한 기념으로 그것을 계기로 조성하고 新州설치(한강하류유역 확보)를 완성하였고 선덕여왕 11년(642)에 백제의 침입으로 대야성이 함락되어 그 대응책으로 김춘추의 외교(642년 고구려에 군대요청)가 시작되어 백제정벌과 통일의 필요성을 위한 기원을 나타낸 황룡사 9층 탑(645) 조성이 이룩되었다.

이 탑의 조성은 자장의 요청으로 시작된 사실로 보아 불교가 지닌 국

가의식을 엿볼 수 있다. 특히 문무왕 676년(문무왕 16)의 당군 축출(통일
완성)을 기념하는 부석사 조성과 679년의 사천왕사(3국통일의 은덕과 축
하)를 세운 것이다. 그리고 불국사의 조성(경덕왕 10년: 751)은 단순히 김
대성이 2세의 부모를 위해 세웠다지만 그 내면에는 법화경(대웅전), 아
미타경(극락전), 화엄경(비로전)의 결합은 결국 3국민의 융합에 의한 전
제왕권(중앙집권제)의 의미로 볼 수가 있다.[2]

우리나라에 불교가 처음으로 받아들인 것은 고구려 소수림왕 2년
(372)으로 전진의 왕(符堅)이 順道를 보내서 불상과 불경을 보내준 사실
로 시작되었다. 백제와 신라는 이보다 훨씬 늦었으나 신라는 불교를 통
해 왕권을 강화시켰고 국민들의 통합에 바탕을 마련하여 국가체제의 정
비와 문화발전의 기틀을 이룩할 수 있었다. 특히 팔관회·백좌강좌를 통
해 국민 간의 융화를 강화시켰으며 국가발전을 위해 國仙을 통한 화랑
도의 창설에도 기여하게 되었다. 이러한 사실은 진평왕의 이름이 석가모
니의 아버지의 이름인 白淨으로 했고 왕비명도 석가 어머니의 이름에서
따온 摩耶夫人으로 하였으므로 '왕이 곧 부처이다(王卽佛)'라는 뜻을 보
여주고 있다.

이러한 불교가 국가(신라)와 밀접한 관련을 갖고 있는 첫 번째 주인공
은 圓光이다. 그는 진평왕 11년(589)에 불법을 배우려 陳나라(557-589)
에 들어갔으나 바로 진나라가 망하여 隋(581-619)나라에 머물다가 진평
왕 22년(600)에 외교사절(諸文)을 따라 귀국한 후 진평왕 30년(608)에는

2 이만, 불국사 건립의 사상적 배경(「불국사의 종합적 고찰」 신라문화제 학술발표회 논문집
18, 1997)
신형식, 신라통일의 현대적 의의(「신라사학보」 32, 2014) p.6

수나라에 군대요청서(乞師表)를 보낼 때

◆ ◆ ◆

자기가 살기 위하여 남을 죽이는 것은 스님(沙門)의 행동은 아니다.

그러나 승려인 저는 대왕의 땅에 살면서 대왕의 물과 풀을 먹고 있으

니 감히 왕명을 따르지 않겠습니까 (「삼국사기」 권4, 진평왕 30년)

라는 글을 지어 수양제에 보내기까지 하였다.[3] 무엇보다도 원광은 貴山·추항(箒項)은 진평왕 23년(662)에 백제와의 싸움에서 희생(전사)한 것이다.[4] 이러한 승려들의 국가의식은 당나라에서 불법을 익히고 선덕여왕 12년(643)에 돌아온 자장이 건의해서 이룩된 황룡사 9층 탑(645)에서 국가발전과 통일을 기원한 기원에서 엿볼 수 있다.

신라불교사상에서 가장 큰 영향을 남긴 승려는 의상(625-702)과 원효(617-686)이다. 의상에 대한 많은 연구가 있으나 그의 화엄사상의 설명과 「화엄일승법계도」가 어려워 일반인에게는 크게 부각될 수가 없었다.[5]

---

3 원광이 걸사표를 수(양제)에 보낼 수 있었던 것은 그의 뚜렷한 국가의식도 있지만 그가 진(陳)에 들어갔을 때 바로 진나라가 망한 해였다. 그때 원광은 揚州(진나라 수도)에서 진나라 군사에 잡혀 죽게 되었을 때 수나라의 도움으로 죽음을 면할 수 있었고 신라에서는 원광의 실력을 인정하고 귀국요청을 하였으며 수양제의 명으로 귀국할 수 있어 원광의 걸사표가 지닌 의미를 알 수가 있다. (「삼국유사」 권4, 義解 5, 원광)

4 세속5계는 원광이 제자인 귀산·추항에게 세속인으로서 지켜야할 도리 5가지 덕목(불경이나 예부터 내려온 미덕을 정리)을 가르쳐 준 것으로 화랑뿐 아니라 국민의 도리를 의미한다.(事君以忠·事親以孝·臨戰無退·朋友有信·殺生有擇)

5 문명대, 신라법상종의 성립문제와 그 미술(「역사학보」, 62·63, 1974)
최병헌, 나말 여초 선종의 사회적 성격(「사학연구」 23, 1975)
김상현, 신라중대 전제왕권과 화엄종(「동방학지」 44, 1984)
_____, 「신라화엄사상연구」(민족사, 1991)
김영미, 통일신라시대 아미타신앙의 역사적 성격(「한국사 연구」 50·51, 1985)
이기백, 신라시대의 불교와 국가(「역사학보」 111, 1986)

그러나 그 속에서 '하나가 곧 전부요 전부(多)도 하나가 된다(一卽多 多卽 一)'는 원융의 중도 사상은 신라인의 의식세계(위국충절의 국가의식)를 높여주었으며 왕권 강화에 기틀이 된 것은 큰 의미가 있다. 무엇보다도 신라불교의 의미를 보여준 원효는 고삐 풀린(不羈) 영원한 자유인으로 모든 지방(千村萬落)을 쏘다니는 거리낌 없는(無碍) 신비한 인물로 수많은 저술을 통해 인간의 평등을 노래한 주인공이었다.

◆ ◆ ◆

㉮ 옷을 기울 때는 짧은 바늘이 필요하고 (縫衣之時 短針爲要)

긴 창이 있어도 그것은 소용이 없다 (雖有長戟 而無所用)

비를 피할 때는 작은 우산이 필요하고 (避雨之日 小蓋是用)

온 하늘을 덮는 것이 있어도 소용이 없다 (普天雖覆 而無所救)

그러므로 작다고 가벼이 볼 것이 아니라 (是故不可 以小爲輕)

그 근성을 보면 크고 작은 것이 다 보배다 (隨其根性 大小皆珍者也)

(미륵상생경종요)

㉯ 해는 더운 것으로 그 성품을 삼고 달은 찬 것으로 그 성품을 삼는다 (日者以熱爲性 月者寒爲性)

만일 해만 있고 달이 없다면 모든 종자의 싹은 말라서 능히 열매를 맺지 못한다 (若有日而無月者 萬苗燒燋故不能生果)

만일 달만 있고 해가 없다면 모든 종자의 싹은 썩어 싹이 트지 못

김복순, 신라중대 화엄종과 왕권(「한국사 연구」 63, 1988)
_____, 「신사조로서의 신라불교와 왕권」(경인문화사, 2008)
김두진, 「의상」(민음사, 1995)
남동신, 의상 화엄사상의 역사적 이해(「역사와 현실」 28, 1996)
정병삼, 「의상 화엄사상 연구」(서울대 출판부, 1998)

한 (亦若有月而無日者萬苗物卽腐故不能生牙)

(범망경보살계본사기)

이러한 원효의 가르침은 파란만장의 삶을 통해 인간의 평등성과 융합을 통한 대승의 경지를 강조하고 있다. 그는 긍정해도 얻음이 없고 부정해도 잃음이 없다고 하며 일심의 사상으로 평등과 믿음의 자세는 국민을 하나로 묶는 융합을 통한 평등한 인간의 자세임을 가르쳐주었다.

무엇보다도 원효는 분열과 갈등을 포용하는 화해의 길을 택하는 화쟁(和諍)의 사상으로 상과 하, 다(多)와 소(小), 해(熱)와 달(寒)도 결국은 하나가 된다는 일심의 뜻을 보여준 것이다. 그러므로 인간의 바탕 속에 깃든 개인(私)과 단체(公), 긍정과 부정, 분열과 통합도 결국은 마음으로 하나가 된다는 논리(화해)로 정리된다는 화쟁의 뜻은 불교의 도리만을 강조하는 것이 아니라 유교·도교의 정신과도 화합한다는 유기적 관련을 나타낸 것이다(十門和諍論).[6]

이와 같이 불교는 단순히 부처의 가르침을 설명하는 종교만이 아니라 신분과 사회적 차별을 넘어 국민적 융합의 평등관으로 호국 사상을 통해 국가의식을 높여준 사상체계이며 왕권 강화에도 기여를 하였다. 이러

---

6 이기영, 「원효의 사상」(영남문화, 2. 1962)
  고익진, 원효가 본 불교의 호국 사상(「동국」 12. 1996)
  김상현, 성속을 넘나들던 원효 (「불교사상」, 1986)
  _____, 「역사로 읽는 원효」(고려원, 1994)
  남동신, 원효의 교관론과 그 불교사적 위치(「한국사론」, 20.1988)
  김영미, 원효의 여래장사상과 중생관(「선사와 고대」 3.1992)
  신형식, 원효와 의상은 우리에게 무엇을 가르쳤는가(새로 밝힌 삼국시대의 역사적 진실, 우리역사연구재단, 2013)

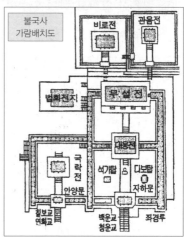

■ 불국사는 불교가 지향하는 이상사회를 보여주는 곳이다. 지하문(중앙: 우: 백운교·청운교)을 지나면 다보탑과 석가탑이 있고 그 북방에 대웅전(석가–법화경의 세계: 현세)이 있고 그 북방의 무설전(강연장)을 지나 비로전(비로자니불: 화엄경–연화교의 세계)을 만난다. 대웅전 좌측은 안양문(칠보교·연화교)을 지나 극락전(아미타불–무량수경–미래)이 있어 과거·현재·미래가 어울려 하나로 종합(진리의 세계: 깨달음)된다는 것이다. 결국 불국사는 법화경과 화엄사상을 바탕으로 불교의 가르침을 바탕으로 민족통합(융합)·국가번영(왕권의 안정)의 상징이다.

한 불교가 지닌 호국 사상은 고려시대의 義天이 속장경의 간행 뿐 아니라 주전론(鑄錢論)을 펴서 사회·경제적 공헌을 하였으며 조선시대의 惟政과 休靜은 임진왜란 때 의병을 일으켜 왜군격퇴에 노력한 바 있다. 특히 유정(惟政)은 일본에 건너가 포로를 귀환시킨 역할을 한 주인공으로 우리는 불교가 준 잠재적 의미를 잊어서는 안될 것이다.

불교가 지닌 정치적 의미는 신라가 북진을 시작으로 통일과업을 시도하려는 황룡사의 조성(진흥왕 14년: 553)과 같이 그보다 앞서 법흥왕 15년(528)에 법흥왕의 어머니(迎帝夫人)와 왕의 부인(保刀夫人)이 이절을 창건하였고 진흥왕 35년(574)에는 진흥왕모(只召夫人)가 중창하였다고 되어있다.(佛國寺古今創記) 그러나 「삼국유사」(권9 孝善)에는 天寶 10년(경덕왕 10년: 751)에 김대성이 이승(현생)의 부모를 위해 불국사를, 전생의 부모를 이해 석불사(석굴암)을 세웠다고 되어있다. 여하간 경덕왕 재위시기(742-765)는 통일신라의 전성기(전제 왕권시기)였으므로 이러한 불국사조성은 신라왕권의 성장과 통일과정을 정리한 것으로 신라의 왕실의 안녕과 왕권의 위상을 내외에 과시한 것은 사실이다.[7]

이상에서 본바와 같이 불교는 단순한 종교가 아니라 국가보호와 정치안정을 뒷받침하는 사상체계로서 중대 전제왕권기에는 국가의식으로 그 존재가치가 컸다. 특히 경덕왕(742-765)은 사찰의 보호와 감독을 위한 「사천왕사성전」 등 여러 개의 成典을 두고 고위층의 관리직(衿荷臣과 上堂) 아래에 여러 관리를 두었음으로 이들은 불교 외에 일반 정치에도 관여하였다.[8] 이러한 성전은 왕실뿐만 아니라 국민에 이르기까지 지도이념으로서의 불교의 역할을 담당한 것이다. 여기서 주목할 것은 신라 말에 이르러 불교는 유교와 도교와도 결합되어 불교의 善과 유교의 仁을 도교의 仙과 결합(風流道)시켜 신라 말의 정치·사회적 변화를 극복하려는 움직임으로 확대되었다.

이러한 3교의 융합을 신라를 극복하고 고려왕조의 건국을 지향한 최

7 황수영, 불국사의 창건과 그 연혁(「불국사복원 공사보고서」 1976)
    김상현, 석불사·불국사의 연구(「불교연구」 2, 1986)
    김상현·김동현·곽동석 「불국사」(대원사, 1992)
    강우방, 불국사 건축의 종교적 상징구조(「불국사의 종합적 고찰」 1997)
    문명대, 경주 석굴암 불상 조각의 비교사적 연구(「신라문화」 2, 1985)
8 경덕왕이 세운 사천왕사성전 외에 봉성사성전, 감은사성전, 봉덕사성전, 영묘사성전 등이 있으며, 그 외 신문왕이 세운 영흥사성전과 애장왕이 세운 봉은사성전이 있었다.

치원은 유학자로서 불교와의 결합을 내세워 「낭랑비」의 서문에서 다음
과 같이 3교를 통합하는 역할을 하고 있었다.

◆ ◆ ◆

나라에 현묘한 도가 있으니 풍류라 한다. 이는 3교를 포함하고 뭇 백
성들과 접하여 교화한다. 이를테면 집안에 들어와서는 효하고 나가
서는 충성을 하는 것은 공자(司寇)의 가르침이고 자랑함이 없는 일
과 말없는 가르침은 노자(柱史)의 뜻이며 악을 짓지 않고 선을 받들
어 행하려 함은 석가(竺乾太子)의 교화이다 (「삼국사기」 권4. 진흥왕
37년조)

이와 같은 사상과 전통은 그대로 태조의 「훈요십조」와 최승로의 「시
무책」으로 이어졌으며 「지증대사 적조탑비」에도 '仁心은 곧 佛'이라고
하였으며, 진감선사비문에도 '석가와 공자는 그 출발은 다르지만 돌아가
는 바(所歸)는 한가지이다'라고 하고 있다. 이와 같이 최치원이 유학자이
면서 고승(낭혜·진감·숭복사·지증─4山碑銘)의 비문을 쓴 사실은 유교와
불교, 그리고 도교를 결합시킨 3교융합의 정신을 의미하고 있다.[9] 따라
서 그의 종교관은 구국적 유교관, 호국적 불교관, 제세적 도교관의 통합
으로 표현할 수가 있다.

여기서 우리가 잊어서는 안되는 원효의 가르침을 다시 생각할 필요가
있다. 의상과 함께 중국에 가다가 도굴 속에서 잠자다가 마신 물이 해골
에 고인 물임을 알고 난후 일체의 사건은 마음먹기에 따른다는 유심론
을 통해 인간의 도리를 긍정해도 얻음이 없고 부정해도 잃음이 없는 법
이기 때문에 옳지 못한 것은 스스로 없어지고 정당한 것은 스스로 나타

난다(「대승기신론서」)는 사실을 알게 해준 스승이었다.

이와 같은 원효의 정토신앙과 화쟁의 정신은 특정 종파의 사상이 아니라 무량수경(정토경)과 비로자나불(화엄종), 아미타불(정토신앙)을 통합하여 민중의 결합(왕실·평민·노비)과 사회(국가)의 안정을 위한 불교의 대중화에 결정적인 계기가 되었다.

◆ ◆ ◆

옳지 못한 것은 스스로 없어지고 정당한 것은 스스로 나타난다.

(邪當自滅 正當自滅)

진짜 금은 스스로 빛이 나고 가짜는 그렇지 못하다.

(如燒眞金 其光自若 是僞不爾)   (대승기신론소)

라고 가르침을 주었으며 우리에게 진실한 교훈을 준 영원한 스승으로 불법을 통해 선도(善道)를 개척한 민족정신계의 개척자로서 인간의 잘못된 원인이 4가지가 있다고 한 후 올바른 자세를 지적한 바 있다.[10]

원효의 위대함에 대한 본격적인 해설은 장지연(汕耘: 1888~19)의 원효전(「대한위인전」 상, 아세아문화사, 1981)에서 구체적으로 부각되어 있다.

---

9 이재운, 「최치원연구」(백산자료원, 1999)

　김복순, 최치원의 종교관(「신라최고사상가 최치원연구」 주류성, 2001)

　신형식, 고려 건국이념을 제시한 최치원(「신라통사」 주류성, 2004)

　장일규, 「최치원의 사회사상연구」(신서원, 2008)

10 인간의 마음을 산란케하는 4가지 잘못된 마음(四種心亂)에는 첫째 재물욕구(貪愛財物), 둘째 투쟁심과 부정행위(鬪爭事不正), 셋째 계율에 금지된 것을 행하는 것(難行戒禁苦), 넷째 바른 도리를 따르지 않고 경계를 벗어난 행위(不如正理 推求境界) 등이다. (금강삼매경론: 김상현, 「역사로 읽는 원효」 p.320)

◆ ◆ ◆

先哲은 우리의 전형으로 그의 좋은 말씀(吉言)은 우리에게 교훈이 되
고 그의 선생은 우리에게 모범이 되고 그의 사상은 우리의 뇌에 인상
이 되고 그의 주의는 우리의 몸에 사명(司命)이 되어 그의 한 방울 침
(一唾)이 땅에 떨어진 것도 우리에게는 금옥이 된다.

라고 하여 그를 동방의 새벽별로 천고의 어둠을 깨쳐 준 선철로서 사회
의 어둠을 깨버린 위인으로서 우리의 영원한 스승(勤勉之師)·감독자·모
범이 된다고 하였다. 특히 원효는 만법의 유심론과 중생의 무차별론(평
등론)을 특히 강조하고 있다.

[2] 김유신 기록에서 생각할 문제는

한국 고대사를 통해서 그 명성이 가장 높았던 인물은 김유신(金庾信: 595-673)이었다. 그러므로 「삼국사기」의 열전(개인전기) 10권 중에서 3권이 김유신 개인전이어서 왕중에서 많은 업적을 남긴 문무왕이나 장수왕보다도 풍부하여 그 위상을 엿볼 수 있다. 특히 부친(舒玄)과 조부(武力)의 많은 업적과 김춘추(武烈王: 602-661)와의 별난 관계(친선)는 신라의 국가성장과 삼국통일에 결정적인 역할을 한 것은 사실이다. 다만 그의 법질서(자신만이 가질 수 있는 관등)와 인간관계(동생이 낳은 딸을 부인으로)를 벗어난 문제는 왕이 아닌 그로서는 지나친 사실로서 생각이 든다.

김유신은 금관가야 마지막 왕인 구형왕의 증손이다. 구형왕은 법흥왕 19년(532)에 아들 3명(노종·무덕·무력)을 데리고 신라에 귀순(투항)하였으며 그 공으로 진골로 편입되어 신라왕정에 적극 협조하면서 그 세력을 강화시켰다. 이어 진흥왕의 북진정책에 참여하여 공을 세운 김유신의 조부(武力)는 「단양적성비」에 그 이름이 등장하고 있으며 진흥왕이 한강 유역을 차지하고 세운 新州(한강하류 일대)의 軍主가 되어 북한산비·황초령비·마운령비문에도 등장한 장군으로 신라북진(통일정책)에 가장 큰 공신이었다.

진흥왕(540-576) 33년(572)에 태자(銅輪)가 먼저 죽었음으로 동생인 진지왕(576-579)이 왕위를 계승하였으나 이때부터 태자계열(진평왕-진덕·선덕여왕)과 차남계열(용춘과 그 아들인 무열왕)의 갈등이 시작되었으나, 태자계열이 딸만 있고 남자가 없었기 때문에 차남계열인 용춘(龍樹)은 김유신의 아버지인 서현(舒玄)과 손을 잡고 뒷날을 생각하며 두 여왕을 도와주었다. 이러한 사실은 결혼을 하지 않은 두 여왕 다음의 정치적 계승을 위한 욕망을 미리 생각한 듯하다. 따라서 진지왕이 죽었을 때(579) 김유신계는 무열계(김용춘)와 함께 진평왕을 지지하여 왕위에 추대한 것으로 보인다.[11]

▷ 진흥왕 이후의 왕계표 ◁

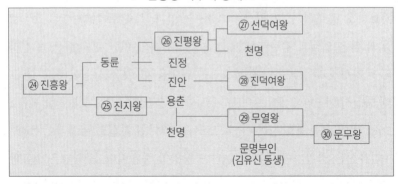

---

11 신형식, 김춘추와 김유신 관계 속에서 밝혀야 할 내용은(「새로 밝힌 삼국시대의 역사적 진실」 우리역사재단, 2013), pp.235~240

정구복, 우리집 물맛은 옛날 그대로구나 -김유신-(「인물로 읽는 삼국사기」 동방미디어, 2000), pp.254~287

당시에 진평왕은 자신을 뒷받침하는 세력이 없어 자신의 둘째 딸인 天明(선덕여왕 동생)을 사촌동생인 김용춘(진지왕의 아들)에게 출가시켰으며 진평왕 44년(622)에는 김용춘(김춘추 아버지)을 內省私臣으로 임명하여 당시 백제(무왕: 600-641)의 계속된 도전에 대응책을 세웠으며 진평왕 51년(629)에는 용춘과 서현(김유신 부친)·김유신이 고구려군이 지배하고 있는 낭비성을 공격하여 차지하였다. 당시 용춘(진지왕의 아들)은 진평왕의 둘째딸인 天明을 부인으로 맞이한 것을 보면 진평왕은 자신의 가계를 유지하기 위해 딸을 4촌동생(진지왕의 아들〈용춘〉)에게 출가시켰으며 〈표〉에서 보듯이 무열왕은 김유신 동생을(문희) 부인으로 삼아 무열계와 유신계의 결합을 볼 수가 있다.

그러나 무열왕(김춘추: 654-661)은 그가 왕이 되기 전부터 용춘(김춘추의 아버지)과 김서현(김유신의 아버지)은 진평왕을 도와 군사적 활동을 하였으며 선덕여왕 이후에는 김유신과 함께 백제에 대한 강경책을 계속하고 있었다. 그러므로 선덕·진덕여왕 대에는 김춘추와 김유신은 정치·군사·외교의 주역으로 등장하게 되었다. 그러므로 진평왕이 죽자 두 사람은 일단 선덕여왕을 추대하였으며 閼川을 앞세우고 다음을 기다린 것으로 생각된다. 선덕왕 11년(642)에 백제가 大耶城(현재 합천)을 공격하여 김품석(김춘추 사위) 부부를 살해한 사건이 발생하였다. 이에 김춘추는 왕명으로 고구려에 건너가 군사지원을 요청하였으나 실패하였지만 김유신은 결사대를 이끌고 가서 구속된 김춘추를 구출함으로서(고구려 첩자 德昌의 역할) 두 사람은 특별한 관계를 이룩하게 되었다. 이 시기를 전후해서 신라의 친당정책은 보다 강화되어갔다.

이 때 고구려에서는 연개소문이 영류왕(618-642)을 죽이고 보장왕을

김유신의 묘

■ 김유신과 김춘추의 관계는 진평왕 등장부터 두 가문이 친선을 시작하여 두 여왕 등장에 협조한 후 무열왕의 정치에 적극적으로 참여하였다. 특히 선덕왕 11년(642)의 대야성전투 이후 고구려원조 요청 시에 그곳에서 구속되었을 때 김유신은 결사대를 이끌고 그를 석방시킨 주인공이다. 대부분의 왕릉보다 크게 만들어진 김유신묘에는 子(쥐)·丑(소)·寅(호랑이)·卯(토끼)·辰(용)·巳(뱀)·午(말)·未(양)·申(원숭이)·酉(닭)·戌(개)·亥(돼지)를 의미한다.

추대하여 권력을 행사하였고 백제는 의자왕(641-660)이 등장하여 신라에 위협을 주고 있었는데 신라에서는 비담(毗曇)이 반란을 일으켰으나 김유신이 진압시킨 후 선덕여왕의 사망으로 진덕여왕(647-654)을 추대한 것으로 보인다.[12] 무엇보다도 당시 당나라는 안시성패전(645)으로 고

---

[12] 비담의 난이 일어난 시기가 647년(선덕여왕 16) 1월 17일이었으며 왕이 죽은 날이 1월 8일이었음으로 그 사망원인의 문제가 있다. 그러므로 왕이 반란으로 죽은 것이 아니고 자

구려에 대한 반감이 극도에 이르렀으며 신라가 당을 도와주고 있을 때 의자왕(백제)은 신라를 공격하고 있어 3국 간의 갈등이 최고조에 이르고 있었다. 당시 김유신은 상장군이 되어 백제지역(가혜성〈고령〉 등 7성)을 공격하고 돌아오는 길에 다시 백제군의 침입을 당하자 문 앞에서 집사 람들이 기다리는 집에 들르지 않고 다시 전선으로 향하면서 50보쯤 집을 지난 후에 사람을 시켜 미음(漿水)을 떠오게 하고 마신 후 '우리집 물맛이 옛 맛 그대로구나'하고 전선으로 향했다는 기록은 그의 위국충절(滅私爲國)의 정신을 보게 된다.

이러한 김유신은 김춘추와 함께 진덕여왕(647-654)을 세우고 철저한 친당정책을 추진하면서 신라의 정치·군사·외교권을 장악할 수 있었다.[13] 이러한 두 사람의 관계로 김유신은 무열왕 등장에 결정적인 역할을 하였으며 이미 무열왕(김춘추)은 왕이 되기 전에 김유신 동생(文明夫人: 文姬)을 부인으로 삼았으며 백제 정벌의 공으로 김유신을 大角干(이벌찬〈角干〉위에 새로 만든 관등)으로 임명하였으며 고구려정벌(668) 직후에는 太大角干을 부여하였다. 더구나 흥덕왕(826-836)때에 그를 興武大王을 책봉(「삼국유사」에는 경문왕〈917-924〉 때로 기록)하기 까지 하였으나 이 사실은 김유신이 죽은 지 150여 년 후에 일이어서 김유신의 개인 입장은 아니었다.[14]

연사라고 한 견해가 있다.(정용숙, 신라선덕왕대의 정국동향과 비담의 난, 「이기백 선생 고희논총」〈상〉, 1994)

13 진덕여왕 2년(648)에 김춘추는 아들(文王)을 데리고 입당하고 군대협조(援兵確約)를 받은 문왕을 숙위로 머물게 하였다. 5년(651)에는 또다른 아들인 仁問을 역시 숙위로 하여 나당 간의 군사협조가 이룩되었다. 문무왕 6년(665)에는 김유신의 아들인 三光이 역시 숙위로 파견하여 고구려정벌에 대한 협의가 이루어졌다.

14 김유신을 흥무대왕으로 책봉한 시기가 「삼국사기」에는 흥덕왕 때(직접 연대표시는 없음)

이와 같이 김유신은 철저한 국가를 위한 장군으로 활동한 것은 사실
이다. 문제는 여기서부터 시작된다. 무열왕 2년(655)에 무열왕은 딸(智
照: 智炤)을 김유신에게 회갑기념으로 시집보냈다고 되어 있으며 三光 ·
元述이하 5명의 아들을 낳았다고 되어있다. 문제는 그때까지 김유신이
총각으로 있었을 수 없으며, 더 큰 사건은 김유신의 큰 아들인 三光이 문
무왕 6년(666)에 당나라에 숙위로 파견되었는데 기록대로라면 지조부인
이 655년에 결혼했기 때문에 그때 출생했다 해도 11세인데 외교사절로
갈 수가 없다. 여기에 「삼국사기」 기록의 문제점(오류)이 있어[15] 포석정
환락사건과 함께 큰 문제가 된다. 따라서 삼광도 지조부인의 소생이 될
수 없으며[16] 신빙성 문제로 이론은 있으나 「화랑세기」에 나타난 令毛라
는 부인이 있었다는 기록을 생각할 수 있다.[17]

김유신에 대한 평가는 철저한 국가의식으로 백제정벌의 주역으로 삼
국통일의 추진에 결정적인 역할을 한 것은 사실이다.

로 되어있고, 「삼국유사」에는 그보다 100년 후의 경문왕 때로 되어있다. 따라서 김유신을
흥무대왕으로 책봉한 시기와 그 이유(목적)가 정확히 알 수가 없다. 중대(무열계왕)의 전
성기 마지막 왕인 혜공왕(765-780)때는 6차의 반란이 일어나고 내물계인 김양상(金良
相)이 반란군을 진압하며 선덕왕(780-785)이 되어 내물계 왕통이 이어졌음으로 흥덕왕
(826-836)은 굳이 무열계였던 김유신 후손의 도움이 필요 없었다.
그러나 경명왕(917-924)은 내물계의 갈등 속에서 3명의 박씨왕(신덕왕-경명왕-경애왕:
912-927)은 당시 김씨 가문과의 갈등이 있었고 남방에서는 후백제(892-936)가 나타나
경명왕 4년(920)에는 신라를 공격하였고(대야성 함락), 북방에는 태봉(901-918)이 등장
하였으며 곧이어 고려가 건국되어(918) 그 세력이 확장되고 있어 경명왕은 김유신과 같은
명장이 필요하여 그 후손의 도움을 위한 정치적 지원을 필요로 한 때여서 흥무대왕의 추
존이 필요한 때는 흥덕왕 때가 아니라 경명왕 때라고 한 「삼국유사」의 기록이 적절한 사실
로 보인다.

15 신형식, 앞의 책 p.240

16 김태식, 김유신과 그 가족(「화랑세기 또하나의 신라」 김영사, 2002) p.144

17 이종욱, 15세 유신공(「화랑세기」 소나무, 1999) p.154

◆ ◆ ◆

위태로움을 보고 목숨을 바치며 어려움을 당하여 자신을 잊는 것은
열사의 뜻이다. 무릇 한 사람이 목숨을 바치면 백사람을 당해내고 백
사람이 목숨을 바치면 천 사람을 당해낸다 (중략) 지금 나라의 어진
재상이 다른 나라에 억류되어있는데 두렵다고 해서 어려움을 당해내
지 않을 것인가 (「삼국사기」 권41, 김유신전)

이 기록은 국가를 위해 고구려 도움을 요청한 김춘추가 구속되어 있
을 때 그를 구하려고 결사대를 이끌고 고구려에 달려갈 때 한 것이다.
이것은 단순히 김춘추를 구한다는 사실이 아니라 국가를 위한 자세를
보여준 사실이다. 그는 통일을 위해 모든 개인의 입장을 버리고 국가를
위해 헌신한 것은 소정방과의 대결에서와 같이 사실이다.

이와 같은 滅私爲國의 정신으로 일관하던 김유신이 회갑을 맞아 자
기 여동생(文姬: 무열왕비)이 낳은 딸을 부인으로 맞아들였다는 사실을
어떻게 생각해야 할 것인가? 이것이 사실이라면 김부식이 「삼국사기」
를 편찬할 때 그대로 기록한 것이 올바른 자세였을까? 그때 김유신은
원부인이 있었을 터인데(사망했더라도) 그 이름을 삭제하는 것이 역사
일까? 「논어」에 '君子喩於義 小人喩於利'를 몰랐을 리가 없다. 더구나
백제 정벌 후에 김유신에게는 최고관등인 角干(이벌찬)을 넘어 그 위
에 大角干 그리고 고구려 정벌 후에는 太大角干을 주었을 때 자기 혼자
만 받는 자세는 지금까지 이어온 그의 滅私奉公의 자세로 볼 때 지나
친 사욕으로 볼 수밖에 없다. 여기에 김유신의 훌륭한 인품을 다시 생
각할 수 있다. 그러나 그 부인의 자세(패전하고 살아 돌아온 원술을 만나

279

지 않고 후에 승려가 된 사실은 김유신 가문의 철저한 위국충절의 사상을 엿볼 수가 있다.)

그러나 「삼국사기」(권41-43, 열전1-3)에는 51명(부록 인물 제외)의 위인 중에서 최고의 인물로 평가되고 있는 김유신에 대해서 신채호는 「조선상고사」에서 포악한 음모자로 그를 혹평하였지만[18] 장도빈은 이와 정반대로 '김유신은 무열왕·문무왕과 같이 다 영걸(英傑)로 국사에 진력하여 화랑도 정신으로 통일의 주인공'이라고 평가하고 있다.[19] 결국 인간을 어느 쪽으로 봐야하느냐에 따라 그 평가가 다를 수 있으나 김유신의 경우 민족통일의 입장에서 볼 때 개인적인 야욕과 도덕적인 문제점은 있으나 위국충절의위인인 것은 사실로 봐야할 것이다. 무엇보다도 그가 이룩한 신라통일을 위한 노력과 의지는 잊지 못할 공로가 될 것이다.

모든 역사문헌에 그 명성과 위국충절을 칭송받던 김유신에 대해서 신라사에 부정적인 견해를 가진 申采浩(단재)는 지나친 과장된 평가이지만 '김유신의 전략과 전술은 거짓이며 그의 패전은 숨기고(諱匿) 그의 전승(小勝)도 과장된 가짜기록(誣錄)'이라고 하였으며 '그는 용기있는 무장이 아니고 음흉하고 포악(陰險驚悍)한 정치가로 음모로 이웃나라를 괴롭힌 자이다'라고 혹평하고 있다.

그러나 아무리 훌륭한 업적을 남겼다 해도 김유신에게 대왕(興武大王)이라는 칭호를 둔 시기는 그가 죽은 후 150여 년 뒤의 일이기 때문에 김

18 신채호, 김춘추의 외교와 김유신의 음모(「조선상고사」 1948, 제1편 백제의 강성과 신라의 음모 pp.561~569)
19 장도빈, 「국사개론」(산운장도빈전집2, 1982, p.556)

유신과는 관계가 없었다. 무엇보다도 전통 가문출신인 김부식이 김유신을 흥무대왕이라고 한 사실은 「삼국사기」 기록에서 이를 비판했어야 옳았을 것이다. 그러므로 「동국통감」에서는 '군신의 명분을 어지럽힌 예의를 잊은 행위(권11, 흥덕왕 10년)'로 비판한 사실은 큰 의미가 있다.

[3] 고구려 고분벽화가 준 의미는

고구려 문화를 상징하는 고분벽화가 집안일대에 24기가 남아있으나 일반에게 공개된 것은 5회분(5호묘 벽화) 뿐이었다. 그러나 이 벽화는 보존상태가 나빠서 천정에서 물방울이 떨어지고 벽화내용이 불투명하여 그 존재가치가 적어 그 외의 벽화를 보고 싶을 뿐이다. 다행히 1993년 8월에 해외한민족연구소(소장 李潤基)가 주최(조선일보사 주관)하는 벽화촬영에 저자가 현지에서 많은 시련을 극복하면서 직접 주도하여 비로소 그 모습을 확인할 수가 있었으며 벽화전시회(국내)가 가능할 수 있었다.

무덤벽화는 대체로 무덤속의 구조(통로·전실·후실·천정)에 따라 각각 다른 그림이 그려져 있으며 벽과 천정그림은 각기 현재와 미래의 모습을 나타내고 있다. 가장 보호가 잘되고 있는 무용총의 모습에서 볼 때 맨 앞의 출입구인 묘도(墓道: 널길)를 지나서 전실(耳塚)이 나타나는데 여기에는 큰 나무(神樹)와 지켜주는 사람(力士)의 그림이 있다. 여기서 통로인 용도(甬道: 이음길)를 지나면 주인공의 무덤이 있는 후실(玄室: 널방)에 이른다. 현실 사방에는 각기 다른 현실세계의 그림이 그려져 있고 천정은 1~5단계로 되어있으며 각기 청룡·백호·선녀 등 미래상(天上圖)이 그려져 있다.[20]

현재 집안 일대에만 24기의 고구려 고분벽화가 남아있으며 북한에는 평양지역에만 23기, 안악지역에 12기 등 60여 기가 보호되고 있다. 그리고 남한에도 순흥(영주)에 남아있다. 이러한 벽화는 시대에 따라 그 특징이 변하고 있어 이를 정리하면 아래와 같다.

아래의 〈표〉에서 보는 바와 같이 고분벽화가 시기에 따라 그 모습이 달라지고 있었다. 제1기(전기)는 생활풍속도(주인공의 활동)가 중심으로 벽에 회칠을 하고 마르기 바로 전에 그린 것으로 주로 고구려인의 생활풍속(사냥·연회·가무·전쟁)이 주제이었으나, 제2기(중기)에는 처음에는 생활풍속도가 있었으나 점차 장식무늬(문

무용총 수렵도의 화살촉

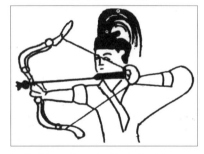

■ 무용총 수렵도의 화살촉은 석류모양을 하고 있다. 명적(鳴鏑)이라고 부르는 이 화살촉은 목표물에 맞추는 순간 큰 소리를 내어 동물을 기절시켜 생포하게 된다.

20 현실 입구인 남쪽 벽에는 거대한 나무 그림이 양쪽에 서있으며, 동쪽 벽에는 무용도(5명의 무용수, 7명의 가수) 서쪽 벽에는 수렵도(사슴, 호랑이 쫓는 기사) 북벽에는 접객도(두 여인을 앞에 둔 주인공의 손님맞이 준비)가 있다. 이 모습은 무용총의 내용이어서 모든 벽화가 이러한 형태를 가진 것은 아니지만 대부분의 무덤이 많은 변화로 그 진면을 알 수가 없었다.

자, 연꽃)가 등장하여 불교의 영향으로 여러 가지 무늬 그림이 유행되었
다. 이에 대해 제3기(후기)는 4신도와 상상의 인물(날개달린 사람, 용을
탄 인간)과 다양한 동물(삼족오·학·용)이 등장하여 도교의 영향을 느끼
게 한다. 결국 이러한 벽화는 현실세계 위주에서 사후의 의식세계(혼합
적 내세관)를 반영한 것으로 보인다.[21]

▷ 고구려 고분벽화의 모습 ◁

시기	벽화의 주요 내용	대표적인 벽화
전기 (4~5세기 중엽)	사냥·연회·행열·가무·씨름·접객·가정집(생활 풍속) – 사회풍속도	무용총·각저총 안악 3호분
중기 (5~6세기 중엽)	문자·무늬꽃·연꽃무늬·장식(불교의 영향) – 장식도안도	장천 1호분
후기 (6세기 중엽 이후)	사신도(청룡·백호·주작·현무)·복희·여와·삼족오 인두작신·거북·뱀(도교 영향)·날개달린 고기(飛魚) – 사신도	5회분 4호묘

고구려 벽화에 대해서는 선학들의 많은 연구성과가 있어 이를 바탕으
로 하고 저자가 직접 현장을 본 사실에 입각하여 정리 해볼까한다.[22] 고

---

21 고구려 벽화에서 주목되는 것은 가무도에는 각종 악기가 나타나 완함(삼실총)·현금(집안
7호분)·요고(5회분 4호묘)·대각(강서대묘)·횡적(무용총)·퉁소와 도피필률(초적–안악 3
호분)이 나타나 있다. 그리고 복희(태양신–까마귀)·여와(달신–두꺼비)뿐 아니라 인간과
동물의 결합(人頭雀神–용을 탄 인간)이 보이고 있다. 특히 무용총·5회분 4호묘에 보이
는 三足烏는 태양속에 산다는 까마귀(복희의 상징)로 하늘의 사자로서 인간과 연결하는
중계자로 달속에 사는 두꺼비(여와)와 함께 천·지·인의 3신사상과도 연결되어 있으며 단
군신화(삼위태백·천부인)와 고구려 3부족 전통과도 관계가 크다.
　전호태, 「고구려 고분벽화 연구」(사계절, 1999)
　허흥식·이형구·손환일·김주미, 「삼족오」(학연문화사, 2007)
　신용하, 고조선 문명권의 삼족오태양상징(「한국원민족 형성과 역사적 전통」 나남출판사,
2005)
22 최무장·임연철, 「고구려의 고분벽화」(신서원, 1990)

구려 고분벽화를 대표하는 무용총벽화는 전기의 작품으로 귀족층의 삶과 의식을 반영한 사회풍속도를 그린 것으로 사냥·연회·씨름·가무·출행·접객도가 중심으로 귀족들의 옷·모자·장식·악기(탄쟁·요고·적·완함·비파·현금·대각·풀피리와 악공) 등이 보이고 있어 중국 문헌에 나타난 고구려인들의 노래와 춤을 즐겼다는 기록을 엿볼 수 있다. 특히 현실벽화에서 남벽은 큰 나무그림(神樹), 동벽은 무용도(5명의 무용수, 7명의 가수, 두 채의 집, 차(술)잔 든 두 여인과 말 탄 기사), 북벽은 접객도(화려한 커튼 아래 주인공과 두 부인, 무릎 꿇은 작은 시종), 서벽은 수렵도(상단에는 흰 말을 거꾸로 탄 기사가 암수 사슴을 향해서 석류모양의 화살촉(鳴鏑)으로 활을 쏘고, 하단은 호랑이를 잡으려는 기사가 2인의 보조기사와 사슴을 잡으려는 또 한 사람의 보조기사가 보인다)가 있다.

여기서 우리는 수렵도의 활쏘는 모습은 현재의 궁술과 똑같은 모양임을 확인할 수 있으며, 사슴이 호랑이보다 큰 모습이 특이하다. 그리고 8각형의 천정에는 5계단이 있는데 각각 다른 그림(불국도·천마도·선인·악기·5행사상·삼족오)으로 채워져 있는데 신비한 내세관이 반영되어 있다.[23]

다음으로 각저총의 씨름도(동벽)와 삼족오(북벽)와 5회분 4호묘의 복희·여와도와 사신도는 고구려 벽화의 또 하나의 특징이다. 특히 복희(태

신형식, 「집안 고구려 유적의 조사연구」(국사편찬위원회, 1998)
_____, 「고구려사」(이대출판부, 2003)
_____, 다시 찾은 한국고대사의 해외유적(주류성, 2012)
전호태, 「고구려 고분벽화 연구」(사계절, 1999)
안휘준, 「한국 고분벽화 연구」(사회평론, 2013)
23 신형식, 집안 고구려유적의 조사연구, p.149

양-3족오)와 여와(달-두꺼비) 그림에서 새를 탄 주인공, 그리고 새를 탄 백호와 용을 탄 새 등이 보여 불교·도교·오행 사상의 영향을 알게 한다. 그리고 장천 1호에도 행렬도·수렵도·4신도·씨름과 화려한 복장의 수문장과 주인공 부부가 절하는 예불도에는 시종하는 남녀가 서있는 것을 보면 고구려에 불교의 역할을 알 수가 있다. 특히 천정 꼭대기에 있는 성좌도에는 북두칠청이라는 글과 함께 삼족오와 연화화생(蓮華化生)의 그림 속에서 불교와 서역과의 교섭을 통한 고구려인의 삶과 종교적 의미를 볼 수가 있다.[24]

무엇보다도 고구려 벽화에서 빠질 수 없는 것은 안악 3호분 벽화이

북한(안악군)에 남아있는 고구려 벽화(행렬도)

■ 안악 3호분(황해남도 안악군 오군리)의 전실 동쪽의 화랑에 있는 행렬도에는 250여 명의 기병·보병·군악대가 왕을 둘러싸고 있다. 여기에는 피리·퉁소·저·공후·해금·장고·풀피리·도피필률(桃皮觱篥)·소 등을 연주하는 악대가 따르고 있다.

---

24 전호태, 앞의 글, pp.5~21
　문명대, 장천 1호묘 불상예배도벽화와 불교의 시원 문제(『선사와 고대』 pp.142~146

다. 이 무덤의 구조는 무용총에서 보는 기본구조(묘도-전실-용도-후
실·천정)와 달리 곁칸(側室)과 회랑이 더 있으며 묘주 주인공에 대하여
여러 견해가 있다.[25] 이 벽화의 관심은 백라관과 연꽃장식을 지닌 주인
공 부부의 초상화 속에서 보여진 불교의 영향과 250여 명이 등장하는
행렬도이다. 벽화의 주인공으로 왕의 의식인 백라관(白羅冠)을 쓰고 오
른손에는 털부채를 들고 있으며 좌·우·전후에 기병·보병·의장대·악
대가 따르는데 무엇보다도 악대가 들고 있는 악기로는 현악기(탄쟁·추
쟁·와공후·비파), 관악기(취적·생·횡적·소), 피리(소필률·대필률·도피필
률), 타악기(요고) 등 다양한 종류가 있었다. 특히 복숭아나무 껍질로 부
는 희귀악인 도피필률(桃皮篳篥)은 그 후 풀피리(草笛)로 알려져 조선시
대는 궁중음악으로 불러지기도 하였으며 현재 서울시 문화재로 보호되
고 있다.[26]

이상에서 살펴본 바와 같이 대체로 벽에는 현실의 삶과 소망을, 천정
에는 내세의 소망과 방향을 제시하고 있는 고구려 고분벽화는 단순히
고구려인이 그린 그림이 아니라 고구려인의 꿈과 종교가 그들의 예술
적 감각에 결합된 복합작품으로 고구려인의 문화적 다양성을 보여주고
있다.

이러한 벽화 속에는 불교·도교와 천손민족으로서의 긍지를 나타낸

---

25 안악 3호분 주인공에 대해서 북한은 동수묘(김용준), 미천왕릉묘(전주농·박윤원·주영
헌), 고국원왕릉(박진욱·손영종) 등의 견해가 있으나 현재 고국원왕릉으로 규정되고 있
다. 안휘준은 이 고분이 축조연대가 357년을 하고 있으므로 고국원왕(331-371)의 왕릉으
로 인정하고 있다(안휘준, 초기의 고분벽화「한국고분벽화연구」p.26).
26 박찬범,「한국풀피리에 대한 역사적 고증」(성지문화사, 2011)
신형식, 풀피리는 우리나라 최고의 민속음악이다(「새로 밝힌 삼국시대의 역사적 진실」우
리역사연구재단, 2013).

무용총 현실의 벽화 수렵도(서벽)

■ 수렵도의 윗 그림은 말을 거꾸로 탄 기사가 명적(석류모양)으로 두 마리의 사슴을 잡는 것이며 아래그림은 개를 앞세우고 호랑이를 잡으려는 기사의 그림이다.

수렵도(모사도)

■ 집안 고구려벽화를 대표하는 무덤으로 길게 늘어진 널길(墓道)을 지나면 전실(前室)에는 나무(神樹)와 力士그림이 있고, 이음길(甬道)을 지나면 주실(玄室)이 동벽에는 무용도, 북벽에는 접객도, 서벽에는 수렵도, 남벽에는 신수도가 있다. 천정에는 수박도·천마도·주작도·선인도가 있다.

결정체로서 고구려인들의 삶이 지닌 의미를 반영해주고 있다. 동시에 고구려왕의 모습(모자·신발·의복)과 고구려인들의 낙천적 행위(노래·춤), 그리고 상상의 동물과의 공존과 天神과의 접촉으로 「산해경」의 이해 등은 고구려 벽화의 가치를 말해주고 있다. 이러한 고구려인의 의식세계는 벽화에서도 그 변화과정을 보여주고 있다. 즉 초기(4-5세기 중엽)는 생활풍속화(연회·행열·사냥·전쟁-무용총·각저총), 중기(5세기 중엽~6세기 중엽)는 장식도안화(문자·꽃무늬·동심원-장천 1호묘), 후기(6세기 중엽 이후)은 사신도(4신도·복희와 여와·선인-5회분 4호묘)가 유행하였다.

고구려 문화를 상징하는 중국 집안의 고분벽화는 현재까지도 5회분 5호묘의 벽화만 일반에게 공개되어있다. 1993년 저자가 연변대학의 교환교수로 있을 때 해외한민족연구소(소장 이윤기)가 추진한 고구려 고분벽화의 공개 시에 조선일보사의 협찬과 전문기사의 사진촬영을 현지

돈황과 고구려 벽화의 비교

돈황 막고굴(249호)의 수렵도

■ 두 그림에서 돈황의 그림은 하늘과 산악의 표현이 복잡하고 세련되지 못하였다. 말 탄 기사의 모습도 안장이 없이 걸터앉은 형태로 불안정하다. 고구려 무사는 활과 화살이 사실적으로 그려져 있다.

무용총의 수렵도(훼손 전)

■ 무용총의 하늘(구름)표현은 사실적이며, 산의 모습이 등고선의 굴곡으로 멋을 풍긴다. 특히 인물의 복장에서 절풍·겉옷·화살이 구체적으로 그려져 있으며 사슴의 뿔과 꼬리가 인상적이다.

5회분 4호묘(복희와 여와)

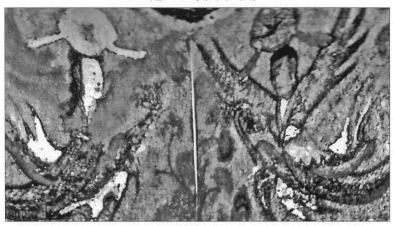

- 5회분 4호묘의 대표적 벽화로서 화려한 태양신(복희: 까마귀)과 달신(여와: 두꺼비)이 마주보고 있으며 복희는 짧은 머리에 긴 날개, 긴 꼬리(용)에 받치고 있는 태양 속에는 삼족오(까마귀)가 있다. 여와는 긴 머리에 붉은 상의와 긴 꼬리, 두 손으로 받친 달 속에는 두꺼비(잘 안보인다)가 나타나 있다. 전호태, 「고구려 고분벽화연구」(사계절, 1999)[27]

- 5회분 4호묘와 5호묘에는 세발까마귀(복희)와 두꺼비(여와)가 있는데 그 모습이 크게 훼손되어 있다. 세발까마귀(三足烏)는 중국 신화에 태양 속에 산다는 세발의 까마귀로 고구려 벽화에 등장하고 있다.

에서 주도한 저자는 많은 고생을 겪었지만 지금도 그 추억을 잊을 수가 없다. 다행히 조선일보사의 노력으로 일반인들이 고구려벽화(「아! 고구려」)를 볼 수 있게된 것은 큰 의미가 있다. 고구려 고분벽화는 단순한 그림이 아니라 고구려인의 삶의 모습을 알게 한 예술작품이다.

이러한 집안시에 있는 고구려 고분벽화는 6개의 무덤 속에서 23기(환인지역의 1기 포함)의 벽화가 남아있어 특히 무용총(수렵도·접객도·무용도), 각저총(씨름도·연회도·부부도), 5회분 4호묘(복희와 여와·신선도·삼족오), 장천1호묘(예불도·사신도·성좌도) 등이 대표적이다. 그리고 북한의 평양일대에 57기(수렵총·쌍영총·덕흥리고분·강서대묘 등)와 안악군에 12기(안악 3호분·어수리고분 등)에 남아 있으며 남한에는 순흥(영주 풍기읍)에 2기(읍내리·태장리)가 보존되고 있다.

27 전호태, 「고구려 고분벽화연구」(사계절, 1999)
안휘준, 「한국 고분벽화연구」(사회평론, 2013)
신형식, 「집안 고구려유적 조사연구」(국사편찬위원회, 1996)
_____, 「다시 찾은 한국고대사 해외유적」(주류성, 2012)

[4] 국내성의 어제와 오늘은

국내성(현재 만주의 집안시)은 400여 년간(A.D.3~427) 고구려의 두 번째 수도로서 고구려유적이 거의 남아있어 어딜가나 고구려의 냄새가 물씬 풍기고 있다. 따라서 국내성은 고구려가 국가적 발전을 시작하여 정치·문화의 전성기를 이룩한 곳으로 고구려 문화를 상징하는 고분벽화와 장군총·광개통왕비 등이 남아있어 현재 세계문화재로 그 역사적 의미가 큰 古都이다. 동시에 당시 사람들이 살던 집으로서 부경(桴京)의 변화상을 통해 고구려의 어제와 오늘을 비교할 수가 있다.[28]

저자가 1992년에 안식년을 맞아 연변(延邊)에 가서 연변대학의 교환교수를 한 이유는 「신라사」(1985)와 「백제사」(1992)는 정리하였으나 「고구려사」를 저술하지 못해 삼국시대사를 완성하기 위해서였다. 그곳에

---

28 신형식, 「다시찾은 한국고대사의 해외유적」(주류성, 2012)

머물면서 수시로 姜孟山 교수(작고)와 方學鳳 교수의 안내로 집안일대
뿐만 아니라 요녕성 각지를 답사하면서 책에서만 보던 천리장성의 신
성·백암성·안시성 등을 찾아볼 수가 있었다. 이때 이윤기 소장(해외한
민족연구소)을 만났는데 남북한학자들과 함께 고구려사학술대회를 마친
후 고구려 벽화촬영을 하려는데(조선일보사 주관) 도와줄 것을 요청하였
다. 그때 소장이 눈물을 흘리면서 그 필요성과 의미를 설명하시는 모습
에 나는 감탄하여 흔쾌히 참여하였다.

곧이어 조선일보사에서는 역
사전문가인 金泰翼 기자와 사진
전문가인 李五峰 부장과 金柱
룻 기자가 벽화촬영을 위해 밤
잠을 잃고 준비하는 것을 보면
서 사진이 그냥 찍는 것이 아닌
것을 알게 되었다. 저자는 매일
박물관장과 무덤 앞에서 다음
에 촬영할 벽화내용을 확인하
였으며 실제로 무덤 안에 들어
가 벽화가 지닌 성격을 이해하
기 시작하였다. 그때 저자는 벽

국내성의 어제와 오늘

화촬영이 중국의 공식허가가 있었기 때문에 가능했을 것이라고 생각하
였으나 중국 당국의 허가없이 박물관장의 일방적인 허락으로 이루어진
것은 그 뒤에 알았을 뿐이다. 벽화개방(사진촬영)은 관장의 일방적인 행
위였으므로 그 후 중국정부(안전부)는 불법자로서의 감시로 저자는 큰

고통을 받았으며 향후 5년간 입국이 거절되었다.

　이러한 벽화촬영으로 국내에서는 벽화전시회가 열릴 수 있었고, 저자는 고분벽화 촬영 후 고구려유적과 벽화내용을 구체적으로 소개한 후 미루어왔던 「고구려사」를 통해 고대사를 정리할 수 있었다.[29] 조선일보 (문화1부)에서도 국내전시회 이후 벽화가 지닌 의미와 고구려인의 삶과 문화를 김태익 기자의 주선으로 여러 전문가들의 견해를 모아 「아! 고구려」라는 저서를 출간하였다.[30] 고구려벽화 전시회(1993.11.17.- 1994.01.15.)는 43만 여 명이 관람을 한 기록을 남기고 있어 잊어왔던 고구려사에 대한 국민적 관심을 불러 일으켜 준 의미가 있다.

　1990년대의 초기까지도 중국은 옛 모습을 그대로 안고 있었음으로

---

29 신형식, 「집안 고구려유적의 조사연구」(국사편찬위원회, 1996)

　　　　, 「고구려사」(이화여대출판부, 2003)

30 조선일보 문화1부, 「아! 고구려」(조선일보사출판부, 1994)

우리나라 현실과 비교할 때 1950·60년대의 옛날과 같다는 생각이 든
다. 1992년 한·중외교의 수립은 되었으나 개방되지 않은 사회상과 교
통수단의 미비로 중국여행은 어려운 편이었다. 그러나 2000년대에 이
르러 중국의 변화는 급속도로 진척되어 사회모습은 크게 달라졌으며
근대화과정에 따라 아파트 조성이 유행되어 특히 도시의 형태에 근본
적인 변화가 일어나 연변은 사진에서 보는 것과 같이 물론 집안시(국내
성)도 옛 모습을 찾을 수 없게 되었다. 특히 아파트가 모여 있는 지역에
는 아침 시장이 벌어져 우리나라의 시골시장 모습과 흡사하다. 현재 집
안의 고구려유적에서 고구려 모습을 가지고 있는 유적은 桴京이다. 부
경은 반드시 집안에 설치하였고 큰 나무로 개선을 하고 있었지만 고구
려 창고의 모습을 알 수가 있다.

　그 외 장군총과 광개토왕의 모습도 옛날보다는 확연히 달라졌다. 이
러한 변화는 중국의 개방정책 이후 한국인의 방문이 잦아지고 세계문

화유산으로 보호되기 때문에 현장 정리차원이 있었기 때문이다.

집안의 고구려유적을 대표하는 것은 누가봐도 고분벽화가 될 것이다. 집안일대에 남아있는 고분벽화는 24나 된다. 벽화는 시체를 매장하는 주실(현실)과 그 출입구가 되는 전실(耳塚)의 벽과 천정에 그려진 그림으로 고구려인의 삶의 모습과 사후의 세계관이 그려진 것으로 시기적으로 3기로 구분된다. 벽화의 내용이 당시 고구려인의 삶(씨름·전쟁·부엌·춤·사냥)뿐 아니라 인간과 동물의 공존, 사후의 세계와 종교성(불교·도교)·3족오(세발까마귀: 인간(현재)과 신(미래)을 연결하는 하늘의 사자)는 태양 속에 사는 까마귀와 달 속에 사는 두꺼비, 그리고 3신사상과도 연결된 의식은 상고사시대 고대신앙을 상징하는 존재이다.[31]

이상에서 국내성의 어제와 오늘의 모습을 보면서 고구려의 역사와 문화를 이해할 수 있었다. 우선 웅대한 수도시설의 규모를 통하여 고구려의 왕권과 국가체제가 고대왕국의 모습을 확인할 수 있었고 거대한 장군총과 광개토대왕비의 돌문화가 지닌 의미를 이해할 수가 있었다. 무엇보다도 고분벽화 속에서 고구려인의 예술적 감각과 같은 종교적 의식은 우리 고대문화의 상징으로 평가할 수가 있으며, 많이 남아있는 부경은 현재까지도 고구려인의 삶을 되돌아보는 계기가 될 것이다. 다만 집안시 한복판에 세워진 「고구려유지공원」이 그래도 고구려를 생각게 하는 상징적인 유적이 되고 있지만 도시의 개발에 따라 옛 성곽의 일부는 남아있을 뿐이다.

---

31 전호태, 「고구려 고분벽화 연구」(사계절, 2000)
　　신형식, 고구려 고분벽화의 예술적 이치(「고구려사」 2003)
　　안휘준, 「한국 고분벽화 연구」(사회평론, 2013)

[5] 발해 상경성의 오늘의 모습은

발해사 228년간(698-926)에 5차에 걸친 수도 이전이 있어 주변국가(당·요·말갈)와의 관계가 어려웠음을 알 수 있다. 이러한 빈번한 수도 이전은 있었으나 3번째 서울인 上京城(흑룡강성 영안현 발해진)은 발해전성기인 문왕 19년(755)부터 49년(985)까지 30년간 수도였다가

▷ 발해의 서울 이전과정 ◁

서울	기간	위치	시대
동모산	698~?	돈화	구국시대
구국	~742	영승	
중경	742-755	서고성	중경시대
상경	755-785	발해진	1차 상경시대
동경	785-794	발련성 (훈춘)	동경시대
상경	794-926	방해진 (동경성)	2차 상경시대

다시 東京(훈춘: 785-794)으로 옮겼다가 또다시 상경(794-926)으로 옮겼다. 따라서 상경은 162년간(1차 30년간·2차 132년간) 수도로서 발해왕조의 3분지 2(7할)를 보냈기 때문에 발해의 유적이 가장 많이 남아있다.

297

발해 상경

발해 상경성의 정문(오봉루)

■ 상경성은 162년간 발해의 수도로 발해의 유적이 많이 남아있다. 윗 그림은 상경성의 제
일궁궐지(1–5궁궐터)는 3m 높이의 기단 위에 동서(56m)·남북(25m)의 궁궐지이다. 아
래의 오봉루는 남부의 정문이다.

필자가 처음으로 상경성을 찾은 때는 1992년 10월로 단풍이 물들기
시작할 때였다. 상경에 들어서면 먼저 작은 담벽이 남아있는 외성으로
곳곳에 화산돌이 남아있으며 긴 돌담길로 양쪽에 백양나무와 오동나무
의 숲으로 이어져 있을 뿐 성터(외성)로 믿을 수가 없었다.

원래 이 외성은 고구려와 달리 발해는 산성이 없어 둘레가 16,296m
(동벽 3,358m, 서벽 3,400m, 남벽 4,586m, 북벽 4,946m)였고 높이가 1~3m
의 성벽(흙과 돌을 혼합)에 10개의 성문이 있었다고 하였으나 현재는 휴
식처와 같은 인도와 같았다. 외성을 통과하여 안으로 들어가면 상경의
정문(입구)인 오봉루를 만난다. 현재 정문의 모습은 없으며 높은 현무암
으로 만든 양쪽 벽만 남아 있으며 모든 돌이 화산암의 조각으로 화산의
흔적을 볼 수가 있다.

오봉루를 들어서면 內城이 있었는데 여기에는 3성 6부와 주요관청이
있었던 곳으로 지금은 전혀 흔적이 없지만 禁苑이라는 정원이 남아있었
는데 지금도 호수가 남아있었는데 당시 왕족과 귀족들의 놀이터(유람지)
임을 알 수 있다.

오봉루에서 북쪽으로 200m 떨어진 상경의 중앙에는 넓은 5개의 궁전
터가 나타난다. 제일 앞(남쪽)의 제1궁궐지는 3m높이의 기반위에 있는
왕궁터(동서 56m, 남북 25m)에는 동·서쪽의 5줄로 주춧돌(용암석)이 남
아있어 문왕때 해동성국으로서의 당당했던 궁궐의 모습을 볼 수 있으며,
발해는 화산으로 망한 나라가 아니라 화산 덕으로 주춧돌이나 벽돌을
이용한 사회였다. 특히 문왕(737-793)은 신라가 전성기를 이룬 8세기
전·중반부(성덕왕〈702-737〉·경덕왕〈742-765〉)와 같이 8세기 후반부에
발해도 전성기를 이루어 新羅道와 南京南海府를 두어 양국 간의 관계개
선을 시도한 것도 큰 의미가 있다.[32] 오히려 신라의 경우도 790년(원성왕
6)과 812년(헌덕왕 4)에 발해에 사신을 보낸 사실로 보아 양국관계가 어

---

32 송기호, 발해사연구의 문제점(『상고사연구』민음사, 1989)

느 정도 가능했으리라고 생각되지만[33] 당시 신라사회의 변화(下代의·정치적 혼란)는 두 나라 사이의 관련이 더욱 어려웠을 것이다.

제1왕궁지에서 북쪽 150m를 넘어가면 제2궁궐지가 있었고 다시 그 북방에는 제3궁궐지가 있었으며 각기 일정한 거리를 두고 5개의 궁궐이 있었다지만 현재 그 유적은 찾을 수 없다.

다만 제2왕궁지 동쪽에 팔보유리정이라는 우물이 있었다지만 그 유적은 보이지 않고 최근 (1963년)에 그 자리에 팔보유리정이 세워지고 있을 뿐이다. 그러나 상경유지에 남아있는 유일한 발해석등(6m)은 연꽃받침 위에 현무암으로 된 8각의 탑실과 높은 상륜부는 발해시대 번창했던 불교 모습을 보여주고 있다. 그 외 발해유적으로는 곳곳에 남아있는 온돌유적과

발해석등 앞에서

24개 돌유적 등은 우리전통문화의 한 줄기로 이어져왔다.[34]

이러한 상경성을 돌아보면서 화려했던 궁궐지의 모습은 강력한 왕권을 바탕으로 한 발해 전성기의 모습과 불교가 남긴 유적을 통해서 발해

---

33 조이옥, 발해 문왕대 대신라교섭과 그 의미(「통일신라의 대북방진출연구」 서경문화사, 2000)
34 송기호, 「발해를 찾아서」(솔출판사, 1993)
　신형식, 만주벌판에 남아있는 발해유적(「다시 찾은 한국고대사 해외유적」 주류성, 2013)

시대 불교의 번성함을 느낄 수 있었다. 그러나 발해와 통일신라가 한민족으로 통합(교류)을 이룩하지 못한 역사의 문제점을 지적할 수 있었으며 신라가 790년(원성왕 6)에는 伯魚를 현덕왕 4년(812)에는 崇正을 발해를 보낸 일이 있으나 서로 연결이 되지 않았다. 더구나 발해가 732년(무왕 14년, 신라 성덕왕 31년)에 張文休로 하여금 당(등주)을 공격(등주 자사 韋俊 살해)하였을 때 당의 요청으로 신라가 발해를 공격(신라측 군사책임자는 김유신·손자인·윤중·윤문)하였으나 큰 눈으로 산길이 막혀 되돌아 왔다. 그러나 발해의 유적은 결국 한국 고대사의 한 장면으로 우리 선조들의 정치와 문화능력을 확인하는 바탕이 될 것이다.

맺음말

저자가 계량사학의 방법으로 「삼국사기 연구」를 쓴 것은 1981년 이었다. 이를 바탕으로 「신라사」·「백제사」·「고구려사」를 각각 저술 하였으며 한국 고대사를 총정리하여 한국 고대사(삼국~통일신라)의 성격을 밝힐 수 있었다. 이제 80세를 맞아 저자는 지금까지 연구한 내용을 일반인에게 쉽게 이해할 수 있도록 「한국 고대사를 다시보 자」를 통해 우리나라 고대사회의 모습(정치·사회·외교·문화)을 풀이 해보았다.

이러한 시각에서 저자는 고대사이해에 앞서 역사의 의미와 그것을 보는 방법을 생각해보았고 역사를 통해서 우리는 무엇을 배워야하는 지 문제와 역사(특히 고대사)가 주는 의미를 제시한 후 우리나라의 고 대사를 대표하는 고구려·백제·신라사의 실제모습(비교)과 당시 사 회상(정치·외교·문화)을 구체적으로 설명해보았다. 동시에 아주 길게 설명한 남북한의 역사내용의 차이, 반도 국가로서 수도 이전(천도)의 의미(남천은 국가 쇠약의 단계), 신라의 통일과정(북진의 역사가 분단국가 로서 우리가 살아간다는 뜻), 통일신라전제왕권의 실상, 「삼국사기」 내 용의 문제점, 불교가 주는 교훈, 나말여초의 사상적 변화 등을 새로 운 시각에서 설명해보았다.

그러나 본서의 내용에서는 저자의 견해로 현재까지 밝혀지지 않 은 사실이 많아서 선뜻 이해되지 않는 것이 많은 것은 사실이며 무엇 보다도 역사전개과정으로서 Spengler의 「서구의 몰락」에서 보여진 순환론(소년-청년-중년-노년)과 Toynbee의 이론(A Study of History: Genesis-Growth-Breakdown-Disintegration)을 적용한 것은 큰 의미가 있지만, 이미 그 이전에 장도빈(汕耘)의 저서(「조선역사요령」 1923)에 이러한 과정을 정리하였다는 사실을 새로 밝혔다.

무엇보다도 고대사가 준 가장 큰 교훈은 국가유지에 기본은 화랑정신에 바탕을 둔 신라의 투철한 국가의식이라는 사실과 수도는 함부로 옮기는 것이 아니며 반도 국가로서 우리가 잊어서는 안되는 것은 북방의 진출역사가 민족의 생존의 힘이라는 사실이다. 따라서 고구려의 평양 천도(남방 진출)는 결국 고구려(국가) 쇠퇴(멸망)의 단초가 되었다는 사실은 우리가 거의 외면하고 있다는 것이다. 이러한 전통은 현재 분단국가의 한계를 갖고 있는 대한민국의 장래를 결정짓는 바탕이 될 것이다.

특히 「삼국사기」(보물 525·보물 723호)를 국보로 지정됨에 따라 이 문헌의 가치는 더욱 커졌으며 한국 고대사의 실상을 확인시킨 가치를 인정받게 되었다. 따라서 그 후 모든 문헌이 그 기록을 이어받았으나 포석정의 연회사건이 신라 멸망의 원인으로 기록한 사실과 신라왕족의 전통을 이어받은 김부식은 지나치게 김유신을 부각시키기 위해 첫부인의 존재를 외면(60세에 혼인사실)한 문제점을 지적한 바 있다.

본서를 정리하면서 저자는 우리가 고대사(다른 시대사도 동일)를 통해 잊어서는 안된다는 뚜렷한 사실은 역사전개과정에서 기본적인 인식은 역사적 사실은 당시의 사건으로 해석할 것이 아니라 오랜 과정(시련)의 결과로 이해해야 한다는 점이며, 그 결과로 나타나는 사건

(주로 비정치적 사실)이 반드시 있었다는 것이다. 그 대표적 사례가 신라의 통일과정으로서 통일의 시작(북진정책: 문화적 보완)으로 황룡사를 조성하였으며 통일의 완성으로 부석사와 사천왕사를 세워 불교의 호국 사상을 외면하지 않았던 것이다. 그 대표적인 사례가 불국사조성으로 법흥왕 때 시작하여 진흥왕을 거쳐 문무왕(무설전), 신문왕(대웅전)을 이어 경덕왕(김대성)때 완성된 것이다. 따라서 불국사조성이 단순한 불사조성이 아니라 신라의 통일과 전제왕권의 확립을 보여주는 사건이라는 사실이다.

색인

번호 ────

3교융합 270
6좌평 115, 127, 174, 216, 223
9주 5소경 194, 196, 200
14관부 86, 200, 201, 207, 223~226
16관등제 223

ㄱ ────

각저총 34, 159, 284, 285, 289~291
개혁사상 245
계량사학 4
고려 건국 80, 119, 145, 203, 225, 241, 245, 251, 256~258
고분벽화 6, 31, 34, 78, 107, 165, 178, 261, 282~285, 287, 289~292, 294, 296
고조선 43, 44, 54, 55, 58, 95, 101, 160, 284
골품제도 81, 119, 140, 141, 143, 145, 222
광개토왕 19, 20, 45, 47, 66, 72, 80, 110, 116, 135, 159, 160, 164, 166, 173, 188, 213, 216, 217, 219, 295
구당서 67, 87, 125~128, 130, 131, 161, 163, 169, 173, 209
구형왕 95, 273
국내성 6, 66, 107, 116, 133~135, 158, 159, 162, 261, 292, 293, 295, 296
귀납적(inductive) 36

금관가야 90, 116, 184, 273
김유신 6, 17, 20, 29, 33, 80, 85, 88, 90, 91, 93~96, 103, 116, 131, 142, 143, 152~154, 181, 182, 184~186, 196, 213, 218, 225, 236, 237, 239, 261, 273~281, 301, 303
김일성 36, 41, 42, 46, 49, 52, 55~59, 61, 62
김정일 41, 42, 46, 49, 55, 58, 61

ㄴ ────

나당연합 175, 194
노리사치계 177

ㄷ ────

단군릉 43, 44, 55
대당외교 73, 79, 211, 218, 240~242, 245
대당유학생 211, 248, 252
대중국 관계 25, 78
도피필률 78, 87, 125, 129, 284, 286, 287
동국통감 6, 17, 82, 83, 85, 89, 91, 102~104, 147, 152, 281
동모산성 205, 206
동북공정 5, 63, 64, 67~70, 156
동사강목 6, 15, 17, 82, 83, 89, 102~104, 147

ㅁ ────

만리장성 68, 69

무신론사상 49
무용총벽화 261, 285
문명의 순환설 203
문무왕 17~20, 22, 74, 76, 79, 80, 90, 91,
95, 98, 102, 103, 112, 116, 117, 152, 153, 180,
184, 193, 194, 196, 198~201, 211, 212, 225,
226, 234, 236, 243, 244, 248, 264, 273, 274,
277, 278, 280, 304

ㅂ ─────
박은식 17, 18, 104
발해석등 300
법화원 120, 246, 247
본토기원설 55
북방정책 31
북진정책 192, 263, 273, 304
비로자나불 271

ㅅ ─────
사마천 13, 14, 21, 23, 83, 86
사비시대 174~176
사비 천도 80, 116, 138, 183, 191, 232
사회개혁론 256
사회전환과정 5
살수대전 73
삼국사기 4~6, 11, 14, 16, 17, 24, 28, 29, 33,
45, 81~89, 91~98, 100, 102, 104, 105, 109,
114, 125, 141, 146, 147, 150~154, 167, 171,
174, 181, 185, 186, 199, 205, 215, 216, 218,
236, 240, 255, 258, 265, 270, 273, 277~281,
302, 303
삼국사절요 13
삼국시대 4~6, 11, 27, 31~33, 39, 40, 47, 71,
76, 77, 81, 82, 88~91, 95, 97, 101, 102, 106,
108~111, 115~117, 122, 129, 131~133, 146,
149, 167, 211~215, 217, 220, 222, 224, 226,
241, 261~263, 292
삼국유사 6, 11, 29, 82, 90, 93~102, 105,
109, 114, 118, 147~152, 167, 193, 217, 236,
265, 269, 277, 278
상경성 6, 261, 297, 298, 300
상고사 94, 98, 101, 296
서남공정 63
서북공정 63
선덕여왕 30, 73, 80, 99, 111, 112, 116, 117,
129, 141~143, 175, 184, 191, 193, 195, 235~
237, 263, 265, 274~276
성덕왕 18, 20, 66, 74~77, 79, 80, 118, 196,
201, 202, 205, 206, 212, 213, 229~232, 234,
241, 243, 245, 248, 255, 299, 301
세속5계 29, 33, 111, 265
소정방 152, 186, 187, 279
수도 이전 5, 110, 115, 133, 135, 137~139,
185, 208, 297, 302
수렵도 261, 283, 285, 286, 288, 289, 291
수서 67, 87, 88, 105, 125, 127, 128, 130,
131, 172, 222
숙위학생 5, 50, 76, 119, 120, 140, 144, 145,
203, 205, 225, 238, 239, 241, 244, 248~252,
255~257, 259

순환론 254, 259, 303

신당서 65, 67, 87, 88, 126~128, 130, 157, 209, 222

신라관 62, 120, 170

신라부흥운동 259

신라불교사상 265

신라소 120

신라통일 5, 20~22, 26, 40, 47, 91, 102, 116~ 118, 182, 183, 188, 190~197, 199, 200, 234, 264, 280

신채호 17, 89, 104, 152, 165, 182, 280

ㅇ

안시성 혈전 73, 74, 157, 242

안압지 22, 112, 118, 147, 148, 193~196, 198, 234

역사서술 35~37, 40~42, 47, 49, 51, 55, 58~ 60, 82, 83, 85, 89

역사이질화 현상 62

연개소문 17, 86, 88, 116, 117, 126, 130, 213, 275

연역적(deductive) 36

요서진출 72, 173, 174, 176

요하문명 64

웅진시기 174

웅진 천도 80, 116, 133, 138, 183, 191

원효 25, 30, 50, 96, 98, 113, 114, 116, 187, 262, 265~267, 270~272

위만조선 95

유득공 204

유학 26, 29, 30, 75, 94, 103, 111, 144, 153, 176~178, 225, 249, 250, 270

율령제정 140

의상 96, 112, 113, 116, 194, 232, 262, 265~ 267, 270

이병도 104, 138, 148, 176, 182, 183, 190, 191

이사부 14, 116, 190, 213, 216

일연 11, 61, 94, 95, 101, 102

일제시대 40, 46, 55

일통3한의식 99, 112

임시정부 41, 56, 59

ㅈ

장강문화 64

장도빈 5, 17, 18, 104, 105, 108, 148, 152, 165, 182, 186, 187, 204, 218, 219, 259, 280, 303

장안성 천도 133, 137

전제왕권 5, 20, 22, 74, 110, 118, 180, 196, 200, 202, 211, 212, 227, 229~234, 264, 265, 269, 302, 304

조공관계 77, 78

주몽 45, 80, 98, 106, 116, 133, 134, 164, 167, 214, 219

주체사관 35, 48, 62

주체의 연호 42

진덕여왕 21, 73, 74, 116, 127, 141, 142, 176, 184, 235~239, 242, 255, 274~277

진성여왕 18, 20, 21, 80, 119, 144, 180, 203,

218, 235, 237~239, 245, 251, 254

진흥왕 14, 18, 20~22, 72, 80, 110, 112, 115,
116, 118, 138, 141, 142, 149, 175, 180, 182~
185, 189~196, 201, 212, 213, 216, 217, 219,
220, 221, 224, 226, 235, 236, 263, 268~270,
273, 274, 304

ㅊ ────

천리장성 65, 68, 69, 163, 293
충효 사상 94, 95, 98, 100, 113, 162
측천무후 75, 202, 238, 243
친당정책 21, 73, 99, 112, 117, 129, 184,
191, 193, 275, 277

ㅌ ────

태극설 49
통일과정 22, 116, 155, 183, 188, 192, 195,
196, 200, 213, 263, 269, 302, 304
통일신라시대 4, 27, 39, 76
통일전쟁 143, 194, 243

ㅍ ────

포석정 91, 93, 147~149, 218, 254, 256, 258,
278, 303
포석정연회 5, 256, 258

ㅎ ────

한국통사 14, 104
한성시대 173, 176
호국 사상 26, 40, 111, 113, 267, 268, 304

황룡사 9층 탑 22, 30, 98, 99, 111, 112,
193, 195, 196, 263, 265
황룡사 조성 118, 196, 263